Assertività, Comunicazione, Ansia, Rabbia,

Felicità

- 4 corsi in 1 –

(collana completa)

Guida ai 5 passi del Benessere Assertivo
di Marco Giordano

I Segreti della Comunicazione non Verbale
di Marco Giordano e Serena Vitale

Guida per vincere l'Ansia e vivere Sereni
di Marco Giordano e Monica Vacca

Guida per la gestione di Rabbia e Conflitti
Marco Giordano e Cristina Esposito

*Ai miei Figli, ai miei Studenti, a tutti coloro
che desiderano e cercano il Bene, le Relazioni Autentiche e la Felicità.*

ASSERTIVITÀ, COMUNICAZIONE, ANSIA, RABBIA, FELICITÀ

INDICE

Guida ai 5 passi del Benessere Assertivo
di Marco Giordano

I Segreti della Comunicazione non Verbale
di Marco Giordano e Serena Vitale

Guida per vincere l'Ansia e vivere Sereni
di Marco Giordano e Monica Vacca

PARTE INTRODUTTIVA

PARTE OPERATIVA

Guida per la gestione di Rabbia e Conflitti
Marco Giordano e Cristina Esposito

Corso n° 1

Guida ai 5 passi del benessere assertivo

di Marco Giordano

Lezione 1

Introduzione al corso
DALLE EMOZIONI NEGATIVE
AL BENESSERE ASSERTIVO

Bravo, sei già a metà strada!

Complimenti! Sei già a metà dell'opera! Sì, hai capito bene… a metà dell'opera! Nel momento in cui hai deciso di iniziare questo corso sul "benessere assertivo"[1] il cambiamento è già iniziato. Anzi, era in corso ancora prima. Sì, perché hai saputo ascoltare e dare risposta ai tuoi bisogni.

Hai deciso di mettere a fuoco e affrontare le tue difficoltà. Hai scelto di muovere passi concreti verso la realizzazione dei tuoi desideri.

---

1. Approfondiremo il significato della parola "assertività" nelle prossime pagine. Se la incontri per la prima volta, ti basti sapere, per ora, che indica una modalità di comunicare e di stare in relazione con le persone capace di rispettare sia se stessi che gli altri, favorendo il benessere di ognuno.

Insomma, come dice l'antico proverbio: «Chi ben comincia è a metà dell'opera». Complimenti a te, dunque, per la metà dell'opera già compiuta.

Molte persone vorrebbero stare meglio, desiderano migliorare le proprie condizioni di vita, ma poi non iniziano nessun cambiamento e tutto resta come prima. Tu, invece, ti sei messo in movimento. Bravo! Come diceva Lao Tze[2] «Un viaggio di mille chilometri inizia sempre con un passo». Ora, attento, c'è da proseguire e completare il viaggio.

Il benessere che desideri ha bisogno che continui il cammino. Così potrai giungere quanto prima ai risultati a cui aspiri. Insomma, c'è bisogno del tuo impegno. In particolare occorre che tu sia disposto ad abbandonare quegli atteggiamenti e quei modi di fare che ti impediscono di andare avanti. Coraggio, non è una strada pericolosa, né ci sono trappole o frecce avvelenate. C'è bisogno di costanza per coltivare e far crescere il "seme" che hai piantato. Arriverà così a piena maturazione. Questo è ora il tuo obiettivo: raccogliere quanto prima i frutti che desideri.

Centoventi minuti per viaggiare insieme

Per procedere occorre fare un patto: noi ci impegniamo, in questo corso, ad indicarti la strada, a segnalarti le curve, le aree di sosta, gli incroci, il traguardo.

Abbiamo preparato undici lezioni e un'appendice contenenti le principali indicazioni per apprendere le tecniche, gli strumenti

---

[2]. Lao Tze (chiamato anche Lao Tzu o Laozi), filosofo e scrittore cinese del VI secolo a.C., presunto autore del Tao Te Ching e fondatore del Taoismo.

e i metodi del benessere assertivo. È importante, però, che tu abbia chiaro che questo non è un semplice libro da leggere.

Si tratta, invece, di un percorso intensivo che intreccia gli approfondimenti con numerosi esempi da comprendere ed esercizi concreti da fare. Per facilitarti abbiamo fatto la scelta di sintetizzare i contenuti teorici in modo che fossero sufficienti 120 minuti per apprenderli tutti. Non è stato semplice perché gli argomenti sono vasti e i punti da affrontare molto numerosi.

Cosa ti chiediamo in cambio? Che tu metta in campo tutte le tue energie! Sì, hai capito bene, tutte le tue energie. Tutte! Non importa se sono tante o poche. L'essenziale è che siano tutte. Perché soltanto se sono tutte, le tue energie saranno sufficienti. Qualunque cambiamento in meglio richiede un impegno pieno, completo. Se hai solo un grammo di energie, non disperare, mettilo in gioco. Sarà sufficiente per iniziare il cammino. Altre risorse le troverai lungo la strada. Se hai una tonnellata di energie, devi ugualmente metterla interamente in partita, senza riserve, perché sarà tutta necessaria.

L'esperienza di tanti ha ampiamente dimostrato che, se si inizia con distrazione, se ci si impegna al 50%, se si procede in modo incostante si resta bloccati, non si avanza. Dopo un po' si rinuncia al viaggio, casomai accampando scuse e giustificazioni varie. O, peggio, giudicando negativamente il nostro corso.

La strada che ti proponiamo è una via certa, già percorsa con successo da tanti. E non è una strada per soli eroi. Ognuno può affrontarla, partendo da sé. Ma è percorribile, appunto, solo mettendocela tutta.

Dalle emozioni negative al benessere profondo

Ma dove porta, precisamente, il viaggio che intendiamo fare insieme? Qual è la meta? Ce lo dice il titolo del corso: la meta è il "benessere". Visto che hai deciso di partecipare a questa nostra proposta, siamo sicuri che la cosa ti interessa o che, almeno, ti incuriosisce. Occorre fin d'ora che ci intendiamo sul tipo di benessere a cui intendiamo accompagnarti. Come dice un altro famoso detto: «Patti chiari, amicizia lunga».

La vita quotidiana di ciascuno è sempre più assediata da emozioni negative, rabbia, conflitti, ansia, preoccupazioni. Al contempo, tutti desideriamo raggiungere maggiori dosi di pace, di tranquillità, di pienezza, di realizzazione. Oggi il "benessere" viene associato a mille differenti aspetti della vita: benessere economico, benessere abitativo, benessere fisico, benessere sensoriale, benessere lavorativo, benessere sociale, benessere emotivo, etc.

Non tutte le formulazioni intendono il benessere allo stesso modo. Senza entrare in mille dettagli, possiamo orientarci, distinguendo tra le situazioni di benessere di tipo profondo e stabile e quelle legate a forme di appagamento superficiale e passeggero. Anche se, nell'ultima lezione, ritorneremo più a fondo su questo aspetto, sottolineiamo fin d'ora che noi, con questo corso, intendiamo accompagnarti verso la prima forma di benessere, quello profondo.

La via dell'assertività

Ritorniamo ancora al titolo del nostro corso: "Guida ai cinque passi del benessere assertivo". Se la meta verso la quale desideriamo accompagnarti è il benessere, la via per arrivarci è l'assertività. Non è l'unico percorso possibile ma è uno dei più promettenti. Di "Assertività", oggi, si parla sempre più spesso. È un aspetto della vita che va molto di moda e vi sono numerosi manuali e libretti che la presentano. Alcuni sono di ottima qualità. Altri contengono gravi errori e fraintendimenti e propongono tecniche psicologiche e comunicative che, se non ben orientate, portano le persone solo a risultati parziali e illusori.

Come abbiamo detto, lo scopo di questo nostro corso è di accompagnarti ad una forma di benessere stabile e profondo. È in questa chiave che ti proponiamo un corretto approccio assertivo, nato dall'incontro di recenti studi psicologici con antichi saperi sapienziali.

Cos'è l'assertività lo vedremo man mano, durante il corso. Anticipiamo qui che essa è un modo particolare di vivere le relazioni con sé stessi e con gli altri. Per questo, a volte, durante il corso utilizzeremo la dicitura "benessere relazionale" come sinonimo di "benessere assertivo".

Cinque passi

Incamminarti lungo la strada che ti proponiamo genererà un viaggio fortemente umanizzante. Un percorso di crescita sia tua che delle persone che incontri. In questo corso ti accompagneremo nel comprendere le caratteristiche del benessere assertivo e nel farle tue.

In particolare, ti coinvolgeremo in cinque passi concreti attraverso i quali imparerai a liberarti dai comportamenti passivi o aggressivi, a comunicare efficacemente con gli altri, ad accrescere la tua intelligenza linguistica, ad ampliare le competenze empatiche, ad affrontare le situazioni di conflitto, ad assumere decisioni positive, a favorire cammini condivisi, a rafforzare la tua autostima e a maturare una più stabile serenità personale.

Siamo sicuri?

Se ti sembra impossibile che un unico breve percorso permetta tutti questi miglioramenti, possiamo soltanto dirti che tanti prima di te (noi compresi) hanno attraversato questa strada e che funziona. Io, personalmente, già da anni mi sono liberato dai miei atteggiamenti passivi che, spesso, mi facevano ingoiare inutilmente rospi amari. In ufficio ho sperimentato, con grandi benefici, l'efficacia delle tecniche e delle modalità comunicative proposte da questo corso.

A proposito, non ti ho ancora detto che lavoro faccio. In realtà, ne ho tre: insegno materie sociali all'Università Federico II di Napoli e all'Università Aldo Moro di Bari; dirigo un Centro Studi che si occupa di formazione e ricerca (è il Centro studi con il quale abbiamo pubblicato questo corso)[3]; infine, coordino una rete di enti no-profit impegnati, sia in Italia che in Africa, nel supporto alle famiglie e ai bambini con difficoltà sociali.

Con tutte queste attività le mie giornate stavano diventando sempre più complicate e invivibili. O, almeno, è stato così fin quando non ho compiuto i concreti "passi assertivi" che ti stiamo proponendo. Anche in famiglia (sono sposato da venticinque anni e ho cinque figli) le cose, con l'assertività, sono migliorate. Negli anni ho imparato ad essere sempre più empatico e anche i miei cari sono maturati in questo. Più in generale, con il giusto

---

[3]. Per maggiori informazioni sul Centro Studi Progetto Famiglia visita il sito www.progettofamigliaformazione.it

approccio assertivo, ho compreso come affrontare le situazioni conflittuali senza subirle. Anzi, non di rado, sono diventate occasione di crescita mia e degli altri. Con l'assertività ho imparato a favorire, insieme agli altri, l'assunzione di decisioni soddisfacenti. Ho scoperto, sia in famiglia che al lavoro, che le soluzioni a tanti problemi sono già tra noi e che occorre solo adottare il giusto approccio per farle emergere. Complessivamente la mia vita è sempre più serena e soddisfacente.

Non mancano le difficoltà e le amarezze, ma chi non ne ha? Quel che conta è che il benessere sia ben più ampio degli ostacoli. Lo stesso è avvenuto per altri amici, per tanti corsisti che ti hanno preceduto. Si tratta, insomma, tornando al corso, di una proposta concreta e alla portata di tutti. Ovviamente non ti promettiamo soluzioni magiche o illusorie. Ciascuno degli aspetti della vita su cui lavoreremo è sempre ulteriormente migliorabile. Quello che ti assicuriamo è che i risultati che otterrai, fin dai primi passi, saranno concreti e benefici.

Indicazioni pratiche

Un'ultima premessa, prima di iniziare il viaggio: le indicazioni pratiche. Innanzitutto, devi scegliere come approcciare il corso. Per la parte teorica ci sono essenzialmente due modi: "tutto d'un fiato" o "una lezione alla volta". Valuta tu e scegli la modalità che preferisci, anche in base al tempo che hai a disposizione.

Se lo affronti tutto d'un fiato, ovviamente, inizierai a fare gli esercizi, dopo aver completato la lettura. Se, invece, approfondirai una lezione per volta, sarà bene svolgere man mano i relativi esercizi.

Da quanto abbiamo potuto osservare, i maggiori frutti li hanno raccolti le persone che hanno abbinato le due modalità. Hanno, cioè, prima letto per intero tutta la teoria e poi, nei giorni successive, si sono dedicati alla rilettura di una lezione per volta e allo svolgimento degli esercizi. Ad ogni modo valuta tu, in base alla tua sensibilità.

In merito agli esercizi, quel che ti suggeriamo è di non saltare avanti e indietro. Affronta prima gli esercizi di una lezione e poi quelli della lezione successiva. Così farai un vero percorso, fatto, appunto, di cinque passi progressivi. Alcuni esercizi sono di auto-riflessione, quindi li potrai fare subito. Altri richiedono di accordarti con un tuo caro (un amico, un parente…). Fallo quanto prima. Sono proprio questi esercizi con altre persone a contribuire maggiormente al cambiamento che desideri.

Durante tutto il viaggio ti suggeriamo di utilizzare sempre lo stesso block-notes. Ti sarà utile per riprendere alcuni pensieri, annotare nuove scoperte. Le persone più motivate, a distanza di qualche mese, riapprofondiscono alcuni passi per consolidarli o riesplorarli ulteriormente. Anche in questo ti sarà utile utilizzare lo stesso block-notes iniziale. Così facendo, potrai avere sempre a disposizione i tuoi appunti… e sarà sorprendente vedere quanta strada avrai già fatto!

Bene, ora ci siamo detti tutto e siamo pronti ad iniziare. Non ci resta che augurarti buon viaggio verso il tuo benessere assertivo!

Lezione 2

Le relazioni assertive
IO VALGO / TU VALI

I due ingredienti dell'assertività

"Asserire" è una parola di origine latina. Gli antichi romani la utilizzavano per indicare il modo di comunicare di coloro che affermavano con certezza i propri pensieri e le proprie emozioni.

Questa antica abilità è stata riscoperta negli ultimi anni e si moltiplicano i libri e i corsi di formazione per coloro che desiderano apprenderla. La buona notizia è proprio questa: l'assertività è qualcosa che puoi apprendere, indipendentemente dal tuo carattere. Occorre però intenderci bene, perché le definizioni di assertività che vengono proposte sono spesso assai differenti.

È importante non muoverci a caso. Soprattutto, è assolutamente necessario evitare di imboccare vicoli ciechi. Per questo, bisogna che tu comprenda con attenzione le "caratteristiche autentiche" dell'assertività. Abbiamo detto che consiste nell'affermare con certezza i propri pensieri e le proprie emozioni. Analizzando con attenzione questa descrizione, possiamo coglierne i due ingredienti fondamentali: il rapporto con sé stessi e il rapporto con gli altri.

Primo ingrediente: "Io valgo"

Il primo ingrediente ha a che fare con il "rapporto con te stesso" e, in particolare, ti offre una via di uscita dal rischio di vivere in una eterna incertezza e insicurezza interiore rispetto ai tuoi pensieri, alle tue opinioni, alle tue convinzioni, alle tue emozioni, ai tuoi sentimenti. Affermarli con certezza, significa comunicarli essendo sicuro che ciò che si muove e si genera dentro di te (pensieri ed emozioni, appunto) è importante, significativo, di valore. E lo è perché tu hai valore.

Il primo e più importante ingrediente dell'assertività è dire a te stesso: «Io valgo». Dimostrare il valore di una scoperta scientifica o di un calcolo matematico o di un ragionamento filosofico richiede una spiegazione convincente, una giustificazione. Richiede, appunto, una dimostrazione. Il valore di un sentimento o di un pensiero, invece, non va giustificato, non va dimostrato. È già valido e significativo per il semplice fatto che è un tuo pensiero, un tuo sentimento. È valido perché esprime la tua persona, la tua identità, la tua umanità, la tua unicità, il tuo valore.

Secondo ingrediente: «Tu vali»

Abbiamo detto che il secondo ingrediente è quello relativo al rapporto con gli altri. Puoi comprenderne il senso riflettendo sul significato della parola "affermare". Affermare un pensiero o un'emozione è un atteggiamento molto diverso dall'imporre qualcosa. Affermare i propri pensieri e sentimenti non significa scagliarli contro gli altri. Non significa nemmeno convincere chi ti ascolta. Le persone che adottano un atteggiamento assertivo non mirano ad avere ragione per forza, né puntano a persuadere o a manipolare gli altri con ogni mezzo. Affermare un proprio convincimento non significa nemmeno negare o contrastare i convincimenti diversi degli altri. Non è una lotta tra posizioni avversarie.

Quando mi relaziono con un amico, con un collega, con un familiare in modo assertivo gli comunico che «Io valgo» senza il bisogno di dover sminuire o contestare il suo valore. Senza dover aggiungere che «Lui non vale». Nell'assertività «Io valgo» e, al contempo, «Lui vale». I suoi sentimenti valgono, i suoi pensieri valgono, anche quando sono differenti dai miei. Non c'è bisogno che li giustifichi, che me ne dimostri il valore. Valgono e basta, proprio perché «Lui vale», vale la sua umanità, la sua unicità.

La guerra insicuro/competitiva

Imparare ad essere assertivi, assumere uno stile assertivo con noi stessi e con gli altri, significa dunque riconoscere il proprio valore e, al contempo, il valore degli altri. Questa strada, per quanto chiara e affascinante, è assai poco praticata. Il mondo, la moda, i media, l'economia, il mercato del lavoro, il sistema scolastico e formativo ci spingono costantemente verso uno stile insicuro/competitivo. A volte veniamo orientati in questa direzione anche dalla famiglia, dai parenti, dagli amici, dai vicini.

Lo stile insicuro/competitivo si basa su principi opposti a quelli dell'assertività. Il primo principio dell'approccio insicuro/competitivo è che non è detto che vali. Non è detto che sei bravo. Devi dimostrarlo. Devi giustificarlo continuamente, con le tue *performance*, i tuoi successi, i tuoi risultati. Il secondo principio è che non basta "essere bravi". Occorre anche essere "i più bravi". Bisogna primeggiare sugli altri, costi quel che costi. Occorre essere i primi, i conquistatori, i dominatori. Perché solo chi vince raggiunge il benessere. «*The winner takes it all*» («Il vincitore prende tutto») cantavano gli Abba negli anni Ottanta. Pensiamo alle prime esperienze che abbiamo fatto nei primi anni di scuola: i bambini scoprono, loro malgrado, che il proprio valore "non è riconosciuto a prescindere". Se non si danno da fare, se non ottengono voti alti, sono "cattivi", "negativi".

Chi non ha sognato almeno una volta di andare malissimo ad un'interrogazione o ad un compito in classe? Insieme a mostri e fantasmi, sono questi i primi peggiori incubi. A scuola, da bambini, abbiamo fatto anche un'altra scoperta terrificante: ci sono alcuni compagni che sono più bravi degli altri, più bravi di noi. E questo è un qualcosa a cui gli adulti danno molta importanza. Gli insegnanti, i genitori desiderano intensamente che tu sia il più bravo, il primo della classe. Su questa modalità è fondato gran parte del sistema di valutazione scolastica. Tutto si regge sull'assegnazione di giudizi sintetici: ottimo/scarso, 10/0, A/F. È uno scenario che, a volte, nei confronti degli studenti, assume toni terroristici. E, come se non bastasse, questa guerra va combattuta da soli, ognuno per sé, perché (altra scoperta che i bambini fanno a scuola) «Guai a chi copia!». Attento, non è nostra intenzione demonizzare il sistema scolastico, né dire che i bambini non devono studiare o che non vanno stimolati a fare meglio.

Quello che piuttosto intendiamo dire è che la "strada insicuro/competitiva" praticata nella maggior parte dei contesti, compresi quelli scolastici, produce danni gravi e permanenti. È una strada che, a ben vedere, non porta veramente gli scolari a fare del proprio meglio, come dimostrato da numerosi studi e ricerche degli ultimi decenni. Discorso che vale anche negli altri ambiti della vita, a partire da quello economico e lavorativo. La spinta a primeggiare, ad essere i più ricchi, i più affermati, quelli con maggiore successo, non solo non porta queste persone a forme autentiche e profonde di benessere ma, anche la stessa crescita economica generale, quando è basata solo sulla competizione, giunge fino ad un certo livello.

Lo stress emotivo

Il costante conflitto insicuro/competitivo genera in continuazione una enorme massa di scorie emotive. Ogni persona, ovviamente, reagisce in modo diverso e sviluppa una sua personale forma di stress. Daniel Goleman[4] raggruppa le scorie in tre macro-gruppi: la rabbia, l'ansia, il dispiacere. Sono emozioni negative che si accumulano di anno in anno e possono intristire un'intera esistenza.

La rabbia fa deformare le persone, portandole all'ira e rendendole violente. Quando sentiamo di aver subito un'ingiustizia, una malefatta, la collera che ne deriva può raggiungere punte altissime. A volte, è la reazione indignata ad un grave torto subito. Altre volte risponde ad un fastidio continuativo, a qualcosa che ci agita, ci irrita, ci esaspera. Anche quando non esplode in azioni distruttive, la rabbia cova, come i carboni ardenti sotto la cenere, pronta a riaccendersi con impeti furiosi.

---

4. Daniel Goleman, psicologo, scrittore e giornalista statunitense.

L'ansia impedisce di gustare le cose belle e, di preoccupazione in preoccupazione, porta la gente all'esaurimento energetico. Si teme di non essere all'altezza delle situazioni. Gli ostacoli e i problemi diventano minacce insormontabili. Ci sentiamo sopraffatti, incapaci di rispondere in modo adeguato. Ci manca la terra sotto i piedi. L'abisso ci attira. Siamo inermi, impotenti, sconfitti, sbagliati, bocciati. La mente cade nel vuoto. I pericoli sorgono da ogni parte. Il cuore ci batte in gola, nausea e vertigini diventano nostre compagne.

Il dispiacere dipinge di amaro le giornate e avvelena l'animo, fino alle forme più gravi di depressione. Tutto intorno ci sembra senza senso, inutile. Ci sentiamo frustrati e tristi. Anche le attività più piacevoli non ci appassionano. Pure l'appetito viene meno. Il sonno diventa un rifugio o, al contrario, una tortura. Ci sentiamo fiacchi, spossati. Concentrarsi è impossibile, lavorare è un calvario. Il desiderio di scomparire, di spegnere tutto, si impossessa del quotidiano.

Il segreto della reciprocità

Come ci si libera da questa sorta di arena insicuro/competitiva nella quale veniamo gettati fin da piccoli? Come ci si disintossica dalle scorie emotive che tutto questo produce? La risposta è esattamente quella di cui stiamo parlando: bisogna maturare uno stile assertivo, imparando ad essere affermativi con sé stessi e con gli altri.

Se lungo la strada insicuro/competitiva ci si perde nel conflitto con gli altri e con sé stessi, mediante la via assertiva lo scenario si modifica rapidamente, facendoci fare scoperte impensabili. Sì, scoperte impensabili, perché quando il mio valore e il tuo valore non sono in contrasto, scopriamo l'esistenza di una "energia segreta", sconosciuta agli insicuro/competitivi, che gli esperti chiamano "reciprocità".

Scopriamo cioè che il mio valore cresce anche grazie a te e che il tuo valore cresce anche grazie a me. Non solo, dunque, non siamo più armati l'uno contro l'altro, non solo non dobbiamo più difenderci dal rischio che gli altri riducano il nostro valore e vanifichino i nostri sforzi, addirittura accade il contrario: gli sforzi dell'altro, anche soltanto la sua presenza, ci arricchiscono e accrescono il nostro valore. Questa energia segreta è al centro dei più recenti sviluppi della ricerca in ambito psicologico, sociale, economico, filosofico.

Ecco, allora, che nelle scuole più all'avanguardia compaiono approcci nuovi, come il *"Cooperative Learning"*, una forma di apprendimento in reciprocità, dove gli scolari sono invitati a studiare insieme e non vengono assegnati voti individuali; ecco, allora, che in ambito economico si fanno strada teorie e sperimentazioni nuove, come l'economia del dono che propone lo sviluppo di relazioni fraterne tra aziende per superare i sempre più evidenti limiti della logica antagonista; ecco, allora, che la filosofia esalta l'idea dell'*homo reciprocus*, capace di crescere insieme agli altri verso vette più alte di quelle raggiungibili da soli.

Da più fronti, anche molto diversi tra loro, si va dunque scoprendo (o riscoprendo) che la reciprocità fa emergere più energie, più positività, della somma delle energie e delle positività possedute individualmente dai singoli. La reciprocità e l'assertività, dunque, non sono semplici sommatorie di energie ma dei moltiplicatori. Non fanno l'addizione ma, appunto, la moltiplicazione. Se l'approccio insicuro/competitivo utilizza il "meno", l'approccio assertivo e reciproco utilizza il "per".

Esercizio 1. La mappa del valore reciproco

Potenzia la capacità di vedere come il tuo valore e quello delle altre persone si supportano reciprocamente, realizzando la tua "Mappa del valore reciproco", con i seguenti cinque step:
*1° **step:** prendi un foglio bianco e scrivi in alto, in stampatello: «La mia mappa del valore reciproco». Quindi piega il foglio al centro, in senso verticale, in modo da ottenere un lato sinistro e un lato destro.*
*2° **step:** nella parte sinistra scrivi «Tu per me» ed elenca cinque caratteristiche positive che hai e che esprimono il tuo valore come persona. Se te ne vengono in mente meno di cinque, concentrati a pensarci bene... ne hai sicuramente più di cinque. Se, nonostante gli sforzi, resti a meno di cinque, aggiungi una faccina che sorride... per ricordare a te stesso che il tuo esserci (la tua esistenza, la tua vita) è già un valore. Se non te ne viene in mente neanche una, chiedi aiuto alla persona che più ti vuole bene... scoprirai che ha una lunga lista di tue qualità da suggerirti.*
*3° **step:** nella parte sinistra del foglio, a fianco a ciascuna delle caratteristiche positive riportate, indica il nome della persona o delle persone che hanno contribuito ad accrescere quella tua qualità. Ad esempio, se hai scritto "generosità", aggiungerai "Mamma" se tua madre ha contribuito allo sviluppo del tuo essere generoso. Cerca di individuare almeno una persona per ciascuna delle caratteristiche positive che hai elencato. Se più persone hanno contribuito alla medesima caratteristica, scrivi tutti i loro nomi. Se c'è una caratteristica che non riesci a collegare ad una persona particolare, disegna una faccina che sorride... per ricordare a te stesso che sicuramente ci sono persone che hanno contribuito alla tua positività, fosse anche solo attraverso un sorriso, anche se ora non ti vengono in mente.*
*4° **step:** nella parte destra del foglio scrivi, in alto, «Io per Te» e*

inserisci il nome di una persona che, grazie a te, ha accresciuto le sue caratteristiche positive. Inserisci anche la caratteristica. Ad esempio, se grazie a te il tuo amico Mario ha imparato ad essere più sicuro di sé, scrivi «Mario: sicurezza di sé». Se ci sono più persone di cui hai favorito la valorizzazione, aggiungi i loro nomi e la caratteristica positiva che hai contribuito a sviluppare. Terminata la lista, aggiungi in basso una faccina che sorride… per ricordare a te stesso che sicuramente ci sono persone a cui hai infuso positività, fosse anche solo attraverso un sorriso, anche se ora non le rammenti. Se non ti viene in mente nessuno di particolare di cui hai supportato la positività, disegna una grande faccina che sorride.

5° step: conserva con cura questo foglio. Se puoi, appendilo nella tua camera o portalo con te nell'agenda. Soprattutto, aggiornalo man mano con le nuove valorizzazioni reciproche di cui farai esperienza.

20

Lezione 3

Il primo passo
Diventare Assertivi
DALLA PASSIVITÀ ALL'ASSERTIVITÀ

Passivi e aggressivi

In un percorso di formazione come questo che ti stiamo proponendo, chiarite le premesse e inquadrato il tema, occorre andare sul concreto. È necessario descrivere con chiarezza i passi da compiere, gli strumenti da utilizzare, le verifiche da effettuare. Concentriamoci sul "primo passo" da fare. Come diceva il campione Muhammad Ali[5], «Anche il più grande è stato un principiante. Non aver paura di fare il primo passo».

Nelle lezioni precedenti abbiamo detto che uno stile assertivo è l'alternativa ad un atteggiamento insicuro/competitivo.

---

5. Muhammad Ali (1942 – 2016), nato con il nome di Cassius Marcellus Clay, statunitense, è stato uno più grandi pugili di tutti i tempi.

Guardando più da vicino le vicende e le storie delle persone, i loro atteggiamenti con sé stessi e con gli altri, possiamo distinguere due macro-tipologie: coloro che sviluppano uno stile principalmente passivo e quelli che, all'opposto, maturano uno stile principalmente aggressivo. Ovviamente, ciascuno matura l'uno o l'altro stile con modi ed intensità differenti: c'è chi adotta modalità fortemente passive o aggressive e chi, invece, le manifesta in modo meno marcato. Si tratta, inoltre, di stili che cambiano nel tempo, con il trascorrere degli anni e delle fasi di vita, spinti in una direzione, o nell'altra, dalle esperienze positive e negative.

Non di rado la stessa persona, a seconda dei contesti o dei periodi, attiva modalità sia passive che aggressive. Ad esempio, coloro che hanno atteggiamenti passivi al lavoro, a volte, sono aggressivi in famiglia. Del resto, passività e aggressività sono entrambe il frutto di un atteggiamento insicuro/competitivo. Qui di seguito, per chiarezza, li approfondiamo distintamente perché, a seconda di dove si parte, i passi da compiere per diventare assertivi sono diversi.

Lo stile passivo

Soffermiamoci innanzitutto sullo stile passivo: le sue caratteristiche, i suoi "apparenti" vantaggi, i suoi gravi limiti. L'aspetto principale dello stile passivo è la mancata affermazione dei propri pensieri e delle proprie emozioni. I pensieri e le emozioni degli altri hanno il sopravvento. La persona con tendenze passive si conforma, si adatta alle esigenze e ai comportamenti altrui. Non prende decisioni in proprio e si lascia dirigere dagli altri. Si presenta sempre disponibile ad accogliere le loro richieste, anche quando in realtà non ne avrebbe voglia. Anche quando non ne avrebbe nemmeno la possibilità. Anche quando si tratta di richieste improprie, ingiuste, scorrette. Spesso le persone scelgono di assumere atteggiamenti passivi perché hanno un carattere insicuro, timido, introverso. In genere, l'atteggiamento passivo non viene scelto in modo pienamente consapevole, con una intenzione precisa. È raro che una persona, ad un certo punto, dica a sé stessa: «Ora faccio il passivo».

Nella maggior parte dei casi si diventa passivi goccia dopo goccia. Si viene schiacciati e spinti verso il basso dalle singole situazioni avverse, dalle singole circostanze complesse, dalle singole difficoltà di relazione. Man mano la passività diventa una modalità sempre più presente e sempre più automatica. Diventa, appunto, uno stile, che si amplifica ulteriormente quando si incontrano persone aggressive, invadenti, approfittanti, deridenti, scettiche, oppositive.

Vantaggi apparenti dello stile passivo

L'assunzione di uno stile passivo può, all'inizio, generare alcuni "vantaggi apparenti". La persona con tendenze passive, infatti, ha l'errata impressione di riuscire, grazie ad esse, ad ottenere più velocemente il rispetto e la stima da parte degli altri e un maggiore riconoscimento del proprio valore.

Se siamo sempre disponibili, questo invoglia facilmente gli altri a rivolgersi a noi, a chiedere il nostro aiuto, a confidare nel nostro sostegno. Se siamo quelli che "risolvono" i problemi di tutti, tutti si rivolgeranno a noi per i loro problemi. Questa dinamica dà alla persona con tendenze passive l'impressione di essere apprezzata, considerata. Addirittura di essere indispensabile. È però una impressione fasulla o, comunque, di breve durata, sia perché l'apprezzamento vero è quello che riguarda ciò che la persona è e non quello che fa… sia perché la crescente mole di incombenze che gli altri man mano ci affideranno, alcune anche assai onerose ed improprie, finirà – prima o poi – con un fallimento.

Non riusciremo a soddisfare sempre tutte le richieste. A quel punto verrà meno l'apprezzamento per quello che facevamo e non resterà più nulla, non essendo maturato – nel frattempo – il vero apprezzamento per ciò che siamo.

Limiti gravi dello stile passivo

Le persone che assumono uno stile passivo, superata la fase degli apparenti "vantaggi iniziali", non riescono a sviluppare relazioni sane e autentiche con sé stessi e con gli altri. Non ottengono dagli altri il rispetto e il valore che desiderano raggiungere con il loro atteggiamento. L'obiettivo è giusto, essere apprezzati e rispettati, ma la strada della passività conduce altrove.

Chi sceglie un atteggiamento passivo, non esprimendo i propri pensieri ed emozioni, non riesce a custodirli e a farli crescere. Non riesce a rispettare sé stesso. È come se, pur possedendo un tesoro, non riuscisse a fissare dei "confini" per proteggerlo. Espone i propri pensieri e le proprie emozioni alla costante invasione da parte degli altri.

Le persone, spesso senza rendersene nemmeno conto, finiranno con il calpestare la sensibilità e l'intelligenza di chi ha tendenze passive. È come se invadessero, senza saperlo, il suo giardino interiore. Schiacciando involontariamente petali e foglie e spezzando gambi e steli.

Al contempo, le persone che assumono uno stile passivo, non riescono neanche a rispettare il valore degli altri. A ben vedere, una persona con tendenze passive manca gravemente di sincerità verso coloro che ha intorno. Non dicendo quello che pensa veramente finisce, a volte inconsapevolmente, con il provare a manipolarle. È una forma subdola di persuasione. Cerco di conquistare la tua stima, la tua fiducia, la tua attenzione, mostrandomi diverso da quello che sono. Nel far questo ti manco di rispetto, non ho fiducia nelle tue capacità di accoglienza e comprensione, nel tuo valore. Né ti aiuto a comprendere i miei bisogni, le mie esigenze, i miei desideri. Il rischio è di restare radicalmente estranei, anche dopo anni di frequentazione.

Il primo passo: iniziare a dire «No»

Se hai uno stile passivo occorre abbandonarlo. Per incamminarti verso il rispetto per te e per gli altri bisogna adottare uno stile assertivo. La scelta di una comunicazione autentica e assertiva mette in primo piano quello che sei: i tuoi valori, i tuoi pensieri, le tue emozioni. Ciò che fai e che dici, per quanto importante, è solo un corollario a ciò che sei.

Questo è il fondamento dell'assertività. Se hai uno stile passivo, il primo passo per procedere nella direzione dell'assertività è sforzarti di dire cos'è che non condividi, descrivendo nel modo più gentile e rispettoso possibile i tuoi pensieri e le tue emozioni al riguardo. Senza disprezzare – anzi valorizzando – pensieri ed emozioni degli altri. Ma non conformandoti ad esse e segnalando le differenze.

Se, da anni e anni, hai assunto uno stile passivo ti sembrerà impossibile dire «No» in modo gentile e "obiettare" in modo rispettoso". Sei convinto che l'unica gentilezza, l'unica forma di rispetto (o l'unica forma di auto-protezione) consista nel dire «Sì». Sei abituato ad associare la gentilezza e la cortesia (che esprimono attenzione positiva verso l'altro) e l'auto-protezione (che esprime l'attenzione verso te stesso) all'accettazione passiva di quello che gli altri dicono, fanno, pensano e sentono.

È qui il primo passo da fare... Il grande studioso Paul Watzlavick[6] ha ampiamente dimostrato che, nel dialogo con gli altri, il rispetto e la cordialità dipendono più dal modo in cui comunichiamo che da quello che concretamente diciamo. Un «No» può essere comunicato con sincera attenzione e benevolenza, con un tono di voce tranquillo e accogliente e con un volto rilassato ed empatico. In questo modo il «No» consolida una relazione e favorisce accettazione e rispetto reciproci, molto di più di un «Sì» sforzato e comunicato con fatica, risentimento e falsità.

Ovviamente non si tratta di divenire antipatici, distaccati e indisponibili. Né di assumere atteggiamenti aggressivi. La prospettiva l'abbiamo più volte ribadita: affermare con sincerità i propri pensieri e sentimenti rispettando quelli degli altri. Vediamo alcuni esempi, in modo che questo passo ti sia più chiaro:

Esempio 1. Immagina di essere al lavoro e che il tuo superiore o un collega ti chieda di fare una commissione per lui. Immaginiamo che si tratti di qualcosa di improprio, che riguarda le sue responsabilità e che non dovrebbe scaricarle su di te. Ipotizziamo che si tratti di fare una certa ricerca di documenti sul web. Un modo assertivo per rispondergli può essere questo: *«Comprendo che la ricerca di questi documenti sul web è molto*

---

6. Paul Watzalvick (1921 – 2007), psicologo e filosofo austriaco, naturalizzato statunitense, grande studioso della comunicazione umana e membro insigne della Scuola di Palo Alto.

importante per la nostra azienda e capisco che sei molto impegnato in attività che richiedono una forte responsabilità. Io, al momento, proprio non posso darti una mano perché ho delle scadenze impellenti che mi preoccupano e mi manca il tempo per fare altro. Mi auguro che tu possa, in altro modo, riuscire ugualmente a portare a termine la ricerca». Come puoi vedere, questa frase si sintonizza con l'importanza di quanto l'altro mi sta dicendo (con i suoi pensieri) e con la fatica che questo gli comporta (con le sue emozioni) e, al contempo, gli comunica, in modo altrettanto chiaro e sereno, i tuoi pensieri e le tue emozioni su quello che stai facendo.

Esempio 2. Immagina di essere in famiglia e che tua zia ti dica che il modo in cui educhi tua figlia non sia sufficientemente fermo sulle regole della buona educazione. Immagina che il suggerimento di tua zia ti trovi in disaccordo e che, anzi, sia espressione di una modalità molto invadente. Un modo assertivo per risponderle può essere questo: *«Ti ringrazio Zia per l'affetto che hai verso mia figlia e per la premura con cui provi a darmi i giusti consigli. Sicuramente una buona educazione è un aspetto di assoluta importanza nella vita di una persona. Durante la mia adolescenza mi sono scontrato spesso con regole troppo rigide e questo mi ha creato grandi difficoltà. Penso sia importante trovare il giusto equilibrio tra regole e affetto e che, una buona educazione, abbia bisogno di non diventare troppo dura. Mi auguro che mia figlia possa crescere nel modo migliore e sarò lieto di ascoltare i consigli che anche in futuro vorrai darmi».* Come puoi vedere, questa frase si sintonizza con l'intenzione positiva (con le sue emozioni) e con l'importanza di quanto dice (con i suoi pensieri) e, al contempo, le comunica, in modo altrettanto chiaro e sereno, i tuoi pensieri e le tue emozioni relative al tuo stile educativo.

Se in questo momento ti sorgono vari dubbi e timori sulla modalità di strutturazione di una buona frase assertiva, non preoccuparti. Nelle prossime lezioni e nell'appendice di questo corso troverai numerose indicazioni ed esercizi per comprendere in dettaglio come fare. Per ora, è importante che tu comprenda il senso complessivo del discorso. Poi, man mano, vedremo da vicino i singoli suggerimenti operativi.

Meglio perderle che trovarle

Se hai tendenze passive, è possibile che alcune persone non accettino il tuo cambiamento verso l'assertività. È possibile che ti "preferiscano" passivo, remissivo, manipolabile, controllabile. È possibile che alcune persone minaccino di interrompere la relazione con te (o che la interrompano effettivamente) se non ritorni in posizione passiva. Sono tensioni e rotture che generano sofferenza ma, questa tipologia di relazioni malate, è mortifera. Sono relazioni che producono un deterioramento costante e irreversibile. Insomma, sono delle "non relazioni". È meglio perderle quanto prima, piuttosto che protrarle in una illusoria vicinanza fatta soltanto di sopraffazione e sopruso.

Esercizio 2 – Test di auto-valutazione del grado di passività

Cerchia un valore da 0 a 10 per ciascuna delle seguenti frasi, dove "10" indica la forte presenza in te dei pensieri descritti dalla frase e "0" indica la totale assenza.

1. Sono meno capace degli altri
$$[0-1-2-3-4-5-6-7-8-9-10]$$

2. Le mie opinioni non sono importanti
$$[0-1-2-3-4-5-6-7-8-9-10]$$

3. I miei sentimenti non sono importanti
$$[0-1-2-3-4-5-6-7-8-9-10]$$

4. È meglio assecondare gli altri
$$[0-1-2-3-4-5-6-7-8-9-10]$$

5. Nelle situazioni difficili è meglio lasciare perdere
$$[0-1-2-3-4-5-6-7-8-9-10]$$

6. La cosa peggiore è avere conflitti con gli altri
$$[0-1-2-3-4-5-6-7-8-9-10]$$

7. Bisogna essere sempre disponibili alle richieste degli altri
$$[0-1-2-3-4-5-6-7-8-9-10]$$

8. Meglio non litigare con le persone
$$[0-1-2-3-4-5-6-7-8-9-10]$$

9. È assolutamente necessario che tutti mi apprezzino
$$[0-1-2-3-4-5-6-7-8-9-10]$$

10. È assolutamente necessario non avere difetti
$$[0-1-2-3-4-5-6-7-8-9-10]$$

Calcolo e spiegazione del risultato: *Calcola il totale sommando i valori che hai cerchiato in ciascuna delle dieci frasi. Se la somma è compresa tra 0 e 19, hai livelli molto bassi di passività; se è compresa tra 20 e 39, hai livelli bassi di passività; se è compresa tra 40 e 59, hai livelli medi di passività; se è compresa tra 60 e 79, hai livelli alti di passività; se è compresa tra 80 e 100, hai livelli molto alti di passività.*

Esercizio 3 – Test di auto-valutazione delle aree di lavoro per passare dalla passività all'assertività

Cerchia un valore da 0 a 10 per ciascuna delle seguenti frasi, dove "10" indica la massima difficoltà nel fare tuoi questi principi del pensiero assertivo e "0" indica la totale facilità nel farli tuoi (o che ne sei già in possesso).

1. Posso dire «No» alle richieste senza sentirmi in colpa
$$[0-1-2-3-4-5-6-7-8-9-10]$$

2. Posso dire «No» alle richieste senza dovermi scusare
$$[0-1-2-3-4-5-6-7-8-9-10]$$

3. Posso pensare o sentire in modo diverso dagli altri
$$[0-1-2-3-4-5-6-7-8-9-10]$$

4. Posso chiedere che i miei pensieri siano ascoltati
$$[0-1-2-3-4-5-6-7-8-9-10]$$

5. Posso chiedere che i miei bisogni siano considerati
$$[0-1-2-3-4-5-6-7-8-9-10]$$

6. Anche se commetto errori non significa che sono sbagliato
$$[0-1-2-3-4-5-6-7-8-9-10]$$

7. Posso cambiare idea sulle situazioni senza sentirmi sbagliato
$$[0-1-2-3-4-5-6-7-8-9-10]$$

8. Quando non capisco qualcosa posso chiedere chiarimenti
$$[0-1-2-3-4-5-6-7-8-9-10]$$

9. Quando non gradisco qualcosa posso chiedere cambiamenti
$$[0-1-2-3-4-5-6-7-8-9-10]$$

10. Posso sopportare che alcune persone che non mi stimino
$$[0-1-2-3-4-5-6-7-8-9-10]$$

Calcolo e spiegazione del risultato: *ciascuna delle frasi con un valore inferiore al 6, indica un'area di lavoro su cui devi concentrare l'attenzione per maturare un pieno stile assertivo. Calcolando il totale dei valori delle dieci frasi: se la somma è compresa tra 0 e 33, sei vicino al tuo traguardo assertivo; se è compresa tra 34 e 66, sei incamminato verso l'assertività ed hai vari aspetti da migliorare; se è compresa tra 67 e 110, il lavoro da fare è importante ed urgente per far crescere il tuo benessere assertivo.*

Lezione 4

Il primo passo
Diventare Assertivi
DALL'AGGRESSIVITÀ ALL'ASSERTIVITÀ

Lo stile aggressivo

Nella lezione precedente abbiamo visto che, tra le persone che hanno un approccio di tipo insicuro/competitivo, alcune sviluppano uno stile passivo, altre sviluppano uno stile aggressivo. Come per lo stile passivo, anche su quello aggressivo è importante intenderci bene. Per farlo, ci soffermeremo brevemente sulle caratteristiche di questo stile, sui suoi "apparenti" vantaggi e sui suoi gravi limiti. Metteremo poi a fuoco qual è il primo passo per camminare verso l'assertività.

La caratteristica principale dello stile aggressivo è il mancato rispetto dei pensieri e delle emozioni degli altri. I propri pensieri e le proprie emozioni hanno il sopravvento. La persona con tendenze aggressive tenta di conformare gli altri a sé, di adattarli alle proprie esigenze e ai propri comportamenti. Tende ad assumere tutte le decisioni, anche quelle relative alla dimensione personale degli altri. Tende a dirigere le persone. Si presenta poco disponibile ad accogliere le loro richieste, anche quando potrebbe farlo. Le rigetta anche quando si tratta di richieste appropriate, giuste, legittime.

Spesso le persone scelgono di assumere atteggiamenti aggressivi perché hanno un carattere insicuro e temono l'invasione degli altri. Temono di perdere il controllo della situazione. A volte, hanno alle spalle esperienze molto dolorose, con ferite ancora aperte e sanguinanti. Decidono, allora, di attaccare prima che lo facciano gli altri. Scelgono di imporsi prima, per non essere succubi poi.

In alcuni casi si diviene aggressivi, goccia dopo goccia, spinti verso la prepotenza dalle paure che suscitano le situazioni avverse, dalle singole circostanze complesse, dalle difficoltà di relazione. In altri casi, invece, si diviene aggressivi all'improvviso, magari dopo anni di passività, reagendo in modo rancoroso e dirompente ai tanti torti subiti. Man mano, diventa una modalità sempre più presente e sempre più automatica. Diventa, appunto, uno stile, che si amplifica quando si incontrano altre persone aggressive – contro cui combattere – o persone passive, da controllare e dominare.

Vantaggi apparenti dello stile aggressivo

L'assunzione di uno stile aggressivo può, all'inizio, generare alcuni "vantaggi apparenti". La persona con tendenze aggressive ha l'errata impressione di riuscire, grazie all'aggressività, ad ottenere più velocemente il rispetto e la stima da parte degli altri e un maggiore riconoscimento del proprio valore.

Se ci imponiamo, si genererà facilmente la tendenza degli altri ad assecondarci. Se ci rendiamo indisponibili, le persone impareranno a non approfittare di noi. Se diciamo «No» a tutti, nessuno tenterà di usarci. Anzi, imponendoci, saranno loro a risolvere i nostri problemi. Questa dinamica dà alla persona con tendenze aggressive l'impressione di essere rispettata, considerata. È, però, una impressione fasulla e di breve durata. L'apprezzamento vero è quello che riguarda ciò che la persona è, non quello che fa. Se assumiamo atteggiamenti aggressivi gli altri saranno disponibili verso di noi soltanto perché il nostro modo di fare li intimorisce. In loro, si genererà un crescente astio e una profonda disistima nei confronti di ciò che siamo.

La mole di incombenze che avremo scaricato su di loro, alcune anche assai onerose ed improprie, finirà – prima o poi – con un fallimento. La qualità del lavoro che faranno per noi sarà sempre più scadente, le inadempienze aumenteranno, come pure i boicottaggi. Inoltre, appena ci troveremo in situazione di debolezza e di bisogno vero, scopriremmo di non avere nessuno accanto. Anzi, non mancheranno, da parte degli altri, trame e vendette varie per contro-attaccare e liberarsi di noi. A quel punto, sarà evidente la disistima e il non rispetto per quello che siamo… e non resterà più nulla.

Limiti gravi dello stile aggressivo

Le persone che assumono uno stile aggressivo, superata la fase degli apparenti "vantaggi iniziali", non riescono a sviluppare relazioni sane e autentiche, né con gli altri, né con sé stesse.

Non ottengono dagli altri il rispetto e il valore che desiderano raggiungere con il loro atteggiamento. L'obiettivo è giusto, essere apprezzati e rispettati, ma la strada dell'aggressività conduce altrove. Chi sceglie un atteggiamento aggressivo, imponendo i propri pensieri e le proprie emozioni, non rispetta gli altri e – di conseguenza – non ottiene il loro rispetto sincero, autentico. Una persona con tendenze aggressive raccoglie, piuttosto, disponibilità timorose. Non di rado si accumulano negli altri sentimenti di astio nei suoi confronti. Coloro che le sono intorno finiscono con il mancarle gravemente di sincerità e con il tentare di manipolarla.

Cercano di conquistare la sua stima, la sua fiducia, la sua attenzione mostrandosi diverse da come sono realmente. In questa dinamica, è evidente la mancanza di rispetto e di fiducia e la totale incomprensione dei suoi bisogni, delle sue esigenze e desideri. Il rischio è di restare radicalmente estranei e soli, anche dopo anni di frequentazione.

Al contempo, le persone che assumono uno stile aggressivo, non riescono neanche a custodire e a far crescere il proprio valore. A forza di imporsi sugli altri, non potranno giovare del loro esempio, delle loro esperienze, dei loro consigli sinceri. Concentrata a guardare "troppo da vicino" le proprie emozioni e i propri pensieri, la persona con tendenze aggressive finirà con il deformarli, con il perdere quell'equilibrio e quello sguardo d'insieme senza i quali il proprio valore – come persona – si deteriora.

Il dominio sugli altri avrà un prezzo assai amaro e, spesso, senza rendersene nemmeno conto, finirà con il calpestare non solo la loro, ma anche la propria sensibilità e intelligenza. È come se invadesse, senza saperlo, non solo il loro giardino interiore, ma anche il proprio, schiacciandone involontariamente petali e foglie e spezzando gambi e steli.

Il primo passo: iniziare a dire «Sì»

Se hai uno stile aggressivo, per incamminarti verso il rispetto nei confronti degli altri e verso te stesso, occorre abbandonare questi atteggiamenti e adottare uno stile assertivo. La scelta di una comunicazione autentica e assertiva ti aiuterà a mettere sullo stesso piano te stesso e gli altri: i loro valori con i tuoi valori, i loro pensieri con i tuoi pensieri, le loro emozioni con le tue. Ciò che fanno e che dicono va tenuto in grande attenzione, rispettando così quello che queste persone sono. Questo è il fondamento dell'assertività.

Se hai uno stile aggressivo, il primo passo per procedere nella direzione dell'assertività è sforzarti di accogliere e valorizzare gli altri. In particolare, la parte su cui concentrarti maggiormente è il rispetto di ciò che non condividi. Impegnati ad accogliere, nel modo più gentile e rispettoso possibile, i loro pensieri e le loro emozioni, senza nascondere – anzi valorizzando – i tuoi pensieri e le tue emozioni, ma non confliggendo sulle differenze.

Se, da anni e anni, hai assunto uno stile aggressivo ti sembrerà impossibile dire «Si». A dire il vero farai difficoltà anche solo a dire «No» in modo gentile e ad obiettare in modo rispettoso. Sei convito che l'unica strada, l'unica forma di auto-protezione consista nel dire «No e basta», in modo diretto e violento. Sei abituato ad associare la difesa del tuo benessere (che esprime l'attenzione verso te stesso) alla negazione aggressiva di quello che gli altri dicono, fanno, pensano e sentono.

È qui il primo passo da fare. Un «Si» comunicato con sincera attenzione e benevolenza, con un tono di voce tranquillo e accogliente, con un volto rilassato ed empatico, disinnesca i conflitti e protegge il proprio benessere molto di più di mille barricate e fortini. Così facendo, emergerà un rispetto sincero, libero da risentimento o falsità.

Ovviamente, non si tratta di divenire accondiscendenti in tutto, né di assumere atteggiamenti passivi. La prospettiva l'abbiamo più volte ribadita: è quella di accogliere con sincerità i pensieri e i sentimenti degli altri, con una modalità rispettosa dei propri pensieri e dei propri sentimenti.

Vediamo un esempio in modo che questo passo ti sia più chiaro. Immagina di essere al lavoro e che un tuo collaboratore o un collega non accetti di fare una commissione che gli assegni. Immaginiamo che si tratti di un rifiuto che ti appare improprio perché riguarda le sue responsabilità. Rifiutandosi le scarica su di te. Ipotizziamo che si tratti di fare una certa ricerca di documenti sul web. Un modo assertivo per rispondergli può essere questo: *«Comprendo che sei molto impegnato in questo periodo e che il lavoro che svolgi richiede una forte responsabilità. La ricerca di cui ti ho parlato è molto importante per l'attività aziendale e tu sei la persona più indicata per svolgerla. Sono sicuro che tu possa riuscire ugualmente a portarla a termine. Contiamo su di te!»*. Come puoi vedere questa frase si sintonizza con l'importanza delle sue emozioni e dei suoi pensieri, senza rinunciare ad essere chiari nel comunicargli i tuoi pensieri ed emozioni.

Hai sicuramente notato che ti abbiamo proposto un esempio molto simile a quello presentato nella lezione precedente. Si tratta di una somiglianza intenzionale. Ha lo scopo di farti osservare che le frasi assertive hanno una struttura simile, che tu sia una persona con tendenze aggressive o con tendenze passive. Anche qui ti ricordiamo di non preoccuparti se per ora ti sorgono dubbi e incertezze sulle modalità di strutturazione di una buona frase assertiva.

Nelle prossime lezioni e nell'appendice di questo corso ti spiegheremo approfonditamente come fare. Per ora è sufficiente che tu abbia compreso l'approccio complessivo. Nel prosieguo vedremo, di passo in passo, tutti gli aspetti pratici.

A volte, è tardi

È possibile che alcune persone non si fidino e non valorizzino questo tuo cambiamento. È possibile che, appena le liberi dal giogo del sopruso e della prepotenza, si rendano indisponibili alle tue richieste, alla nuova forma di rispetto che intendi proporgli. È possibile che decidano di interrompere la relazione con te. È possibile, addirittura, che passino al contro-attacco. Sono delusioni e perdite che generano sofferenza.

Non di rado, le scorie causate dalla tua precedente aggressività segnano in modo indelebile le relazioni. Le relazioni si ammalano e finiscono in un deterioramento irreversibile. Occorre prendere atto che la propria aggressività le ha già annientate. Che sono già delle "non relazioni". Non resta che arrendersi alla loro assenza. Protrarle artificiosamente, proseguendo con i nostri vecchi atteggiamenti di sopraffazione e sopruso, genererebbe soltanto una vicinanza illusoria e un'ulteriore sofferenza, in loro e in te. Occorre "lasciarle andare" e – imparata la lezione – prestare grande attenzione alla cura rispettosa e assertiva delle nuove relazioni.

Esercizio 4 – Test di Auto-valutazione del grado di aggressività

Cerchia un valore da 0 a 10 per ciascuna delle seguenti frasi, dove "10" indica la forte presenza in te dei pensieri descritti dalla frase e "0" indica la totale assenza.

1. Sono più capace degli altri
[0 – 1 – 2 – 3 – 4 – 5 – 6 – 7 – 8 – 9 - 10]

2. Le opinioni degli altri non contano
[0 – 1 – 2 – 3 – 4 – 5 – 6 – 7 – 8 – 9 - 10]

3. I miei sentimenti sono più importanti di quelli degli altri
[0 – 1 – 2 – 3 – 4 – 5 – 6 – 7 – 8 – 9 - 10]

4. Mai accontentare gli altri se la cosa non mi aggrada
[0 – 1 – 2 – 3 – 4 – 5 – 6 – 7 – 8 – 9 - 10]

5. Nelle situazioni difficili bisogna insistere ed imporsi
[0 – 1 – 2 – 3 – 4 – 5 – 6 – 7 – 8 – 9 - 10]

6. La migliore difesa è l'attacco
[0 – 1 – 2 – 3 – 4 – 5 – 6 – 7 – 8 – 9 - 10]

7. Non bisogna mai essere troppo disponibili
[0 – 1 – 2 – 3 – 4 – 5 – 6 – 7 – 8 – 9 - 10]

8. Una cosa o è giusta o è sbagliata. Niente mezze misure
[0 – 1 – 2 – 3 – 4 – 5 – 6 – 7 – 8 – 9 - 10]

9. Non mi interessa se ci sono persone che non mi apprezzano
[0 – 1 – 2 – 3 – 4 – 5 – 6 – 7 – 8 – 9 - 10]

10. Mai fidarsi troppo degli altri
[0 – 1 – 2 – 3 – 4 – 5 – 6 – 7 – 8 – 9 - 10]

Calcolo e spiegazione del risultato: *Calcola il totale sommando i valori che hai cerchiato in ciascuna delle dieci frasi. Se la somma è compresa tra 0 e 19, hai livelli molto bassi di* *aggressività; se è compresa tra 20 e 39, hai livelli bassi di aggressività; se è compresa tra 40 e 59, hai livelli medi di aggressività; se è compresa tra 60 e 79, hai livelli alti di aggressività; se è compresa tra 80 e 100, hai livelli molto alti di aggressività.*

Esercizio 5 – Test di auto-valutazione delle aree di lavoro per passare dall'aggressività all'assertività

Cerchia un valore da 0 a 10 per ciascuna delle seguenti frasi, dove "10" indica la massima difficoltà nel fare tuoi questi principi del pensiero assertivo e "0" indica la totale facilità nel farli tuoi (o che ne sei già in possesso).

1. Posso dire «Si» alle richieste senza sentirmi svilito
[0 – 1 – 2 – 3 – 4 – 5 – 6 – 7 – 8 – 9 - 10]

2. Gli altri possono dirmi di «No» senza doversi scusare
[0 – 1 – 2 – 3 – 4 – 5 – 6 – 7 – 8 – 9 - 10]

3. Gli altri possono pensare o sentire in modo diverso da me
[0 – 1 – 2 – 3 – 4 – 5 – 6 – 7 – 8 – 9 - 10]

4. Posso dare spazio all'ascolto dei pensieri degli altri
[0 – 1 – 2 – 3 – 4 – 5 – 6 – 7 – 8 – 9 - 10]

5. Posso dare attenzione ai bisogni degli altri
[0 – 1 – 2 – 3 – 4 – 5 – 6 – 7 – 8 – 9 - 10]

6. Le persone che commettono errori non sono "sbagliate"
[0 – 1 – 2 – 3 – 4 – 5 – 6 – 7 – 8 – 9 - 10]

7. Le persone possono cambiare idea sulle situazioni
[0 – 1 – 2 – 3 – 4 – 5 – 6 – 7 – 8 – 9 - 10]

8. Quando occorre sono disposto a dare chiarimenti
[0 – 1 – 2 – 3 – 4 – 5 – 6 – 7 – 8 – 9 - 10]

9. Gli altri possono cambiare ciò che non gradiscono
[0 – 1 – 2 – 3 – 4 – 5 – 6 – 7 – 8 – 9 - 10]

10. Aggredire le persone è sbagliato e non mi fa sentire meglio
[0 – 1 – 2 – 3 – 4 – 5 – 6 – 7 – 8 – 9 - 10]

Calcolo e spiegazione del risultato*: ciascuna delle frasi con un valore inferiore a 6, indica un'area di lavoro su cui devi concentrare l'attenzione per maturare un pieno stile assertivo. Calcolando il totale dei valori delle dieci frasi: se la somma è compresa tra 0 e 33, sei vicino al tuo traguardo assertivo; se è compresa tra 34 e 66, sei incamminato verso l'assertività ed hai vari aspetti da migliorare; se è compresa tra 67 e 100, il lavoro da fare è importante ed urgente per far crescere il tuo benessere assertivo.*

Lezione 5

Il secondo passo
Comunicare in modo assertivo
L'ASCOLTO

Dopo il primo passo

Nelle due lezioni precedenti abbiamo visto qual è il primo passo che devono compiere coloro che hanno uno stile passivo e coloro che hanno uno stile aggressivo. Abbiamo concluso che il primo passo assertivo per chi ha uno stile passivo consiste nell'iniziare a dire «No», sforzandosi di dire cos'è che non condivide, descrivendo nel modo più gentile e rispettoso possibile i propri pensieri e le proprie emozioni, senza disprezzare – anzi valorizzando – pensieri ed emozioni degli altri, ma non conformandosi ad esse e segnalando le differenze. Non si tratta di impugnare una spada ma di alzare la testa.

All'opposto, abbiamo visto che coloro che hanno uno stile aggressivo devono compiere il primo passo assertivo iniziando a dire «Sì», accogliendo e valorizzando gli altri. In particolare devono rispettare ciò che non condividono e accogliere nel modo più gentile e rispettoso possibile i loro pensieri e le loro emozioni, senza nascondere i propri, senza imporli e non confliggendo sulle differenze. Non si tratta di abbassare la testa, ma di posare la spada.

Ribaditi questi concetti, occorre ora dirci quali sono i passi successivi. Qui, le strade di coloro che hanno tendenze passive e di quelli che hanno tendenze aggressive convergono. Si tratta, spesso, del medesimo percorso. Saranno differenti i punti di difficoltà, le parti più impegnative e quelle più semplici, ma le indicazioni da dare e lo stile da assumere saranno pressoché i medesimi.

Come abbiamo detto nella lezione introduttiva, i passi lungo il cammino dell'assertività sono cinque. Dopo il primo ne restano dunque altri quattro: il secondo passo consiste nell'imparare a comunicare in modo assertivo; il terzo passo nell'imparare a gestire i conflitti in modo assertivo; il quarto passo ad imparare ad assumere decisioni in modo assertivo; il quinto passo ad imparare l'auto-assertività e la generatività. Vediamoli uno per volta. Attento però, non basta leggerli e capirli. Occorre "farli tuoi" e per questo occorrerà rileggerli più volte e, soprattutto, esercitarti. Sarà inoltre necessario verificare periodicamente a che punto sei, quali passi hai compiuto e quali ti restano da affrontare. Procediamo!

Subito dopo il primo passo, l'abilità da sviluppare è quella della comunicazione assertiva. Bisogna imparare a comunicare nel modo giusto. Si tratta di un cambiamento graduale, nel quale ogni giorno sperimenterai nuovi e maggiori risultati e traguardi. Risultati che, però, potrai iniziare a vedere fin da subito. Quali comunicazioni vanno effettuate in modo assertivo? Tutte! Al lavoro, in famiglia, con gli amici. Anche nel dialogo con te stesso occorre che tu divenga assertivo.

Si tratta, insomma, di maturare un nuovo stile da utilizzare stabilmente. È possibile che tu possegga già alcune modalità comunicative di tipo assertivo. Ottimo! Lavorandoci con attenzione avrai la possibilità di affinarle ulteriormente. Se, invece, le tue modalità comunicative sono di tipo passivo o di tipo aggressivo, con il giusto impegno avrai la possibilità di fare, in tempi brevi, importanti passi in avanti.

Ascoltare in modo assertivo

Il primo più importante ingrediente della comunicazione assertiva è l'ascolto. Il saggio Zenone[7] diceva che, se l'uomo ha due orecchie e una sola bocca, significa che deve ascoltare il doppio di quanto parla. Nonostante siano trascorsi 2.500 anni, il suggerimento di Zenone non è stato ben recepito.

Il problema è che, molto spesso, dialoghiamo con gli altri "per dire la nostra", più che per "sentire la loro". E anche quando ascoltiamo, siamo di solito più concentrati su cosa dobbiamo rispondere, piuttosto che sulla comprensione attenta di quello che la persona ci sta dicendo. Un buon ascolto assertivo si basa su quattro elementi: attenzione, corpo, parole, cuore. Vediamoli uno alla volta.

1° ingrediente: ascoltare con attenzione. L'ascolto, per essere tale, deve esprimere effettiva attenzione nei confronti dei pensieri e delle emozioni dell'altro. Durante l'ascolto è importante non interrompere, non distrarsi e, anche, far capire all'altro che non siamo distratti. L'attenzione permette a noi di comprendere e all'altro di sentirsi compreso. Nell'epoca del "multi-*task*", in cui è di moda il fare più cose

---

7. Zenone, filosofo greco vissuto nel V secolo a.C.

contemporaneamente, con ritmi frenetici e mille intrecci, l'attenzione (che è "mono-*task*") è una abilità sempre meno praticata. Ascoltare con attenzione significa, ad esempio, non controllare le notifiche che arrivano sul telefonino mentre l'altro sta parlando. O, se proprio dobbiamo farlo per motivi importanti, spiegheremo anticipatamente al nostro interlocutore che vorremmo ascoltarlo con piena attenzione e che "siamo costretti" dalle circostanze a controllare il cellulare, rassicurandolo che lo faremo il meno possibile. Analoghe considerazioni valgono per altri tipi di interruzioni: telefonate, persone che entrano nella stanza, etc. Si tratta di attenzioni che, ovviamente, sono tanto più importanti quanto più l'argomento di cui si parla è delicato. Ad ogni modo, anche le comunicazioni più semplici e leggere subiscono negativamente la disattenzione.

2° ingrediente: ascoltare con il corpo. Un aspetto molto importante, spesso sottovalutato, è l'ascolto con il corpo. Un ascolto attento, profondo e assertivo coinvolge anche il corpo dell'ascoltatore. Ad esempio, quando ascolti una persona è importante che tu sia attento ad incontrare il suo sguardo, con il giusto ritmo. Non in modo fisso, per non apparire freddo o intrusivo. Non in modo insufficiente, per non comunicare disinteresse, disagio o contrarietà. Per essere un bravo ascoltatore, inoltre, farai bene a rivolgere tutto il tuo corpo (il volto, le spalle, le gambe, etc.) verso colui che ti parla. Se ne cogli un senso di disagio o di imbarazzo nei tuoi confronti, allora avrai l'attenzione a posizionarti "ad angolo", cioè non faccia a faccia ma neanche orientandoti completamente altrove. In questo modo gli sarai né troppo addosso, né troppo distante. Il tuo busto sarà inclinato verso di lui. Il tuo volto sarà, ovviamente, cordiale. Non mancheranno cenni con il capo o espressioni facciali di sintonizzazione e accoglienza per comunicare alla persona che stai comprendendo ciò che sta dicendo e le emozioni che sta trasmettendo. Un volto impassibile, inespressivo o, addirittura, corrucciato ha potenti effetti bloccanti e rende assai ardua la comunicazione. Ovviamente sarai attento ad evitare ticchettii, gorgoglii o altri rumori ripetitivi. Sono, in genere, segnali che indicano insofferenza o noia. Anche gesti come il mettere in ordine eventuali oggetti che hai di fronte o togliere dai tuoi vestiti eventuali briciole o qualche capello sono evidenti segni di insofferenza. Se rivolgi spesso il tuo sguardo verso qualcosa di lontano (l'orizzonte, una montagna, etc.) questo mostrerà all'altro che ciò che dice ti pesa e che preferiresti essere altrove. Quello della comunicazione non verbale e para-verbale è un ambito molto vasto nel quale tante sono le competenze da acquisire, con margini di crescita molto promettenti. Per diventarne esperto ti invitiamo a seguire il nostro corso sul linguaggio del corpo[8].

3° ingrediente: ascoltare con le parole. Una forma molto efficace di ascolto è quella che si può fare con le parole. Sì, hai capito bene, con le parole. Attento però, non stiamo negando quanto abbiamo detto in precedenza. Ascoltare con le parole non significa interrompere chi ti parla inondandolo con i tuoi argomenti. Significa, piuttosto, accompagnare e sostenere la sua comunicazione, mostrandogli piena attenzione, sintonia, disponibilità. Lo puoi fare innanzitutto con parole e brevi frasi di conferma (ad esempio: «Certo», «Capisco», «È vero», «Già», «Vedo», «Oh», «Sì», «Non è uno scherzo», «Mi rendo conto», «Magari», etc.). Una modalità particolarmente potente e feconda, ma poco conosciuta e praticata, è quella del ripetere a parole proprie ciò che la persona sta dicendo. Non si tratta, ovviamente, di "pappagallare" o di ripetere ogni passaggio. Si tratta di parafrasare (cioè, appunto, di ripetere con altre parole) i pensieri e le emozioni principali che la persona sta comunicando. Questa modalità di ascolto alcuni, tra cui Thomas Gordon[9], la chiamano

---

8. Per maggiori informazioni sui nostri corsi visitare la pagina del Centro Studi: www.progettofamigliaformazione.it/benessere.
9. Thomas Gordon (1918-2002), psicologo clinico americano, pioniere

"ascolto attivo". Altri la definiscono "ascolto a specchio". Permette di evitare fraintendimenti e, soprattutto, trasmette alla persona un senso di accettazione e comprensione, di lei e di quanto sta dicendo. L'attenzione da avere sarà di non infarcire queste frasi con le nostre ulteriori considerazioni. Concluso l'ascolto, avremo modo di dire la nostra. Ma è bene, soprattutto quando si parla di argomenti delicati e che causano un forte coinvolgimento emotivo della persona, distinguere il momento dell'ascolto da quello, successivo, della risposta, cioè della comunicazione dei nostri pensieri. Dire la nostra troppo presto, potrebbe avere un effetto inibente, di "barriera", bloccando e rendendo assai frustrante il dialogo. Ripetere a parole nostre quanto ci sta dicendo ha, invece, l'effetto di sostenerla nel proseguire nella sua comunicazione.

4° ingrediente: ascoltare con il cuore. Ciò che la persona ci comunica non va ascoltato soltanto dal punto di vista razionale. Non dobbiamo solo "capire" i concetti che ci sta trasmettendo. Dobbiamo capirla, comprenderla. Quando una persona parla, comunica sé stessa. Non è come leggere un libro di nozioni tecniche. La persona, nel comunicare i suoi pensieri, i suoi ragionamenti, ci trasmette anche i suoi sentimenti, le sue emozioni, ciò che sta vivendo dentro di sé, ciò che le si "muove" dentro. Ne consegue che un vero ascolto… un ascolto adeguato, attento… un ascolto assertivo, richiede che noi mettiamo in gioco anche la nostra emotività, i nostri sentimenti. Bisogna, appunto, ascoltare con il cuore. Qui l'abilità da sviluppare è quella dell'empatia[10], di cui parliamo nella prossima lezione.

---

nell'insegnamento delle abilità comunicative.

10. Empatia è una parola sempre più diffusa, anche se relativamente recente. Viene approfondita nella Lezione 6. Se non ne conosci il significato, per ora ti basti tenere presente che consiste nella capacità di entrare in relazione profonda con gli altri, "sentendo" le loro emozioni.

Chiarito "come bisogna ascoltare", diciamoci, brevemente, anche "cosa è importante ascoltare". A qualcuno questa domanda potrebbe suonare strana. Che domanda è? Bisogna ascoltare ciò che l'altro ci comunica! Su questo siamo pienamente d'accordo. Ma proprio qui, a volte, si commettono gli errori più gravi. Quando ascoltiamo ciò che l'altro ci dice dobbiamo avere ben chiaro che la parte che ci arriva tramite le "parole", le "frasi", i "ragionamenti", i "discorsi" ci trasmette solo una minima quota di quanto ci sta comunicando. Occorre imparare ad ascoltare anche – e soprattutto – il linguaggio del corpo della persona con cui stiamo dialogando.

Numerosi studi e ricerche scientifiche degli ultimi anni si sono concentrati sugli aspetti "non verbali" (lo sguardo, il volto, la postura del corpo, i movimenti involontari, etc.) e "para-verbali" (il tono della voce, il ritmo, il timbro, i silenzi, etc.) della comunicazione. Si tratta di una parte che gli studiosi chiamano "comunicazione analogica". La comunicazione avviene cioè per analogia, per somiglianza. Mediante espressioni, movimenti e suoni che richiamano certe emozioni o certi pensieri.

Le ricerche hanno dimostrato che questa forma comunicativa veicola il 93% di quanto viene trasmesso. Le parole (il cd. "contenuto verbale", che alcuni studiosi chiamano "contenuto digitale" o anche "contenuto convenzionale") ci trasferiscono solo il 7% di quel che il nostro interlocutore ci sta comunicando. Per avere un'idea ancora più chiara di quanto stiamo dicendo ti invitiamo a visionare la serie televisiva di successo *"Lie to me"*[11] che propone in modo assai efficace le principali regole della comunicazione non verbale. Per un ulteriore approfondimento rimandiamo al corso sul linguaggio del corpo appena citato.

---

11. Lie to me, è una serie televisiva statunitense, prodotta dal 2009 al 2011, nella quale l'attore protagonista Tim Roth veste i panni di Cal Lightman, uno psicologo esperto di comunicazione non verbale.

Esercizio 6 – Verifica in coppia delle "sedici regole del buon ascoltatore"

Accordati con una persona che ti è familiare (un parente, un amico, un collega) per lo svolgimento del seguente esercizio. Trascorrete del tempo insieme, possibilmente alcune ore o un'intera giornata, facendo delle attività comuni, visitando luoghi interessanti, etc. Durante le ore insieme impegnatevi ad osservare la modalità di ascolto dell'altro. Effettuate l'osservazione appuntando su un block-notes cosa l'altro fa o non fa per ciascuno degli aspetti elencati di seguito.

Alla fine, prima di salutarvi, illustrate all'altro i vostri appunti (e viceversa), soffermandovi sugli aspetti di cui siete più sorpresi o nei quali non vi riconoscete. Osserva se la persona che è con te rispetta le seguenti "sedici regole del buon ascoltatore":

«Quando si ascolta...
1. non bisogna interrompere le frasi dell'altro o "parlare da sopra";
2. non bisogna guardare le notifiche del telefono;
3. bisogna rivolgere il corpo verso l'altro;
4. bisogna rivolgere il volto verso l'altro;
5. bisogna incrociare, anche se in modo non rigido, lo sguardo dell'altro;
6. bisogna inclinare il busto verso l'altro;
7. bisogna accompagnare il discorso dell'altro con cenni del capo;
8. bisogna accompagnare il discorso dell'altro con espressioni del volto;
9. bisogna evitare ticchettii, gorgoglii o altri rumori ripetitivi;
10. bisogna dire piccole parole o brevi frasi di conferma (ad esempio: «Certo», «Capisco», «È vero», «Già», «Vedo», «Oh», «Sì», «Non è uno scherzo», «Mi rendo conto», «Magari», etc.);

11. bisogna ripetere a parole proprie quanto la persona sta dicendo (ascolto attivo o a specchio);
12. bisogna evitare di comunicare i nostri pensieri, soluzioni e proposte quando l'altro sta ancora esponendo il suo bisogno, le sue emozioni, i suoi pensieri;
13. bisogna sintonizzarsi emotivamente con il vissuto dell'altro richiamando alla mente i nostri vissuti analoghi;
14. bisogna comunicare all'altro che siamo sintonizzati con il suo vissuto emotivo;
15. bisogna riconoscere i "motivi" dei pensieri e delle emozioni dell'altro anche quando sono diversi dai nostri;
16. bisogna astenersi dal giudicare l'altro per ciò che non condividiamo.

Esercizio 7 – Allenamento dell'ascolto a specchio

Allenati nell'ascolto a specchio. Individua una persona (un tuo familiare, un tuo amico, un tuo collega) nei confronti del quale impegnarti ad attuare l'ascolto a specchio. Se ne hai la possibilità scegli una persona che sta vivendo un momento difficile o, comunque, emotivamente intenso. A seconda delle circostanze e della persona, valuta se è opportuno o meno informarla di questa tua intenzione. Ad ogni modo non preoccuparti, non si tratta di fingere, né di "utilizzarla" in modo strumentale. Stai, piuttosto, provando ad avere nei suoi confronti una migliore forma di ascolto. Te ne sarà grata. Concretamente, quando la persona che hai scelto ti comunicherà qualcosa, impegnati a ripetere a parole tue le parti principali di quanto ti dirà, senza aggiungere tue considerazioni e facendo attenzione anche a sintonizzarti con le sue emozioni, evidenziandole.

Se, dopo che avrai ripetuto le sue argomentazioni, la persona riprenderà a parlare, ascoltala nuovamente e, quando si fermerà

ripeti, con parole diverse, i concetti e le emozioni che ti ha ulteriormente comunicato. Solo alla fine (e solo se necessario) comunicale il tuo punto di vista. Scoprirai che, a volte, dopo l'ascolto a specchio non occorrerà aggiungere altro. La persona ti sarà riconoscente per averla ascoltata in modo profondo e si sentirà sollevata. Ovviamente vivi tutto questo in modo autentico e rispettoso, sapendo che non stai "usando la persona" per esercitarti ma che ti stai impegnando a crescere nell'ascolto, sia verso di lei che verso gli altri. Insomma, lo fai anche per lei.
Per facilitarti nell'esercizio ti suggeriamo di iniziare le frasi con parole come: «Vediamo se ho ben capito...», «Quindi mi stai dicendo che...», «Secondo te, allora...», «Dal tuo punto di vista, quindi...».

Riportiamo qui di seguito due esempi:

Esempio 1 - Un tuo collaboratore viene da te e, con tono stanco e frustrato, ti dice: «Sono finalmente riuscito a finire quel lavoro». Tu, applicando la tecnica dell'ascolto a specchio, gli potresti rispondere: «Se capisco bene, l'hai completato per intero» (specchio su cosa sta dicendo); oppure «Se capisco bene, è stato un lavoro pesante e frustrante» (specchio su come si sta sentendo); oppure «Se capisco bene, l'hai completato per intero ed è stato un lavoro pesante e frustrante» (specchio su cosa sta dicendo e su come si sta sentendo).

Esempio 2 - Una tua amica ti racconta della sua scelta, sofferta, di rifiutare una proposta di lavoro: «Già non ero convintissima della proposta ricevuta... poi il titolare dell'ufficio mi ha detto un paio di cose che non mi convincevano». Tu, applicando la tecnica dell'ascolto a specchio, le potresti rispondere: «Se ho ben, compreso hai rifiutato perché i tuoi dubbi sono stati confermati da quanto ha detto il titolare» (specchio su cosa sta dicendo); oppure «Se percepisco bene, è stata una scelta sofferta, combattuta» (specchio su come si sta sentendo); oppure «Se ho ben compreso, è stata una scelta sofferta, combattuta ed hai rifiutato perché i tuoi dubbi sono stati confermati da quanto ha detto il titolare» (specchio su cosa sta dicendo e su come si sta sentendo).

52

Lezione 6

Il secondo passo
Comunicare in modo assertivo
DIALOGO ED EMPATIA

Parlare in modo assertivo

Se la faccia anteriore della comunicazione assertiva è l'ascolto, l'altra faccia, ugualmente importante, riguarda ciò che diciamo noi, ciò che noi comunichiamo all'altro. Anche qui abbiamo a che fare con i medesimi ingredienti. Un buon parlare assertivo si basa su quattro elementi: attenzione, corpo, parole, cuore. Vediamoli uno alla volta.

1° ingrediente: parlare con attenzione. Sembra quasi una precisazione inutile ma, in realtà, non di rado capita che mentre parliamo con una persona, facciamo anche altre cose: rispondiamo ai messaggi sul cellulare, controlliamo di continuo l'orologio o le notifiche di *whatsapp*. Interrompendo spesso la nostra comunicazione rischiamo di generare, nell'altro, un sentimento negativo. Gli trasmettiamo mancanza di rispetto. Una comunicazione distratta, inoltre, non permette di andare in profondità. Resta superficiale. Occorre imparare a "sospendere tutto il resto". Un esempio utile, per intenderci bene, è il comportamento degli spettatori al cinema o al teatro: attento, concentrato e, soprattutto, esclusivo. Tutto il resto viene "escluso". I contatti con il mondo esterno vengono sospesi. Addirittura, il tempo sembra fermarsi... e guai a chi non rispetta queste regole, viene immediatamente redarguito, come disturbatore e villano. Analogamente deve avvenire quando dialoghiamo con una persona, soprattutto se gli argomenti di cui stiamo parlando sono personali, complessi, importanti, sofferti, etc.

2° ingrediente: parlare con il corpo. Se parlo con un volto inespressivo, al mio interlocutore arriva la mia "distanza" o "indifferenza", anche se le mie parole hanno un significato positivo. Una comunicazione efficace e autentica richiede consonanza e coerenza tra le parole che diciamo e ciò che viene trasmesso dal nostro volto, dal nostro sguardo, dalla nostra postura, dai nostri movimenti. Abbiamo già sopra segnalato l'invito ad approfondire questo aspetto nel nostro corso sul linguaggio del corpo. È un invito caloroso. Ricorda, le parole coprono solo una piccola parte di quello che arriva al nostro interlocutore. Tutto il resto dipende dalla comunicazione non verbale e para-verbale. Dipende dal nostro linguaggio del corpo.

3° ingrediente: parlare con le parole. Sembra un po' strano inserire questo punto. Quasi inutile. Parlare con le parole... nulla di più normale! C'è un aspetto importante da considerare. Non tutti utilizzano le parole con la medesima "intelligenza". Sì, proprio intelligenza! Gli studiosi la chiamano "intelligenza linguistica" e riguarda l'uso efficace e consapevole delle parole.

Non ci riferiamo soltanto agli aspetti grammaticali e alla corretta pronuncia delle parole. Sono entrambi di grande importanza, ma non sufficienti per una buona comunicazione. L'intelligenza linguistica riguarda la scelta delle parole "emotivamente e simbolicamente" più adeguate a ciò che intendiamo comunicare. Molte parole, al di là del loro significato razionale (che troviamo descritto nei dizionari) hanno un significato emozionale, cioè attivano nelle persone sentimenti positivi o negativi. Lo stesso vale per l'organizzazione delle frasi, cioè quale ordine dare alle parole, e per l'organizzazione dei discorsi, cioè quale ordine dare alle frasi. A seconda di cosa diciamo prima e cosa diciamo dopo, il nostro interlocutore svilupperà emozioni positive o negative, che incideranno molto sulla comprensione di quanto intendiamo comunicargli. Fatta questa premessa, diciamoci con chiarezza che, affinché la nostra comunicazione sia assertiva, occorre essere capaci – con intelligenza linguistica – di utilizzare "parole, frasi e discorsi assertivi". Questo tema ritornerà spesso nelle prossime lezioni. Per contribuire ad una più ampia comprensione, abbiamo inserito nel corso anche un'intera appendice dedicata alle parole assertive e alle frasi assertive. È comunque utile fare fin d'ora un esempio per ben comprenderci. È un esempio che, sicuramente, ti è già noto. L'abbiamo scelto proprio per questo, in modo da intenderci bene. Se dico ad una persona «Questo bicchiere è mezzo vuoto» oppure «Questo bicchiere è mezzo pieno», sul piano razionale il significato è il medesimo. Ma sul piano emotivo, la prima frase infonde un senso di negatività, concentrando l'attenzione sulla parte che manca e non dando risalto a ciò che c'è. La seconda frase, all'opposto, senza negare la mancanza di una parte, fissa lo sguardo innanzitutto sul positivo, su ciò che c'è. Gli studiosi la chiamano "prospettiva dei punti di forza" e consiste nella scelta di analizzare e descrivere le situazioni in modo autentico e attento ma partendo da ciò che vale, da ciò che c'è, non da ciò che manca. Secondo questo approccio, anche le mancanze vanno analizzate e descritte ma dopo averlo fatto con i punti di forza. Quel che vedremo in seguito è che vi sono parole d'oro (che è bene utilizzare), parole avversative e parole oppressive (che farai bene a ridurre al minimo), così come vi sono modalità efficaci e modalità inefficaci di organizzare le frasi e i discorsi.

4° ingrediente: parlare con il cuore. Se occorre ascoltare con il cuore, analogamente, bisogna anche parlare con il cuore. La comunicazione tra due persone è cosa assai diversa dalla comunicazione tra due robot o tra due computer. Le persone non sono solo ragione e neanche solo corpo. Parlare con il cuore significa parlare in modo empatico. Vediamo subito nel paragrafo seguente cosa intendiamo.

La comunicazione Empatica

Nei paragrafi precedenti abbiamo detto che bisogna ascoltare con il cuore e parlare con il cuore. In entrambi i casi abbiamo concluso dicendo che per far questo occorre che la nostra comunicazione sia di tipo empatico. Negli ultimi anni, la parola empatia è divenuta molto di moda e la ritroviamo, un po' come il prezzemolo, in tutte le minestre. Tuttavia, raramente è una abilità ben compresa e, soprattutto, ben praticata. La si confonde con la "simpatia", cioè con il condividere i sentimenti, con il gioire o il soffrire insieme agli altri. Questo è solo un aspetto dell'empatia e, forse, non è nemmeno il più importante.

La più diffusa definizione di empatia, la presenta come *"la capacità di mettersi nei panni dell'altro"* (o, meglio ancora, di *"mettersi nelle scarpe dell'altro"*). Siamo empatici nella misura in cui riusciamo ad immedesimarci nella situazione che l'altro sta vivendo, nel suo mondo, nella sua vicenda. Siamo empatici se riusciamo a sentire in noi le sue emozioni, positive e negative.

Spesso si commette l'errore di pensare che la capacità di una persona di comunicare in modo più o meno empatico dipenda dal suo carattere: se sei sensibile, riflessivo, espansivo, simpatico... sarai anche empatico. Se, invece, hai un carattere più chiuso, lo sarai di meno. Si tratta di un grande errore. Innanzitutto perché tutti gli esseri umani sono dotati di capacità empatica. Si tratta di una abilità che si sviluppa già nel grembo materno. I neonati, fin dai primi giorni, sono altamente empatici, tant'è che se la madre è nervosa, o impaurita, o depressa, i bambini sentono queste emozioni negative e le vivono a loro volta. Inoltre, l'empatia solo in minima parte dipende dal carattere della persona. Piuttosto, è una abilità che può essere appresa.

L'esperta di relazioni empatiche Teresa Wiseman, ha evidenziato i tre ingredienti che permettono di effettuare una comunicazione veramente empatica. Come vedrai ora, si tratta di modalità relazionali che non dipendono solo dal carattere delle persone, bensì anche dalla scelta di assumere o meno un comportamento empatico. Vediamoli uno alla volta.

1° ingrediente: Sentire le emozioni dell'altro. Il primo ingrediente è quello più noto. Come abbiamo appena detto, consiste nella capacità di immedesimarci nell'altro. Teresa Wiseman ci spiega, in modo molto preciso, in cosa consiste. Non è una immedesimazione razionale, non si tratta di capire mentalmente le emozioni dell'altro, di metterle a fuoco con un ragionamento. Bisogna "sentire" le sue emozioni. Si tratta, dunque, di una immedesimazione profonda. Occorre imparare a "sentire l'altro". Una relazione tra due persone è empatica se riescono a "sentire insieme". La modalità per sviluppare questa abilità consiste nel rievocare le proprie emozioni positive o negative, corrispondenti a quelle che l'altro sta vivendo. Ad esempio, se l'altro sta affrontando un lutto, riuscirò a "sentire con lui", a "sentire il suo lutto dentro di me", se anch'io richiamo con la mente e il cuore i miei lutti e la relativa sofferenza. Insomma, non è innanzitutto questione di carattere, bensì di scelta.

2° ingrediente: comunicare all'altro che stiamo sentendo le sue emozioni. Il secondo ingrediente, non chiaro a tutti, è che una relazione pienamente empatica richiede che l'immedesimazione sia esplicitata. Non devo soltanto sentire le tue pene e le tue gioie, devo anche dirtelo, comunicartelo. Bisogna, cioè, mettere in parola, descrivere a voce, questa nostra compenetrazione e manifestarlo anche con il linguaggio del corpo. Se la persona che ho di fronte mi parla con gioia di un bel risultato che ha avuto al lavoro, è necessario che io sorrida (linguaggio del corpo) e dica parole come «Che bello», «Sei stata proprio brava», etc. Ovviamente, tutto questo funzionerà solo se la mia gioia per l'altro è autentica e sincera. E potrò farlo al meglio solo se richiamerò alla mente le mie esperienze positive di successo e le connesse emozioni che ho vissuto.

3° ingrediente: non giudicare i punti di vista dell'altro diversi dai nostri. C'è un terzo ingrediente dell'empatia. È il meno conosciuto e anche il meno praticato. Riguarda il modo in cui ci comportiamo quando il punto di vista dell'altro e le emozioni che ne derivano sono in contrasto con il nostro modo di pensare e di sentire. La Wiseman ci invita a stare attenti, perché si tratta di qualcosa di molto difficile. Tutti siamo abituati a giudicare come "sbagliato" ciò che è diverso dal nostro punto di vista. Qui dobbiamo intenderci bene, per evitare malintesi. La Wiseman non dice che dobbiamo far nostri i punti di vista che non condividiamo. Sarebbe un atteggiamento passivo e fasullo. Dice che bisogna imparare a comprendere che si tratta di ciò che la persona vede e sente come vera. Per lei, quei pensieri e quelle emozioni sono reali, giusti, adeguati. Non giudicarli significa evitare di affannarci entrambi nel tentativo sterile di farle capire che si sbaglia, che ha torto. Facciamo un esempio per capirci bene: se una persona, di fronte ad un cane di piccola taglia, va in panico, sarà un grande errore cercare di farle capire che "si sbaglia", che "può stare tranquilla" e che "non c'è nulla da temere". Dirle più volte «Non ti preoccupare», «È solo un piccolo cane», non solo non la aiuterà a calmarsi ma le manifesterà la nostra incapacità di comprenderla, la nostra distanza emotiva, la nostra mancanza di empatia. Sarà piuttosto importante sintonizzarsi con il suo vissuto. In un altro momento, se ve ne sarà l'occasione, potremo ragionare sul grado di pericolosità dei cani di piccola taglia, su cos'è che la spaventa, etc. Nel momento del panico, però, il bisogno principale della persona è quello di trovare supporto e comprensione.

Dunque, sono questi tre gli ingredienti della comunicazione empatica e delle relazioni empatiche: sentire l'altro rievocando alla nostra mente le emozioni che abbiamo vissuto e che sono analoghe a ciò che l'altro sta vivendo; comunicargli a parole e con il linguaggio del corpo che siamo sintonizzati con lui; non commettere l'errore di voler spiegare alla persona che sta sbagliando a sentirsi in quel modo.

Come abbiamo già detto si tratta di una abilità che può essere acquisita. Praticarla è frutto di una scelta consapevole e intenzionale. Una scelta che ha due caratteristiche: è una scelta "vulnerabile", perché mette in gioco le nostre emozioni e i nostri sentimenti più profondi; è una scelta "feconda" (ma potremmo dire anche "energizzante", "produttiva", "costruttiva", etc.) perché questa profonda vicinanza emotiva, tra me e l'altro, rafforza il legame che c'è tra noi e questo fa sprigionare risorse interiori e relazionali enormi.

Per capire bene di cosa stiamo parlando, ci è di grande aiuto prendere spunto dalle riflessioni di Brené Brown[12] che sottolinea quanto l'empatia sia una specie di "spazio sacro" che si crea quando qualcuno cade in un buco profondo, grida e dice: «*Sono bloccato, è buio, sono sopraffatto*». Noi lo guardiamo ed abbiamo due possibilità: il pietismo e l'empatia. Il pietismo è quando guardiamo e, senza scendere nel buco, diciamo: «*Oh, va male eh? Uhm... no... vuoi un panino?*». L'empatia si crea quando noi guardiamo, scendiamo nel buco con lui, e gli diciamo: «*Hey, so cosa succede quaggiù e non sei solo*».

L'empatia – ci suggerisce la Brown – è una scelta vulnerabile perché, per entrare in contatto con te, devo entrare in contatto con qualcosa dentro di me che conosce questi sentimenti. Raramente, o mai, una risposta empatica comincia con la parola "almeno". Eppure lo facciamo sempre, sapete perché? Perché quando qualcuno condivide con noi qualcosa di estremamente doloroso, noi proviamo ad "abbellirla", cerchiamo di farla vedere sotto una buona luce.

Ad esempio, se una persona ci dice: «*Ho avuto un aborto spontaneo*», rispondiamo: «*Almeno sai che puoi rimanere incinta*». Se ci dice: «*Penso che il mio matrimonio stia andando in frantumi*, rispondiamo: «*Almeno sei sposata*». Se ci dice: «*Mio figlio verrà espulso da scuola*», gli rispondiamo: «*Almeno tua figlia è una studentessa modello*». Una cosa che facciamo spesso, di fronte a conversazioni molto difficili, è cercare di migliorare le cose.

Se – aggiunge la Brown – condividessi con te qualcosa di molto doloroso, preferirei che tu dicessi: «*Non so nemmeno cosa*

---

12. Brené Brown, research professor al Graduate College of Social Work dell'Università di Houston, in Texas.

dire in questo momento ma sono felice che tu me ne abbia parlato». Perché la verità è che raramente una risposta può migliorare le cose. Quello che migliora le cose è il legame.

Questi spunti, che vi invitiamo a riprendere guardando un interessante video dal titolo *"Empathy"* facilmente individuabile su YouTube, ci portano al cuore della questione: la relazione empatica con le persone richiede la capacità e la disponibilità di stare effettivamente e fino in fondo *con loro*. Diversamente, si tratterebbe di un rapporto segnato dall'indifferenza per i loro pensieri e le loro emozioni. O, peggio, da un giudizio colpevolizzante, più o meno esplicito e dalla pretesa di impartire delle *lezioni di vita*.

Esercizio 8 – Osservazione e analisi delle comunicazioni prive di parole (messaggi non verbali)

Allenati ad osservare e analizzare la comunicazione non verbale delle persone. Individua una persona (un tuo familiare, un tuo amico, un tuo collega) e, senza informarla previamente, impegnati ad osservare i suoi messaggi non verbali. In particolare, fai attenzione alle espressioni del volto e al movimento delle mani, abbinandole ai pensieri e alle emozioni a cui si riferiscono. Se riesci, osserva anche gli altri aspetti della sua comunicazione non verbale: postura, movimenti, tono e ritmo della voce, etc. Appena puoi, appunta tutto su un block-notes. Il giorno dopo comunicale quanto hai osservato e analizza, insieme con lei, quello che è emerso e di quali messaggi non è consapevole.

Esercizi sull'intelligenza linguistica

Vai alle indicazioni descritte nell'Appendice sulla comunicazione assertiva e lavora all'accrescimento della tua intelligenza linguistica. In particolare esercitati ad utilizzare le parole d'oro e ad evitare quelle avversative, oppressive e auto-svalutanti.

Esercizio 9 – Test di autovalutazione della propria capacità empatica

Cerchia un valore da 0 a 10 per ciascuna delle seguenti frasi, dove "10" indica la forte presenza in te delle capacità indicate e "0" indica la totale assenza.

1. Colgo facilmente le emozioni degli altri
$$[0 - 1 - 2 - 3 - 4 - 5 - 6 - 7 - 8 - 9 - 10]$$

2. Colgo le emozioni degli altri anche quando le nascondono
$$[0 - 1 - 2 - 3 - 4 - 5 - 6 - 7 - 8 - 9 - 10]$$

3. Quando colgo le emozioni dell'altro riesco a comunicarglielo
$$[0 - 1 - 2 - 3 - 4 - 5 - 6 - 7 - 8 - 9 - 10]$$

4. Quando una persona soffre non mi pesa starle vicino
$$[0 - 1 - 2 - 3 - 4 - 5 - 6 - 7 - 8 - 9 - 10]$$

5. Quando una persona soffre riesco a non dire «Almeno»
$$[0 - 1 - 2 - 3 - 4 - 5 - 6 - 7 - 8 - 9 - 10]$$

6. Quando una persona gioisce non mi pesa starle vicino
$$[0 - 1 - 2 - 3 - 4 - 5 - 6 - 7 - 8 - 9 - 10]$$

7. Le emozioni altrui attivano le mie emozioni analoghe
$$[0 - 1 - 2 - 3 - 4 - 5 - 6 - 7 - 8 - 9 - 10]$$

8. Riesco a comprendere i motivi dei sentimenti degli altri
$$[0 - 1 - 2 - 3 - 4 - 5 - 6 - 7 - 8 - 9 - 10]$$

9. Comprendo i motivi altrui anche quando non li condivido
$$[0 - 1 - 2 - 3 - 4 - 5 - 6 - 7 - 8 - 9 - 10]$$

10. Riesco a non giudicare i motivi altrui che non condivido
$$[0 - 1 - 2 - 3 - 4 - 5 - 6 - 7 - 8 - 9 - 10]$$

Calcolo e spiegazione del risultato: *Calcola il totale sommando i valori che hai cerchiato in ciascuna delle dieci frasi. Se la somma è compresa tra 0 e 19, hai livelli molto bassi di empatia; se è compresa tra 20 e 39, hai livelli bassi di empatia; se è compresa tra 40 e 59, hai livelli medi di empatia; se è compresa tra 60 e 79, hai livelli alti di empatia; se è compresa tra 80 e 100, hai livelli molto alti di empatia.*

64

Lezione 7

Il terzo passo
Gestione assertiva dei conflitti
PROBLEMA O OPPORTUNITÀ?

Le spine nel fianco

Siamo giunti al terzo passo. Prima di addentrarci nel tema, riepiloghiamo brevemente quanto detto finora. Il primo passo, ci ha supportati nel passare da un approccio passivo o aggressivo ad un approccio assertivo. Lo abbiamo fatto decidendo di dare spazio e rispetto sia ai nostri pensieri ed emozioni, che ai pensieri ed emozioni degli altri.

Il secondo passo, ci ha aiutati a mettere in campo una comunicazione assertiva, ascoltando e parlando in modo attento e consapevole, e coinvolgendoci nelle relazioni in modo empatico. Ora, giunti al terzo passo, siamo di fronte ad una sfida importante che può avere sorprendenti risultati di miglioramento nelle relazioni. Le situazioni conflittuali che si creano al lavoro, in famiglia, con il vicinato, etc. sono tra le principali fonti di malessere delle persone. Un collaboratore o un collega ostili, un datore di lavoro approfittante, un vicino di casa rumoroso e invadente, un parente critico e lamentoso... tutti abbiamo una o più relazioni che ci "affliggono". Si tratta di "spine nel fianco" che si fanno costantemente sentire. Sono enormi le energie interiori che queste relazioni consumano, in particolare a causa delle emozioni e dei pensieri ricorrenti, di sapore negativo, che esse generano.

La buona notizia è che i conflitti possono essere gestiti o, addirittura, superati o prevenuti e che l'assertività è la via principale per farlo. Alla gestione dei conflitti abbiamo deciso di dedicare uno specifico corso, che ti invitiamo a seguire. Si tratta di un tema molto ampio, varie sono le indicazioni da dare. Come pure numerosi sarebbero gli esercizi da effettuare per sviluppare pienamente tale abilità.

In questa lezione puntiamo a darti alcune prime indicazioni, molto utili ed efficaci per compiere il tuo terzo passo sulla strada del benessere assertivo. In particolare, concentreremo l'attenzione sulla gestione di situazioni conflittuali a bassa o media intensità. Ci riferiamo, cioè, alle mille piccole frizioni quotidiane che emergono nel rapporto con coloro che incontriamo: questi li chiamiamo "conflitti a bassa intensità".

Non solo, ci riferiamo anche alle circostanze nelle quali dobbiamo affrontare discussioni, chiarimenti, incomprensioni, criticità più complesse ma con persone con le quali, almeno, si riesce a parlare: questi li chiamiamo "conflitti a media intensità". Rimandiamo al corso specifico l'approfondimento sulla gestione delle situazioni più esplosive e, in generale, per una più completa maturazione di questo importante aspetto del benessere assertivo.

Io vinco, tu vinci

Ricordiamoci innanzitutto cosa significa affrontare un conflitto in modo assertivo. Vuol dire adottare comportamenti e atteggiamenti che favoriscono il rispetto di emozioni e pensieri sia miei che dell'altro. Questo significa che l'obiettivo della "gestione assertiva dei conflitti", non è "aiutarci a vincere" a discapito dell'altro.

Non è quello di dominare le persone, né di manipolarle, né di persuaderle con tecniche ipnotiche o altro. Al contempo, non è nemmeno quello di soccombere passivamente in nome di un illusorio quieto vivere; né di "lasciar perdere" per timore o debolezza. Insomma non si tratta di subire o di fuggire e nemmeno di sconfiggere o di mettere in fuga.

A ben vedere, il primo beneficio che l'approccio assertivo ci offre è quello di liberarci dall'idea stessa di avere un avversario. Fin da bambini siamo stati abituati, a partire dalle favole e dai cartoni animati, ad individuare con una certa velocità (e superficialità) chi sono i buoni e chi i cattivi. Quali sono gli amici e quali i nemici. E procediamo così, secondo il medesimo schema, durante tutto l'arco della nostra vita.

È quasi come se la società contemporanea fosse costruita sulla distinzione tra "alleati e antagonisti", tra "sostenitori e oppositori". Sempre più diffusamente, e non solo di recente, vanno maturando mille spinte culturali e numerose esperienze sociali che dimostrano l'esatto contrario e cioè che non ci sono buoni e cattivi… siamo tutti, in qualche modo, "compagni di viaggio" e, a ben vedere, il bene e il male sono due forze che ciascuno di noi ha dentro di sé. La scommessa, dunque, non è far vincere i buoni (tra i quali, attenzione, ci siamo sempre noi) contro i cattivi, bensì far prevalere la parte positiva che è in ciascuno di noi e farla incontrare con la parte positiva che è in ciascun altro.

L'obiettivo è, dunque, connettere le positività tra le persone affinché si possa "vincere insieme". Puntiamo a camminare insieme, a sostenerci reciprocamente nel viaggio verso il benessere di tutti e di ciascuno. Certo è che, con alcune persone, questa connessione è più difficile e, in alcuni casi estremi, impossibile. Ma si tratta di eccezioni, perché con la stragrande maggioranza delle persone, i margini di incontro e sostegno reciproco sono enormi.

Se le esperienze fatte finora ci dicono il contrario, dobbiamo stare attenti. Spesso, per non essere azzannati, gli agnelli si travestono da lupi. Lo facciamo tante volte anche noi. Che gioia scoprire che anche gli altri, come noi, non sono lupi voraci. Non so tu cosa ne pensi ma, a nostro avviso, è una prospettiva benefica sulla quale vale la pena scommettere.

Il conflitto è una "opportunità"

Gli esperti di gestione dei conflitti sono concordi nel ritenere che i conflitti stessi, più che problemi, siano delle occasioni di crescita e miglioramento. Detta in modo così sintetico, questa affermazione, se ad alcuni può apparire interessante e avvincente ad altri, invece, può dare l'impressione di qualcosa di non concreto e ingenuo. Proviamo ad intenderci bene. Quando si incappa in un conflitto con una persona, significa che i suoi pensieri e le sue emozioni cozzano, in qualche modo, con i miei pensieri e le mie emozioni. Le situazioni concrete hanno mille e mille sfumature, ma la dinamica di fondo è sempre la medesima: pensieri ed emozioni che confliggono.

Dov'è l'opportunità? Innanzitutto nel fatto che la presenza di un conflitto segnala che c'è in gioco una forte energia. Se le persone fossero indifferenti le une alle altre o disinteressate verso l'oggetto della contesa, non confliggerebbero nemmeno. La presenza di un conflitto indica che entrambi "ci tengono", che sono in gioco quote importanti di energia relazionale. Ora, come per l'energia nucleare, anche quella relazionale può portare ad una esplosione devastante o, al contrario, se ben gestista e convogliata, può alimentare e far crescere un'intera città.

Il secondo "aspetto positivo" di un conflitto sta nella crescita personale che avviene in coloro che si impegnano nella "buona gestione" di queste energie relazionali in contrasto. Il fatto che ci sia un conflitto sollecita la capacità assertiva di entrambi a fare dei passi in avanti. Il disagio che il conflitto genera invita i due contendenti a maturare livelli ulteriori e più raffinati di capacità relazionale. Puntare a gestire un conflitto, in modo positivo (assertivo), diventa dunque l'occasione per crescere e migliorarsi "insieme". L'alternativa sarebbe opprimersi reciprocamente o, al più, separarsi definitivamente.

Nella prossima lezione, vedremo in dettaglio alcune concrete modalità per compiere questo tragitto. Per ora, occorre esserci intesi bene sulla natura potenzialmente positiva dei conflitti. Gli studiosi la chiamano "gestione evolutiva dei conflitti", cioè una modalità di affrontare i conflitti che, appunto, ci fa evolvere, crescere, migliorare.

Esercizio 10 – Allenamento dei "7 pilastri della resistenza assertiva" nelle situazioni di conflitto intenso

Allenati a non fuggire e a non contro-attaccare nelle situazioni di conflitto. Quando una persona inveisce con forza contro di te, resisti alla sua aggressività e rispondi in modo assertivo. Per farlo concentrati sui seguenti sette pilastri:

1) Resta calmo: se sei aggressivo, non ti infiammare. Se sei passivo non ti abbattere. In entrambi i casi può esserti di aiuto respirare lentamente e profondamente (evitando, però, di dare l'impressione di stare sbuffando);

2) Ascoltalo con serena attenzione: se sei aggressivo, non corrucciare il volto. Se sei passivo, non abbassare lo sguardo. In entrambi i casi, pensa alle qualità positive di questa persona o, se non te ne vengono in mente, pensa a qualcosa di piacevole per te. Attento, "serena attenzione" non significa "sorriderle in faccia", potrebbe arrabbiarsi ancora di più. Insomma, sii attento, serio e tranquillo;

3) Non interromperlo: non servirebbe a molto, anzi potresti incrementarne la focosità;

4) Prendi una breve pausa: quando la persona ha finito di parlare, lascia trascorre qualche attimo di silenzio... questo contribuirà a decomprimere la sua aggressività;

5) Aggancialo emotivamente, attivando tutta la tua capacità empatica. Può esserti utile iniziare a rispondere con parole come «Capisco che in questa situazione...», «Comprendo che in questa circostanza...», «Mi rendo conto che in queste condizioni...»;

6) Ripeti a parole tue quello che ti ha detto, come nell'ascolto a specchio, aiutandoti con frasi come «Se ho ben compreso...»;

7) Giunti a questo punto:

- se il clima si è rasserenato, rispondi in modo tranquillo, rispettoso sia per te (stai attento a non cedere, se hai tendenze passive) che per lui (stai attento a non contro-attaccare, se hai tendenze aggressive);

- se il clima non si è rasserenato, comunicale il tuo dispiacere per i toni aggressivi (puoi farlo con la tecnica dei "messaggi io" e dei "messaggi agro-dolci" di cui ti parleremo nella prossima lezione). Se la persona si ravvede e il clima diventa sereno, rispondile in modo tranquillo e rispettoso. Se il clima resta ancora alterato, rimanda il confronto ad una prossima occasione.

Nota: il presente esercizio, a differenza degli altri, non è programmabile, perché può essere svolto soltanto in situazioni reali. È dunque un invito ad essere vigilante in modo che, quando si verrà a creare la situazione, tu possa sperimentarlo.

Lezione 8

Il terzo passo
Gestione assertiva dei conflitti
CAPIRE LE RAGIONI DELL'ALTRO

Come si fa? Comprendere le "ragioni" dell'altro

Ribadito che i conflitti sono occasioni per crescere, occorre ora intenderci su come concretamente ciò sia possibile. A questo riguardo, occorre innanzitutto concentrarsi sul proprio funzionamento interiore. Le emozioni negative verso qualcuno (ad esempio la rabbia o la delusione) sono sempre il frutto di un pensiero negativo che sviluppiamo di fronte a quella persona o a quella circostanza.

Facciamo un esempio per capirci: ipotizziamo di trovarci sulle strisce pedonali di una strada di città. Prima di lasciare il marciapiede abbiamo controllato la presenza di auto in entrambi i lati e verificato che sono sufficientemente lontane per avere noi il tempo di attraversare. Ma ecco che, dopo qualche passo sulle strisce, scorgiamo un'auto che – anche se lontana – procede a velocità sostenuta (ben maggiore di quella consentita in un centro abitato) verso di noi. Facciamo un altro passo e ci rendiamo conto che l'auto, man mano che si avvicina, non accenna minimamente a rallentare. Anzi, l'autista inizia a suonare il clacson per intimarci di tornare indietro e lasciarlo passare per primo. La cosa ci impaurisce e riusciamo ad indietreggiare giusto in tempo, mentre l'auto sfreccia ad alta velocità, a pochi metri da noi, e si allontana velocemente.

Quali emozioni, oltre al normale spavento, ci suscita un'esperienza di questo tipo? Rabbia? Ira? Sconcerto? La risposta è: «Dipende». Sì, dipende! Da cosa? Dai nostri pensieri! Se pensiamo: «Sta correndo perché è un pirata della strada che, per superficialità e inettitudine, mette in pericolo la vita mia e degli altri passanti», la rabbia e lo sconcerto sono l'emozione più giusta e spontanea.

Se, invece, quando l'auto ci è passata vicino, ci siamo resi conto che l'uomo al volante stava sanguinando, il diverso "pensiero" che ne scaturisce (ad esempio: «Sta correndo perché è ferito e sta andando al pronto soccorso del vicino ospedale») genera in noi emozioni differenti, ad esempio di comprensione e compassione. Se, passando l'auto, ci rendiamo conto che, invece, si tratta di un'automedica guidata da un operatore sanitario, il diverso pensiero che si attiva (ad esempio: «Sta correndo perché è un eroe che va a salvare una persona») genera in noi emozioni ancora differenti, magari di stima, apprezzamento, ammirazione.

Questo esempio ci aiuta a comprendere l'importanza di quella che gli esperti chiamano "la comprensione di entrambi gli aspetti di una situazione". In ogni circostanza conflittuale, le emozioni e i pensieri contrapposti sono sempre alimentati da comprensioni differenti. Se io guido ad alta velocità perché sto portando in ospedale mio figlio che sta soffocando e tu, che sei il pedone che stava per attraversare la strada, non te ne rendi conto, sviluppi una comprensione della situazione diversa dalla mia. Io "giustamente" guido ad alta velocità. Tu "giustamente" mi urli che sono un pirata.

Chi dei due ha ragione?

La comprensione di entrambi gli aspetti di una situazione è una delle abilità assertive più preziosa e meno spontanea. Richiede molto esercizio riflessivo e la capacità di relativizzare (che non significa annullare o disconoscere) i propri punti di vista. A volte, per comprendere entrambi gli aspetti, basta osservare meglio la situazione in corso. Altre volte, per poter capire bene, bisogna allargare lo sguardo al passato. È così che, ad esempio, l'atteggiamento scontroso di un passante verso una ragazza che porta a spasso il proprio cagnolino, può essere meglio compreso se ampliamo lo sguardo fino al giorno in cui, un anno prima, quella persona ha perso una persona cara per un incidente automobilistico, causato da un cagnolino sfuggito ad una ragazza della stessa età di quella che ora sta subendo la sua ostilità.

In genere, gli esseri umani coinvolti in un conflitto sono convinti che le proprie ragioni siano quelle giuste o, almeno, quelle prevalenti. Nella maggior parte dei casi ognuno di noi "vede" solo le proprie ragioni. Siamo quasi sempre convinti che il comportamento dell'altro sia del tutto ingiustificato.

Il paradosso è che entrambe le parti contendenti sono convinte di essere nel giusto. Evidentemente una delle due si sbaglia o, come accade quasi sempre, si sbagliano parzialmente entrambe. Questo significa anche che, quasi sempre, entrambe hanno una parte di ragione.

Immaginiamo due persone litigare nell'affermare, l'una, che il bicchiere è mezzo pieno e, l'altra, che è mezzo vuoto. In realtà, entrambe hanno ragione. L'unica cosa che è ingiustificata, sulla quale hanno entrambe torto (nel senso che le allontana dal benessere che desiderano), è il fatto che stanno litigando, anziché dialogare ed intendersi in modo assertivo.

Il cimitero è pieno di...

Insomma, dopo tutti questi esempi, pensiamo che il concetto ti sia chiaro. Se, durante un conflitto, vuoi attuare un approccio assertivo e non disperdere il benessere tuo e dell'altro, occorre sforzarti di comprendere il punto di vista del tuo avversario, ovviamente senza negare il tuo. Devi capire quali sono i suoi pensieri ed emozioni in quella specifica circostanza. Perché vi trovate in contrasto? Qual è il suo motivo, la ragione che lo spinge ad adottare i comportamenti che non condividi o a non accettare i tuoi comportamenti? Qual è la ragione che lo porta a fare scelte che non accetti o a non accettare le tue scelte?

Un conflitto presuppone sempre un giudizio negativo sulle "ragioni" dell'altro o, peggio, sulle sue qualità umane. «Fa così perché si sbaglia, perché non capisce, perché è un prepotente, un insensibile, un opportunista... perché è un pirata della strada». Ecco alcuni dei pensieri conflittuali più frequenti. Il che equivale a dire che l'altro «Non ha ragioni» che lo giustificano, che «È ingiustificabile», che «È ingiusto», che «È sbagliato».

Su questo aspetto non mancano proverbi e aforismi che ci suggeriscono la strada. Ad esempio, quello secondo il quale «Il cimitero è pieno di persone che all'incrocio avevano ragione» ci invita a considerare quanto un conflitto, combattuto armi alla mano, causi inevitabilmente feriti e morti, anche dalla parte di chi pensa di avere ragione. Insomma, ci vogliono "ragioni davvero irrinunciabili" per rendere ragionevole la scelta di confliggere.

È molto diffuso anche il detto che ci ricorda che «La ragione è degli stolti», indicando che il voler per forza imporre il proprio punto di vista è tipico degli immaturi; di coloro che non riescono a comprendere il valore delle relazioni positive, al di là delle differenze. Eppure non è raro cadere in atteggiamenti nei quali abbiamo la pretesa di essere dalla parte del giusto.

Ad esempio è assai diffuso l'errore di esigere dagli altri che facciano qualcosa, soltanto perché noi, al posto loro, saremmo disponibili a farla. Insomma, come abbiamo detto, l'assertività ci invita ad andare oltre il nostro punto di vista... oltre il nostro naso.

Una volta comprese le ragioni dell'altro, sarà poi importante comunicarglielo. Questo non comporta di dover nascondere o negare le tue ragioni e i tuoi motivi, anche se diversi. Anzi, il riconoscimento dei suoi motivi lo predisporrà positivamente all'ascolto dei tuoi. Insomma, diversità non significa per forza conflitto. Può diventare ricchezza, crescita, supporto reciproco.

Il "treno dei perché"

Quando una persona fa qualcosa che ci affligge, c'è un metodo assertivo che può aiutarci a comprendere le sue ragioni. È una tecnica ispirata agli studi nel campo della comunicazione non violenta di Marshall Rosenberg[13].

---

13. Marshall Rosenberg (1934 – 2015), psicologo statunitense, ideatore della comunicazione non violenta".

Questa tecnica ripercorre intenzionalmente la modalità comunicativa tipica dei bambini, che si interrogano sulle cose ponendo agli adulti interminabili file di "perché?" Ad un perché ne segue un altro, e un altro ancora, e così via... come in una sorta di lunghissimo trenino, dove ad ogni vagoncino ne è agganciato un altro e un altro ancora. I bambini, un po' per genuinità e un po' per ingenuità, ragionano in modo diverso dagli adulti. Non saltano subito alle conclusioni. Chiedono più volte «Perché?» volendo essere sicuri di aver capito bene tutti i passaggi. E si fermano solo quando percepiscono di essere arrivati al "perché decisivo", al "perché di fondo", a quello che è il "vero" motivo di ciò che osservano. La tecnica del "trenino dei perché" ci invita a fare lo stesso. Si svolge mediante un percorso in due step.

1° step: descrizione oggettiva del problema. Il primo passo è quello di riportare su un foglio una breve frase che descriva il comportamento problematico posto in essere dalla persona con cui siamo in conflitto. Occorre concentrarsi nell'effettuare una descrizione che sia più oggettiva possibile. Bisogna stare attenti a non inserire giudizi sulla persona. La frase deve limitarsi ad indicare la concreta azione o modalità problematica. Ad esempio non scriveremo che quella tale persona «Fa la prepotente», ma che «Alza la voce durante le riunioni e impone il suo punto di vista». Non scriveremo che «Fa la saccente», ma che «Durante i confronti, dà poca attenzione alle opinioni degli altri e prende gran parte del tempo per presentare le sue proposte».

2° step: analisi dei perché. Il secondo passo ha lo scopo di descrivere "le ragioni" che spingono l'altro ad adottare il comportamento che ci crea disagio. La domanda che bisogna porsi è «Perché fa così?». Attenzione, deve trattarsi di ragioni legittime, "ragionevoli". Anche qui occorre evitare giudizi. Ad esempio, se il comportamento problematico è «Alza la voce durante le riunioni e impone il suo punto di vista», la ragione non sarà «Perché è un prepotente». Potrebbe piuttosto essere: «Perché teme di perdere il suo ruolo». Dopo averlo scritto, chiediamoci nuovamente perché (cioè «Perché teme di perdere il suo ruolo?») proprio come farebbe un bambino. La nuova risposta potrebbe essere: «Perché ha meno esperienza degli altri e teme di essere sopraffatto dalle loro argomentazioni». «E perché?» replicherebbe ancora un bambino. Come puoi vedere il discorso è proseguibile a lungo. Gli studi sulla comunicazione non violenta suggeriscono di continuare ad interrogarsi, fino al punto in cui viene in evidenza il motivo profondo che lo spinge a fare così. Per evitare liste interminabili di domande e risposte, dopo aver descritto i primi "perché", può essere utile andare direttamente alla radice delle dinamiche interiori. Gran parte dei motivi profondi che muovono le persone è riconducibile ai loro bisogni, ai loro desideri e alle loro paure. Stando al nostro esempio, la persona potrebbe comportarsi in quel modo perché ha bisogno di conferme, desidera avere ruoli importanti ed ha paura di perdere quel po' che è riuscita a costruire fin lì. In sintesi, questa persona alza la voce durante le riunioni perché ha paura, perché è spaventata. Giunti a questo punto gran parte del lavoro è fatto. La consapevolezza dei motivi profondi delle persone ci permette, se desideriamo crescere lungo la strada del benessere assertivo, di ridefinire i pensieri che i loro comportamenti ci suscitano e, quindi, di rimodulare le emozioni che ne scaturiscono. La persona appare "meno cattiva" e si apre la possibilità di parlarle in modo non conflittuale per comprendere se è effettivamente spaventata, cos'è che la spaventa, come superare questi timori, etc. Tutto questo ci permette di verificare se abbiamo capito bene i suoi motivi. E, soprattutto, apre la possibilità di attivare l'empatia e di far evolvere gradualmente la relazione su terreni più fecondi.

Esercizio 11 – Allenamento della capacità di comprendere le ragioni dell'altro

Accresci la tua capacità di comprendere le ragioni di coloro con i quali hai dei conflitti in corso. Per farlo, allenati con la tecnica del "Treno dei perché". Prendi un foglio e piegalo in quattro parti verticali. Poi traccia delle righe orizzontali lungo tutto il foglio.

Fatte le righe, nella prima parte del foglio, elenca i nomi delle persone con le quali in questo momento hai dei conflitti. Inseriscine uno per ogni riga: prima le persone con le quali hai dei conflitti leggeri, poi quelle con cui i conflitti sono di media intensità, infine quelli ad elevata intensità (per chiarimenti sulla distinzione tra intensità bassa, media ed elevata vai al primo paragrafo della lezione 7).

Nella seconda colonna, per ciascuna persona, descrivi in modo oggettivo il comportamento che ti crea difficoltà.

Nella terza colonna, per ciascuna persona, prova a rispondere tre volte alla domanda «Perché fa così?».

Nella quarta colonna, per ciascuna persona, descrivi i bisogni, i desideri e le paure che, a tuo avviso, sono alla base di quel comportamento.

Nota: sulla base di quanto emerso, prova ad agganciare empaticamente la persona, sintonizzandoti con i suoi bisogni, desideri e paure. L'obiettivo è trovare, gradualmente, modalità che permettano sia a lei che a te di rispettare i propri pensieri ed emozioni e quelli dell'altro.

Lezione 9

Il terzo passo
Gestione assertiva dei conflitti
MALINTESI, DISCUSSIONI, CORREZIONI

Chiarire subito i malintesi

Un aspetto molto importante per realizzare una gestione assertiva dei conflitti è la chiarezza pacifica. Tutti abbiamo ben chiaro quanto sia normale che sorgano malintesi tra colleghi, familiari, parenti, amici, vicini di casa. Le mille diverse situazioni quotidiane, con i loro intrecci, lo stress e la fretta dei ritmi di lavoro e di vita, i tanti diversi significati delle parole e della comunicazione non verbale, le differenti sensibilità e caratteri delle persone, generano costantemente una grande quantità di disguidi.

È un aspetto sul quale è importante essere molto vigilanti e prestare costante attenzione. Si tratta, infatti, di un ambito in cui è determinante la tempestività. Un disguido, se affrontato subito, è in genere di facile soluzione. Lasciando trascorrere molto tempo, il chiarimento diviene più difficile poiché ci si allontana man mano dal "fatto in sé" e quel che resta, nella mente di ciascuno, è il sentimento negativo e di perplessità verso l'altro. Inoltre, i malintesi sono come le catene, dopo un anello ne viene subito un altro e un altro ancora. Se non ci si chiarisce subito, le questioni si incrostano e si stratificano, giungendo a situazioni nelle quali il chiarimento diviene impossibile. Ovviamente i chiarimenti vanno cercati:

- in modo rispettoso: chiarire non significa sfogarsi;
- in modo equo: chiarire non significa vincere o perdere, ma intendersi o, almeno, spiegarsi reciprocamente;
- in modo riservato: i chiarimenti vanno necessariamente fatti in privato, dialogando con la diretta persona interessata. Tutt'al più, nelle situazioni di disguido più complesse, ci si può fare aiutare da una-due persone di fiducia di entrambi i contendenti. Occorre, invece, assolutamente evitare i tentativi di chiarimento in pubblico che possono facilmente degenerare in polemiche e in ulteriori e più gravi malintesi e litigi.

Discutere con tranquillità

Un altro importante aspetto della gestione dei conflitti riguarda il "clima" delle discussioni. Se parli in modo animato, con esplosioni emotive, con volto teso, con sguardo spento o carico d'ira, il messaggio non verbale che arriva all'altro è «Scendi in trincea e inizia a combattere». Se, al contrario, il tuo atteggiamento è calmo, il tono della voce adeguato e sereno, l'espressione del volto è cordiale e rilassata, chi parla con te si troverà "a suo agio" anche nell'affrontare argomenti complessi. Il messaggio non verbale che gli arriverà sarà di pacifica interazione. Questo eviterà di indurlo al combattimento e, per di più, lo inviterà a deporre le armi, qualora le avesse già impugnate.

Parlare in modo tranquillo permette di evitare quella che gli esperti chiamano l'*escalation simmetrica*. Si tratta di una dinamica nella quale il conflitto si alimenta velocemente, in una specie di ping-pong nel quale ciascuno risponde all'altro "con gli interessi". Io ti offendo e allora tu, in risposta, mi offendi in modo più pesante. Allora io, in risposta, ti colpisco, e tu, rispondendo ulteriormente, mi colpisci in modo più forte. Per questa strada si arriva rapidamente alle forme più gravi e ingestibili di violenza. La storia passata e la cronaca odierna ci hanno innumerevoli volte dimostrato che, alla fine di questa via, ci sono solo feriti, morti, guerra e distruzione.

Sicuramente ti starai chiedendo: «Come si fa a parlare con tranquillità quando si è arrabbiati o delusi?». Non sono rare le situazioni nelle quali vorremmo stare tranquilli ma non ci riusciamo. Iniziamo con buone intenzioni, ma già dopo le prime battute la tensione inizia a salire inesorabilmente.

Qui ci viene in soccorso Daniel Goleman con i suoi studi sull'intelligenza emotiva. È stato ampiamente dimostrato che l'unica strada è "prendere tempo" e far prima calmare gli animi. Goleman, prendendo spunto da varie ricerche, ha descritto in dettaglio i meccanismi neurologici e psicologici che portano alle esplosioni di rabbia.

C'è il rischio che si attivi in noi una furia distruttrice, con danni irrimediabili nel rapporto con le persone. L'ira ci spinge a dire frasi[14] e a compiere gesti di cui, poi, potremmo pentirci amaramente.

---

14. Molto efficace il monito di Pietro Metastasio (poeta e presbitero italiano del Settecento) sui danni irrimediabili del parlare furioso: «*Voce dal se fuggita, poi richiamar non vale. Non si trattien lo strale quando dall'arco uscì*».

Si tratta di meccanismi che "a caldo" si autoalimentano proprio in base al meccanismo dell'*escalation*. Se sono innervosito, ogni ulteriore criticità farà schizzare alle stelle la mia rabbia. Né serve "sfogarla" poiché dopo una esplosione collerica l'alterazione neurologica non si riduce, anzi, fa da premessa ad ulteriori inneschi. Meglio contare fino a dieci... anzi, meglio rimandare e, nel frattempo, cambiare aria e distrarsi con qualche attività piacevole, possibilmente in compagnia.

Se parli gridando, non ti capisco

Quel che occorre capire bene è che la presenza ingombrante di emozioni e comportamenti negativi, impedisce all'altro di capire ciò che stiamo provando a comunicargli. Gridare una parola non la renderà più chiara, anzi, il significato della parola scomparirà e nella mente dell'altro resteranno solo le urla. Parlare con calma è l'unica via per essere effettivamente compresi.

Una comunicazione serena permette di disarmare gli aggressivi. Su questo aspetto, i "7 pilastri della resistenza assertiva", presentati nell'esercizio 10 (alla fine della lezione precedente), sono di grande aiuto: resta calmo; ascolta l'altro con serena attenzione; non interromperlo; prendi una breve pausa; aggancialo emotivamente; ripeti a parole tue quello che ti ha detto; rispondi in modo tranquillo e rispettoso.

Rispondere in modo tranquillo non significa, ovviamente, diventare passivi o subire gli attacchi, bensì ci permette di reagire in modo intelligente. Così facendo portiamo l'altro sul terreno assertivo, con benefici sia per lui che per noi.

L'arte della "correzione assertiva"

Sulla comunicazione durante i conflitti vi sono varie altre importanti indicazioni che qui non abbiamo lo spazio di illustrare. Alcune, sono presentate nell'appendice di questo corso, dedicata al Linguaggio Assertivo. Altri spunti li puoi trovare nel Corso sulla gestione dei conflitti e nel Corso sul linguaggio del corpo.

C'è però un aspetto importante che dobbiamo necessariamente affrontare. Si tratta della "correzione assertiva", cioè della modalità per dire all'altro le cose che non vanno. Chiarito che non intendiamo confliggere con l'altra persona e che il nostro obiettivo è pacifico e di concordia, resta la difficoltà di comunicare ciò che ci mette a disagio.

Capiamoci bene. Se il comportamento dell'altro ti genera difficoltà, è indispensabile che tu glielo dica. Se non lo fai, rischi di slittare su atteggiamenti passivi e ipocriti. A volte, può essere saggio prendere del tempo. È inutile appesantire situazioni già emotivamente complesse ma, prima o poi, le criticità vanno comunicate e affrontate. Anzi, come abbiamo visto sopra, se si tratta di un malinteso, attendere è controproducente. E allora come fare?

Tutti abbiamo esperienze di difficoltà su questo fronte. Anche a te saranno capitate situazioni nelle quali, pur essendo animato da buone intenzioni, quando hai toccato un certo "tasto dolente", l'altro ha reagito male. Ha interrotto il dialogo, ha risposto in modo aggressivo. Insomma, come si fa a parlare del "negativo" restando all'interno di una relazione positiva? Il detto secondo il quale «Il parlare chiaro è per gli amici» ci affascina ma, tante volte, nelle situazioni concrete, la cosa è ben più difficile e accidentata di quanto sembri.

Su questo fronte, ci vengono in soccorso due tecniche importanti: i "messaggi agro-dolci" e i "messaggi io". Vediamoli uno alla volta.

I "messaggi agro-dolci"

La tecnica dei "messaggi agro-dolci" consiste nel comunicare ciò che non va (la parte "agro"), parlando anche di ciò che va (la parte "dolce"). Silvia Fargion[15] la chiama "valorizzazione delle ambivalenze" e consiste, appunto, nell'evidenziare i punti oscuri del comportamento di una persona, intrecciandoli con l'analisi dei suoi punti positivi. Sul piano pratico, la modalità "più semplice" per incamminarsi nell'uso di questa tecnica è quella del "*sandwich*", cioè inserire il messaggio negativo tra due messaggi positivi.

Facciamo un esempio: ipotizziamo di trovarci in campeggio con degli amici e di avere la necessità di chiedere ad uno dei compagni di fare meno chiasso la notte. Un messaggio agro-dolce, a forma di sandwich, potrebbe essere il seguente: «Carissimo, sono molto contento dell'energia che metti in campo, ci sta facendo vivere davvero delle belle giornate, intense e molto divertenti.

Purtroppo, quando di notte c'è rumore, non riesco a riposare bene e il giorno dopo non valgo nulla. Confido nella tua disponibilità a moderare la vivacità notturna. Questo mi permetterà di partecipare pienamente alla bella escursione che hai organizzato per domani».

---

15. Silvia Nicoletta Fargion, assistente sociale italiana, professore ordinario di sociologia e servizio sociale all'Università di Trento, presidente della Società italiana di Servizio sociale.

Come puoi vedere, in questo esempio il messaggio è composto da tre parti: la prima è positiva e comunica al compagno che siamo contenti di lui e dell'energia che mette in circolo; la seconda, negativa, gli segnala il comportamento che gli chiediamo di modificare spiegando perché ci mette in difficoltà; la terza parte, positiva, riporta l'attenzione sugli aspetti gradevoli.

Attenzione, questa tecnica "funziona" solo se i complimenti fatti all'altro sono autentici. Non si tratta di inscenare una finta *"captatio benevolentiae"*, parola latina che letteralmente significa "captazione della benevolenza". Non bisogna imbonire il proprio interlocutore con complimenti fasulli. Se noi stessi non siamo convinti degli "aspetti positivi" che evidenziamo, la cosa non funziona. Rischia di essere un maldestro e scorretto tentativo manipolativo, destinato a franare miseramente. Sulla valorizzazione delle ambivalenze vi sono molte altre cose da dire e indicazioni da dare. Vi rinviamo al Corso dedicato al tema della gestione dei conflitti.

I "messaggi Io"

La seconda tecnica che vi accenniamo è quella dei "messaggi io" e si oppone ai "messaggi colpevolizzanti", detti anche "messaggi tu". Quando una persona assume atteggiamenti che ci creano disagio, possiamo dirle «Tu mi metti a disagio» o, anche, «Io mi sento a disagio». Sul piano razionale il significato è lo stesso. Sul piano emotivo il primo messaggio ha un sapore colpevolizzante, che suscita distanziamento e ostilità tra le persone. È come se dicessimo: «Tu sei fastidioso», «Tu sei sbagliato», etc. Il secondo messaggio, al contrario, ha un tono che apre alla condivisione, al "racconto di sé", che favorisce la vicinanza tra le persone.

La centratura del "messaggio io" deve essere il mio bisogno, la mia difficoltà, il mio disagio. Si tratta di un messaggio che non è interessato ad individuare o a condannare le colpe. Punta, in modo assertivo, al rispetto dei propri pensieri e delle proprie emozioni, senza venir meno nel rispetto dei pensieri e delle emozioni dell'altro.

Sul piano pratico, gli studiosi della comunicazione non violenta suggeriscono di costruire "messaggi io" in modo "ternario", cioè organizzandoli in tre parti.

1° parte: descrizione oggettiva della situazione. La prima parte descrive la situazione o il comportamento dell'altro in modo neutro e senza giudizi. Nell'esempio di sopra, questa parte corrisponde alla frase: «Quando tu fai rumore di notte...». Meglio ancora sarebbe la frase generale «Quando di notte c'è rumore...».

2° parte: descrizione soggettiva della difficoltà. La seconda parte è quella in cui descriviamo il nostro disagio. Nell'esempio di sopra, questa parte corrisponde alle parole: «Non riesco a riposare bene e il giorno dopo non valgo nulla». È una parte che spiega qual è il proprio bisogno e gli effetti negativi che ha su di me il non soddisfarlo.

3° parte: descrizione oggettiva della proposta. La terza parte esplicita, in modo cordiale, la richiesta di cambiare atteggiamento o situazione. Nell'esempio di sopra, le parole che si riferiscono a questa parte sono: «Confido nella tua disponibilità a moderare la vivacità notturna».

Come avete visto nell'esempio di sopra, vi abbiamo proposto un "messaggio agro-dolce", con tre parti disposte a sandwich (positiva + negativa + positiva), nel quale la parte negativa è stata formulata con un "messaggio io" (descrizione oggettiva della situazione + descrizione soggettiva del disagio + descrizione oggettiva della proposta).

Le prime volte, per impostare più facilmente i "messaggi io", può essere utile iniziare la parte centrale del messaggio, cioè la descrizione del proprio disagio, utilizzando le seguenti parole: «Mi sento», «A mio avviso», «Secondo me», «La mia esigenza è», «Il mio bisogno è», «Penso che», «Desidero che», etc. Applicando questo suggerimento all'esempio di sopra, la frase potrebbe essere così: «Il mio bisogno di notte è recuperare le energie e quando c'è rumore non riesco a riposare bene e il giorno dopo non valgo nulla».

Esercizio 12 – La lista personale delle attività calmanti

Abbiamo visto che, quando si è arrabbiati, è molto difficile parlare con tranquillità. Ci siamo detti che, prima di affrontare i problemi, occorre calmare gli animi. Ciascuno, in base alla sua sensibilità, ai suoi interessi, alle concrete possibilità, ha differenti modi per calmarsi. Si tratta di modi che variano anche molto da persona a persona. L'esercizio che ti proponiamo è di scrivere la tua lista personale delle attività calmanti. Non importa quali sono... l'importante è che siano effettivamente in grado di aiutarti a ritrovare serenità. Per poterlo sapere con certezza, occorre che tu le abbia già sperimentate con successo. Quindi non fare una lista di ipotesi... potrebbe non servirti quando avrai bisogno di calmarti. Elencale in ordine di efficacia, a partire dalla più rilassante. Se occorre, distingui quali sono le attività calmanti che puoi fare quando sei in casa, quali quelle possibili quando sei al lavoro, etc.

Nota: conserva la lista in un posto in cui ti sia facile riprenderla per poterla aggiornare ogni volta che sarà necessario. Le possibilità e le preferenze nel tempo cambiano.

Esercizio 13 – Allenamento sulla correzione assertiva

Allenati a sviluppare le tue abilità nel campo della correzione assertiva. Per ciascuna delle persone di cui all'esercizio 11, scrivi un messaggio "agro-dolce" (di tipo "sandwich"), capace di sintonizzarsi empaticamente con i loro bisogni, desideri e paure (per far questo utilizzerai le due parti "positive" del messaggio, e cioè la prima e la terza) e di comunicargli, con la tecnica del "messaggio io", la difficoltà che il loro comportamento ti crea (utilizzando la parte "negativa" al centro del messaggio).

Lezione 10

Il quarto passo
DECIDERE IN MODO ASSERTIVO

La sfida del decidere insieme

Siamo giunti al quarto passo. Finora abbiamo visto come andare da posizioni passive o aggressive verso posizioni assertive, iniziando a dire «No» (se si è passivi) e «Sì» (se si è aggressivi), con una modalità che rispetti le emozioni e i pensieri nostri e degli altri. Abbiamo visto quanto sia importante relazionarsi in modo empatico con le persone, avendo una grande attenzione sia nell'ascoltarle che nel comunicare. Abbiamo, infine, visto che i conflitti possono essere affrontati in modo costruttivo e non violento, comprendendo le ragioni dell'altro, impegnandosi a discutere in modo sereno, chiarendo subito i malintesi e adottando modalità di "correzione" non colpevolizzanti.

Ora, il quarto passo da compiere nella direzione del benessere assertivo riguarda la modalità con la quale assumiamo le decisioni quando queste coinvolgono sia noi che gli altri: decisioni in ufficio, decisioni in famiglia, decisioni con gli amici, decisioni nel condominio, etc. A volte, c'è immediata intesa e si può subito procedere. Nella maggior parte dei casi, tuttavia, il processo decisionale è più complesso. Raramente le persone hanno chiare le modalità attraverso le quali giungere a scelte che siano realmente in grado di valorizzare il contributo di tutti.

Assumere decisioni quando si è in due, richiede una grande intesa e un'ottima capacità comunicativa… e non sempre si riesce a farlo in modo sereno o ottimale. Decidere in tre, quattro o più persone è ancora più difficile. È una situazione che attiva dinamiche molto complesse.

Il più delle volte c'è qualcuno che "parla troppo", insistendo – in modo più o meno aggressivo – nell'affermazione del proprio punto di vista. Vi sono poi quelli che non dicono quasi mai cosa pensano e si limitano ad accodarsi alla scelta degli altri. Ci sono, poi, quelli che non sono d'accordo su nulla, ma non fanno proposte costruttive. Quelli che fanno mille proposte, ma non sanno poi quale preferire. Ancora, quelli che intervengono a gamba tesa, interrompendo le comunicazioni degli altri. Quelli che alternano interventi e momenti di distrazione, etc. Insomma, decidere insieme è davvero una sfida.

L'assertività ci aiuta ad affrontare e superare queste complessità, facendoci giungere a decisioni capaci di rispettare i bisogni e le sensibilità di tutte le persone coinvolte e a valorizzare le proposte e le opinioni di ciascuno. Decidere insieme non significa accontentare sempre le richieste di tutti, cosa quasi sempre impossibile. Significa, piuttosto, maturare insieme scelte condivise e soddisfacenti per ciascuno.

Diciamoci subito che difficilmente una decisione assunta in modo frettoloso può essere una buona decisione. A meno che non ci si trovi in situazioni di oggettiva urgenza che richiedono risposte immediate. Una decisione condivisa richiede uno spazio di confronto adeguato e quindi un certo tempo. Spingere le persone a prendere decisioni rapide, spesso, è solo un boomerang. Si ha l'illusione di aver deciso ma, dopo poco, la dinamica si ritorce contro chi ha insistito per quella decisione o contro l'intero gruppo.

La tecnica del "problem solving"

Ci siamo detti che, quando bisogna assumere una decisione insieme, la diversità di sensibilità, caratteri, esperienze delle persone può essere fonte di problemi complessi. Aggiungiamo che può anche essere un'occasione di grande arricchimento. Una modalità efficace per l'assunzione di decisioni condivise ci viene offerta dalla tecnica del "problem solving". Si tratta di un modo di decidere che può essere utile quando si è in due, ma che diventa pressoché indispensabile per le decisioni di gruppo.

È una modalità decisionale che le prime volte può apparire strana, quasi artificiale. A chi si trova all'inizio di questo passo garantiamo che, se attuata correttamente rispettando le varie tappe, la tecnica del problem solving offre risultati immediati e, spesso, sorprendenti. Si tratta di un approccio che gli studiosi chiamano "metacognitivo" che, tramite quattro passaggi consecutivi, permette ai partecipanti di "crescere insieme" nella conoscenza del problema e nell'adozione di soluzioni condivise. Analizziamo insieme le singole tappe.

1° tappa: *chiarimento e approfondimento della questione.* Consiste nel confrontarsi reciprocamente al fine di chiarire bene qual è il problema che bisogna risolvere o il bisogno a cui dare risposta o l'obiettivo da perseguire o il desiderio da esaudire, etc. Un errore che spesso si commette è dare per scontato che la questione sia già chiara. Probabilmente, ciascuno ha una sua visione della situazione. Si tratta però, quasi sempre, di visioni soggettive, parziali, diverse le une dalle altre. Anche il più inesperto nel campo dell'assertività comprende che, se manca una visione condivisa della questione, è impossibile scegliere insieme come affrontarla. Dunque, la prima cosa da fare è chiedere a ciascuno di dire, a suo avviso, quali sono gli elementi e le diverse sfumature in gioco: si tratta di un problema? Quanto è grave? È urgente? Cosa lo causa? È sentito solo da alcuni o da tutti? E via dicendo.

Attento! Gli errori frequenti in questa fase sono due: che qualcuno parli più degli altri e sarà compito della persona più assertiva contenere i chiacchieroni e stimolare i silenti; che si intrecci in modo confuso questa tappa con la successiva, cioè che mentre ci si confronta sulla chiarificazione della questione, qualcuno inizi già a fare le sue proposte sul come affrontarla. Qui, il più assertivo, avrà l'attenzione di invitare tutti ad aspettare la tappa successiva per la formulazione delle proposte, concentrandosi per ora sull'analisi della situazione.

2° tappa: *elenco "creativo" delle soluzioni.* Chiarita insieme la questione, è possibile ora passare alla tappa successiva che, diciamolo subito, non è ancora quella della decisione. Prima di decidere cosa fare è importante individuare, in modo ampio, tutte le possibili soluzioni. Insomma, una decisione ben presa si basa sull'analisi di tutte le opzioni disponibili. Per far questo occorre elaborare un "elenco creativo" delle soluzioni. È necessario coinvolgere attivamente tutte le persone, invitandole a farsi venire in mente ogni tipo di idea, anche fantasiosa o bizzarra. Gli esperti chiamano questa fase *brainstorming* (dall'inglese "tempesta di cervelli") perché le idee di uno attivano ulteriori idee negli altri e viceversa, facendo emergere ipotesi alle quali nessuno, da solo, avrebbe pensato. A volte, l'opzione migliore è proprio una di queste. Gli studiosi della materia suggeriscono di scrivere l'elenco delle soluzioni, man mano che vengono proposte, in modo che tutti le abbiano sotto gli occhi (una lavagna, un foglio comune…). Anche qui l'errore più frequente da evitare è che qualcuno non dica la sua, restando in silenzio. Non c'è invece un limite alle proposte che ciascuno può fare, purché siano diverse dalle precedenti. Dunque, i "chiacchieroni" in questa fase non vanno bloccati. Un altro errore, ugualmente frequente, è quello della censura, cioè del giudizio critico verso alcune delle proposte, casomai perché più innovative o perché presentate da chi in genere non si esprime. La scelta della soluzione migliore va fatta nella tappa successiva. Qui, invece, l'obiettivo non è scegliere la migliore ipotesi ma formulare un elenco più lungo possibile. Una proposta, per quanto possa apparire bizzarra, potrebbe in realtà non esserlo… o potrebbe stimolare negli altri ulteriori idee e far approdare a nuove preziose ipotesi. Quindi: "spazio alla creatività"!

3° tappa: *analisi pratica e soggettiva delle ipotesi:* chiarita la questione ed elaborato l'elenco creativo delle soluzioni occorre, in questa terza tappa, analizzare in dettaglio ciascuna delle ipotesi emerse. Si discuteranno una ad una le varie opzioni, confrontandosi in modo circolare e avendo attenzione che tutti parlino e che nessuno parli troppo. L'analisi va effettuata chiedendo a ciascuno il parere, sia sugli aspetti pratici, connessi alla effettiva realizzabilità dell'ipotesi, sia sui vantaggi e svantaggi concreti. Sarà altrettanto importante invitare ciascuno a parlare anche dei pro e dei contro personali e soggettivi. Se la scelta da prendere è di particolare rilievo, sarà importante far emerge i desideri, le paure e i bisogni di ciascuna persona, rispetto ad ognuna delle ipotesi in elenco.

4° tappa: *scelta dell'ipotesi migliore:* giunti a questo punto le ipotesi analizzate vanno votate da ognuno dei partecipanti. È la quarta ed ultima tappa del percorso, nella quale si giunge alla decisione. Le modalità di votazione possono essere varie. Sulla base della nostra esperienza, suggeriamo di chiedere a ciascuno di scegliere le tre ipotesi che preferisce e di attribuire tre punti a quella che ritiene in assoluto la migliore, due punti alla seconda e un punto alla terza. L'ipotesi che riceve "più punti" sarà quella "migliore per il gruppo", quella "scelta insieme" dai membri del gruppo. Se dalle votazioni emergessero due o più ipotesi con punteggi identici o assai simili, potrà essere opportuno favorire una ulteriore e più condivisa scelta, facendo un giro di "ballottaggio", cioè una nuova votazione, solo tra le ipotesi più votate.

La tecnica della negoziazione

L'obiettivo della tecnica del problem solving è accompagnare le persone a prendere decisioni condivise, valorizzando il contributo di ciascuno. Questo presuppone che tutti i soggetti coinvolti siano aperti ad accogliere i pareri e le valutazioni degli altri. Richiede, inoltre, la disponibilità, nel momento della decisione, ad accettare l'orientamento della maggioranza.

A volte, accade che l'ipotesi più votata sia ritenuta, da uno o più membri, assolutamente inaccettabile. È il caso delle "minoranze antagoniste" all'interno dei gruppi. In questi casi c'è il rischio che si crei un irrigidimento che non porta benefici a nessuno e che mette in crisi il gruppo, impedendo di fatto l'assunzione della decisione comune. Altre volte può accadere che, nonostante il giro di ballottaggio, restino a "pari punteggio" due o più ipotesi. Una situazione di questo tipo è tipica di quei gruppi nei quali metà dei partecipanti preferisce nettamente un'ipotesi e l'altra metà gradisce convintamente l'altra.

Come fare in queste situazioni? Ci viene in soccorso la tecnica della negoziazione. Consiste nel fare una trattativa, cioè un confronto serrato nel quale man mano ciascuno cede all'altro qualcosa, fin quando si arriva ad un punto comune. L'esempio tipico di negoziazione è la trattativa che porta alla scelta della "via di mezzo": se io desidero andare a destra e tu a sinistra, la via di mezzo consisterà nell'andare al centro. Se io, andando con te in campeggio, desidero acquistare una tenda da 500,00 euro e tu preferisci una da 1.000,00 euro, la via di mezzo sarà l'acquisto di una tenda da 750,00 euro.

La negoziazione non sempre deve portare ad una posizione esattamente mediana tra le due divergenti. A volte, il punto condiviso è più vicino alla posizione dell'uno o dell'altro. L'importante è che sia condiviso. Ovviamente, qualunque negoziato richiede la disponibilità di tutti a cedere qualcosa, a rinunciare in parte alla propria posizione.

A mali estremi, estremi rimedi

Decidere insieme è sempre auspicabile. A volte, purtroppo, non è possibile. In particolare, sono due le situazioni nelle quali l'obiettivo della decisione comune non è raggiungibile: le situazioni immutabili e le situazioni inaccettabili. Un interessante libretto sull'assertività, scritto da Ford Ryan, cita un antico proverbio: «Cambia il modificabile, accetta l'immutabile ed evita l'inaccettabile». Poi aggiunge: «Non vale la pena sbattere la testa contro un muro di mattoni (…) scegli le tue battaglie. Se è una causa persa, lascia perdere». Parole sagge!

Ci sono situazioni nelle quali, al di là delle nostre intenzioni e delle tecniche assertive, non è possibile giungere a decisioni condivise. Vi sono persone che decidono di non entrare in relazione e di non confrontarsi, come pure ci sono circostanze non modificabili a causa di una serie di vincoli e difficoltà insormontabili. Come porsi? Il proverbio citato ci indica la strada. Se la situazione immutabile è accettabile, occorre accettarla. In questo è importante custodire sempre un sano realismo.

Un altro proverbio ci avverte che «L'ottimo è nemico del bene», cioè che la ricerca insistente della soluzione perfetta può avere effetti distruttivi. Se, per arrivare puntuali ad un incontro importante, infrangiamo tutti i limiti di velocità e tutte le regole di prudenza, potremmo anche non arrivare mai all'appuntamento. Insomma, meglio arrivare con un leggero ritardo che morire per strada o causare gravi danni ad altri.

A volte ci si "fissa" sui propri desideri, sulle proprie soluzioni, sulle proprie idee e non si è disposti a cedere nemmeno di un centimetro. «O così o niente!» è una frase assai frequente… e fortemente auto-distruttiva. Ci vuole un grande buon senso per comprendere che a volte, fare un passo indietro, permette di ottenere maggiori livelli di benessere e di rispetto per sé e per gli altri. È il "benessere possibile", che non sempre coincide con il "benessere ideale" o con il "benessere desiderato".

A questa regola di buon senso c'è un'unica eccezione: quando sono in gioco bisogni e valori primari, inalienabili. Supponiamo di avere un amico che ha intenzione di commettere un furto. Se l'unico modo per andare d'accordo con lui è diventare complici del suo reato, meglio perdere la relazione con questa persona piuttosto che scendere a compromessi e "perdere sé stessi". Anche qui c'è d'aiuto il proverbio citato da Ford Ryan:

"Evita l'inaccettabile". Se qualcosa contrasta gravemente con la legge, con i nostri bisogni più profondi, con la dignità nostra o degli altri… non c'è alcun negoziato da fare, semplicemente va respinta.

Esercizio 14 – Allenamento della tecnica del problem solving

Accordati con alcuni amici o familiari (almeno due persone) ed esercitatevi nella tecnica del problem solving. L'importante è che la scelta da compiere sia la più verosimile possibile. Meglio ancora se si tratta di una scelta reale. Prima di iniziare è importante che tutti siano d'accordo sull'uso della tecnica e che siano chiare le modalità di svolgimento. Assegnate ad uno di voi (al più assertivo) il compito di fare da moderatore (il compito sarà di avere cura che tutti parlino, che nessuno parli troppo e che non vengano saltate o mischiate le quattro tappe: chiarimento e approfondimento della questione; elenco "creativo" delle soluzioni; analisi pratica e soggettiva delle ipotesi; scelta dell'ipotesi migliore).

Lezione 11

Il quinto passo
AUTO-ASSERTIVI E GENERATIVI...
OLTRE SÉ STESSI

Dentro noi stessi

Complimenti! Ci sei quasi. Sei giunto al quinto passo del tuo viaggio verso il benessere assertivo. Questa è l'ultima lezione del corso. È la più importante, perché ha lo scopo di farti fare un vero e proprio salto di qualità, sia nel rapporto con te stesso che nella relazione con gli altri. Partiamo dal primo punto: la relazione con te stesso. L'abbiamo detto fin dalle prima pagine. Il benessere profondo è strettamente connesso a "come ti tratti", a quanto rispetti i tuoi pensieri e le tue emozioni. Sì, hai capito bene. È un punto di assoluta importanza. Qui il passo da fare è più profondo degli altri.

Ogni passo, l'abbiamo più volte ribadito, richiede una grande autenticità. Anche qui occorrono elevate dosi di franchezza per andare fino in fondo, per scendere alla radice del proprio modo di stare al mondo. Questo ultimo passo mette in gioco la nostra "ragion d'essere". Sembra un gioco di parole... per raggiungere il pieno benessere, occorre agire sulla nostra "ragion d'essere"! Occorre, cioè, toccare dimensioni che hanno a che fare con il senso della vita, con il "dove andiamo" e il "da dove veniamo", con il bene e il male.

Quindici minuti di auto-assertività quotidiana...

A queste profondità incontriamo gli ingredienti che compongono il fine ultimo della nostra esistenza. È qui che possiamo – finalmente – ritrovarci. Ed è proprio qui che l'assertività ci è nuovamente di aiuto. Il quinto passo inizia con il rifare con sé stessi i primi quattro passi affrontati finora. Il quinto passo comincia con l'essere auto-assertivi.

Significa smetterla di essere passivi o aggressivi con sé stessi, imparando a dirsi quei «Sì» e quei «No» di cui abbiamo tanto bisogno. Significa diventare capaci di comunicare con il proprio io, di ascoltarsi, di darsi spazio, di darsi attenzione. Significa, al contempo, diventare capaci di parlarsi, di riflettere, di meditare. Significa imparare ad "empatizzare" con i propri vissuti, con le proprie paure, con le proprie ansie.

Significa diventare capaci di non confliggere più con la propria storia, con i propri limiti e riuscire a perdonarsi. Significa fare la pace con il nostro presente e il nostro futuro, imparando a gustare le cose piccole e a sognare le cose grandi. Significa sviluppare la capacità di deciderci, assumendo quelle scelte fondamentali che possono dare compimento alla nostra identità, liberando energie da troppo tempo nascoste, sospese, bloccate.

Fare tutto questo richiede un tempo e uno spazio dedicati. C'è bisogno di momenti in cui ritrovarsi. Teresa D'Avila[16], grande personaggio del XVI secolo, i cui insegnamenti ebbero un'ampia influenza sugli uomini e sulle donne del suo tempo, affermava che quindici minuti quotidiani di meditazione sono sufficienti, dopo sole due settimane, per determinare importanti cambiamenti positivi in qualunque persona. E che, se proseguiti con costanza, portano alla pienezza della vita. Numerose sono le indicazioni e i suggerimenti analoghi provenienti sia dalla saggezza antica che dagli studi recenti. Ogni essere umano ha bisogno di uno spazio per ritrovarsi.

Oltre noi stessi

È un po' come mettere i propri pensieri e le proprie emozioni "sotto carica", per poi riprendere la corsa. Certo, bisogna intendersi bene su cosa fare in questi quindici minuti. Non basta soltanto fermarsi. Non si tratta di semplice relax. Abbiamo detto che occorre ascoltarsi, parlarsi, perdonarsi, decidersi.

Occorre meditare. Tutto questo avviene in modo autentico se nel dialogo con noi stessi riusciamo ad andare *oltre noi*. Si, oltre noi! Oltre te! Altrimenti resta un monologo sterile.

Qui si aprono gli sconfinati orizzonti della spiritualità e dell'incontro con il trascendente... di quell'*Oltre* di cui l'essere umano non può assolutamente fare a meno. Non è compito di questo corso affrontare un tema così vasto e ulteriore.

Ci basta avervi accompagnato alla soglia di un nuovo viaggio, che va dall'assertività alla spiritualità... dove,

---

16. Teresa D'Avila (1515-1582), religiosa e mistica spagnola.

nell'incontro interiore con ciò che è *Prima* e *Altro* da noi, la nostra dimensione ritrova fino in fondo il proprio equilibrio.

Generativi con gli altri

Abbiamo detto che il quinto passo richiede un salto di qualità anche nel rapporto con gli altri. Di quale cambiamento parliamo? La parola che meglio sintetizza la risposta è: "generatività". Anche questo, come l'assertività, è un concetto che negli ultimi anni ha raccolto molta attenzione. È una parola che indica la capacità di "mettere al mondo qualcosa (o qualcuno) che vive oltre noi stessi, senza chiedere nulla in cambio". Come puoi vedere ritorna anche qui l'andare *oltre*.

La più immediata forma di generatività umana è quella che avviene con il dare alla luce un figlio, il crescerlo, educarlo, accudirlo, accompagnarlo alla vita adulta. Non a caso le parole "genitore" e "generatività" provengono entrambe dal latino *"generis"* che significa, appunto, *"far nascere"*. Quanto i genitori danno ai figli? Tutto quello che hanno e che possono! Quanto "pagano" i figli per ciò che ricevono dai genitori? Molto, molto meno! I genitori sono dunque il "modello" a cui ispirarsi quando si parla di generatività.

Mauro Magatti,[17] alcuni anni fa, ha pubblicato un interessante libro sulla generatività nel quale descrive i passi che concretamente occorre fare per essere veramente generativi nel rapporto con gli altri. Bisogna, innanzitutto, "desiderare" il loro benessere. La generatività parte dalla capacità di sognare qualcosa di bello per un'altra persona.

---

17. Mauro Magatti, studioso italiano, professore ordinario di sociologia all'Università di Bologna.

Occorre poi, concretamente, "partorire", cioè fare spazio all'altro e affezionarsi a lui. Quindi bisogna "prendersi cura", profondendo energie, tempo e risorse, custodendolo e accompagnandone la crescita. Si deve, infine, "lasciar andare", cioè rinunciare a dominare, a controllare, a gestire ciò che si è generato, in una scelta di somma gratuità.

La generatività è, in sintesi, un modo di stare con gli altri "etero-centrato", cioè – appunto – centrato su di loro. Se fosse auto-centrato, se stessimo con gli altri per il nostro interesse, non sarebbe generativo. Sarebbe l'esatto contrario, cioè "possessivo". Sarebbe qualcosa che "consuma" l'altro e chiude lui e noi in una stagnazione solitaria.

... verso la felicità

Siamo giunti alla conclusione del nostro viaggio. Dove ci hanno portato i cinque passi che abbiamo compiuto? Se li abbiamo realmente messi in pratica, ci hanno di sicuro fatto fare tanta strada. In quale direzione? L'avevamo dichiarato all'inizio: nella direzione del benessere profondo.

Quando, per la prima volta, ho letto il testo della Dichiarazione di Indipendenza degli Stati Uniti d'America ho scoperto, con stupore e sorpresa, che tra i tre diritti inalienabili degli esseri umani che vi sono sanciti c'è, accanto alla vita e alla libertà, la «ricerca della felicità».

Siamo in un tempo nel quale parlare di felicità è quasi banale, se non addirittura sgradito e politicamente scorretto. Eppure, è questo "desiderio di pienezza" che muove tutti i nostri passi e che motiva ogni nostra azione.

La ricerca della felicità orienta il nostro cammino e ci fa intraprendere i più grandi viaggi. Perdere la speranza di poterla raggiungere è la peggiore sciagura in cui l'essere umano può incappare. La rinuncia a parlarne esplicitamente, soprattutto in ambiti importanti come quello scientifico, quello accademico, quello legislativo, quello istituzionale... è il sintomo evidente della crisi di identità e di senso, che attraversa la società contemporanea.

Ma la felicità può essere veramente raggiunta? I passi che ti abbiamo proposto, e che ti invitiamo ad approfondire e consolidare ogni giorno, ti accompagnano nella giusta direzione. L'ultimo passo, quello più lungo e mai completamente esaurito, ci fa scoprire che la felicità è già tra noi e dentro di noi.

Possiamo farla emergere e risplendere solo imparando ad andare *Oltre,* nell'interiorità del dialogo spirituale con l'*Altro* e nell'avventura di una vita feconda che genera gratuitamente per gli *altri.* Il corso termina qui. Ti proponiamo gli ultimi due esercizi. Sono solo l'inizio... ad allenare il quinto passo ci pensa la vita. Buon prosieguo, dunque, e buon cammino verso la felicità!

Esercizio 15 – Il calendario del dialogo interiore

La vita frenetica, le corse, le scadenze, le preoccupazioni, gli imprevisti... sono mille le spinte che ci distraggono dalla necessità di custodire il nostro spazio quotidiano di meditazione. Un buon modo per "difendersi" da questi attacchi è quello di stabilire il tuo "calendario del dialogo interiore". Si tratta di un esercizio tanto semplice quanto efficace. Consiste nel segnare, calendario alla mano, in quali momenti di ciascuno dei prossimi sette giorni, farai i tuoi quindici minuti di sosta meditativa. Deve trattarsi di qualcosa di molto preciso, quindi abbi attenzione a fissare l'orario... e impegnati ad essere puntuale. Proprio come se fosse un appuntamento con una persona. Se possibile, fissa lo stesso orario tutti e sette i giorni. Ti aiuterà ad essere costante. Predisposto il calendario dei primi sette giorni, appendilo in camera o comunque tienilo a vista. Ogni giorno, al termine della meditazione, segna con una crocetta il giorno corrispondente. Se un giorno, per motivi vari, dovessi saltare l'appuntamento, non crucciartene. L'importante sarà avere, il giorno dopo, una doppia attenzione a non saltare ulteriormente. Non occorre raddoppiare il tempo, basta la doppia attenzione, cioè metterci tutto l'impegno per custodire i tuoi quindici minuti. Il rischio maggiore, infatti, è che, se salti due-tre appuntamenti di seguito, finisci con l'abbandonare questo indispensabile spazio auto-assertivo. Conclusa la settimana, programma la successiva e così via. Secondo gli esperti, dopo le prime quattro settimane, diventerà un'abitudine strutturata e potrai anche smettere di utilizzare il calendario. Diventerà infatti parte integrante e spontanea del tuo modo di vivere ogni giornata.

Esercizio 16 – Pianificazione dei primi tre passi generativi

Per accrescere la tua generatività nei confronti degli altri, non bisogna attendere che arrivi il "momento ideale" per farlo. Oggi è il momento giusto! Occorre che tu sia molto concreto. I grandi progetti raramente diventano realtà. Meglio un piccolo passo alla volta. Per procedere ti suggeriamo di pianificare i primi tre "atti generativi". Decidi cioè, in questo momento, quali sono i primi tre ambiti concreti della tua vita nei quali far crescere questo stile. È importante che i passi siano immediatamente attivabili e alla tua effettiva portata. Per aiutarti facciamo alcuni esempi: svegliarti cinque minuti prima la mattina per preparare il caffè ai tuoi familiari; comunicare ad un tuo collega alcune informazioni che possono semplificargli il lavoro; portare al vicino di casa una fetta della tua torta migliore; salutare in modo cordiale la cassiera del supermercato; etc. Come vedi si tratta di cose che, sul piano pratico, sono davvero molto semplici. Dal punto di vista emotivo, per alcuni, possono rappresentare passi molto impegnativi (cosa penserà il vicino? E il collega? E la cassiera? Gradirà il gesto? Comprenderà la "buona intenzione" da cui parte?). Ogni passo verso l'altro comporta sempre un rischio (attento però, è ancora più rischioso rinunciare ad essere generativi). Dopo i primi passi inizierai a prenderci gusto. È tipico delle virtù: più le pratichi, più si consolidano! Dopo i primi tre passi, fissane altre tre... e così via... c'è tutta la tua esistenza per avanzare nella capacità di donare te stesso agli altri senza contraccambio.

Appendice

IL LINGUAGGIO ASSERTIVO

L'intelligenza linguistica

Abbiamo esplorato i capisaldi della gestione della rabbia e dei conflitti. Se ci hai seguito fin qui, se hai iniziato a sperimentarti su ciascuno degli esercizi e delle lezioni che ti abbiamo proposto il viaggio è già a buon punto. Lungo questa strada, bella e impegnativa, c'è uno strumento di grande utilità i cui benefici sono tali da renderlo praticamente indispensabile. Stiamo parlando del linguaggio assertivo. Consiste nell'uso attento e consapevole delle parole.

Come abbiamo già accennato nella lezione n° 7, la rabbia e i conflitti possono essere gestiti in modo costruttivo se, quando si parla, si è attenti a mette in campo una adeguata intelligenza linguistica. Riprendiamo ed approfondiamo questo importante aspetto perché, purtroppo, la maggior parte delle persone non dà la giusta importanza alla scelta delle parole... parla in modo superficiale, disattento... addirittura "stupido" (il contrario dell'intelligenza). Il punto è che le parole, le frasi e gli interi discorsi hanno due significati: uno razionale, che troviamo ben descritto nei vocabolari e uno emotivo, inerente a ciò che suscitano nell'animo di chi le ascolta. Lo sapevi, ad esempio che la parola «Ma» emotivamente cancella tutto quello che si è detto prima? E che la parola «Insieme» è considerata, sul piano delle emozioni, una "parola d'oro", con potenti effetti positivi?

L'assertività, puntando al rispetto delle emozioni e dei pensieri nostri e degli altri, ci aiuta ad accrescere la qualità e l'efficacia del nostro linguaggio. Ovviamente la scelta delle parole deve essere intelligente e, al contempo, autentica. Deve cioè aiutarci ad esprimere ciò che veramente pensiamo e sentiamo, altrimenti sarebbe solo una forma di ipocrisia. L'obiettivo è dunque quello di far arrivare alla mente e al cuore delle persone, nel modo migliore possibile, ciò che c'è nella nostra mente e nel nostro cuore.

Le parole d'oro

Il primo aspetto da mettere a fuoco sono le parole d'oro. Si tratta, come abbiamo già detto, di parole che hanno un forte effetto positivo sul piano emotivo. Sono parole che rasserenano e rassicurano coloro ai quali le comunichiamo e che favoriscono lo sviluppo positivo delle relazioni tra le persone. Vediamone alcune.

«Insieme»: come già accennato, una delle più potenti parole d'oro è: «Insieme». Alcuni la chiamano la "parola dell'amicizia". Attiva, in chi la ascolta, una forte sensazione empatica. Dire ad una persona preoccupata per qualcosa: «Tranquilla, lo facciamo insieme» lancia alla sua emotività numerosi significati positivi. Dire «Lo facciamo insieme», significa – con una sola breve frase – comunicarle: «Non sei sola», «Puoi contare su di me», «Io ci sono», «Ti proteggo»… Altri la chiamano la "parola della reciprocità" poiché fa emergere più energie della somma delle positività possedute individualmente dai singoli. Dire «Ci andiamo tu ed io» ha l'effetto di sommare le positività… dire «Ci andiamo tu ed io insieme» le moltiplica.

«Vicino»: analogamente alla parola "insieme", anche la parola "vicino" ha un forte effetto relazionale. Indica la prossimità tra me e te e sconfigge il senso di solitudine. Dire ad una persona: «Ti sono vicino» non indica solo una dimensione fisica. Significa «Ti comprendo», «Sento quello che stai vivendo», "Non sei sola". La vicinanza è la forma della relazione empatica ed ha un forte valore assertivo.

«Venire»: anche il verbo "venire" può essere utilizzato come una parola d'oro. Spesso può essere utilizzato al posto della parola "insieme". Possiamo dire «Andiamo insieme» o anche «Vengo con te» o «Vieni con me». La parola "venire" segnala la disponibilità ad avvicinarsi, a muoversi per dare sostegno e ridurre le distanze.

Le parole "avversative"

Nel nostro parlare quotidiano vi sono grandi quantità di "parole avversative". Sono parole che aumentano in gran numero quando siamo impegnati in una discussione, soprattutto quando questa ci carica di emozioni negative. Proprio per questo sono parole che generano tensione emotiva. Averle sentite e subite con grande frequenza durante litigi e contese, le ha caricate di una specie di "energia negativa". Vediamo quali sono le principali parole avversative e come fare per evitarle o per utilizzarle in modo positive.

«Ma», **«Però»**, **«Anche se»**. Si tratta di tre tra le parole avversative più utilizzate. Alcuni addirittura le utilizzano anche quando non ce n'è bisogno… ad esempio per iniziare una frase: «Ma tu cosa ne pensi?», «Ma quando pensiamo di partire?», etc. Gli esperti dell'intelligenza linguistica sottolineano che la presenza del "ma" e del "però" rende la frase emotivamente conflittuale. Sul piano razionale il significato di "ma" e di "però" è quello di dare un messaggio di valore opposto a quello che precede queste parole, senza però annullare il significato della prima parte della frase. Ad esempio, se diciamo «Oggi è stata una bella giornata di sole ma ad un certo punto è venuto a piovere», sul piano razionale, stiamo dicendo che la giornata è divisibile in due parti: quella bella con il sole e quella meno bella con la pioggia. Sul piano emotivo, invece, "ma" e "però" cancellano ciò che le precede… come se l'arrivo della pioggia avesse guastato tutta la giornata, facendo perdere valore anche alla prima parte soleggiata. L'effetto negativo che queste parole ha sulle emozioni delle persone si amplifica quando la frase le riguarda direttamente. Dire ad una persona: «Sei una persona seria e rispettabile ma a volte diventi pesante» avrà per il nostro interlocutore un sapore molto amaro. L'apprezzamento positivo sulla sua serietà e rispettabilità scomparirà immediatamente, come se avessimo parlato soltanto della sua pesantezza. Lo stesso effetto è esercitato dalla parola "però". Dire ad un nostro collega: «La collaborazione con te è molto preziosa però preferisco lavorare da solo» gli trasmette esclusivamente che non gradiamo la sua presenza. Pure la dicitura "anche se" può avere un effetto avversativo, facendo da sinonimo di "ma" e di "però". Chiarita la negatività di queste tre parole, vediamo ora in che modo un approccio assertivo può aiutarci a migliorare la nostra comunicazione. Le strade da seguire possono essere varie. Te ne segnaliamo alcune tra le più efficaci e di più facile utilizzo. Innanzitutto è bene utilizzarle il meno possibile, soprattutto evitando di inserirle all'inizio della frase. Una seconda soluzione consiste nell'invertire l'ordine delle due parti della frase, inserendo prima la parte "negativa" e poi quella "positiva". Riprendiamo l'esempio di sopra sulla qualità metereologica della giornata, invertendo l'ordine della frase: «Oggi, ad un certo punto, è venuto a piovere ma, per il resto, è stata una bella giornata di sole». Come potete vedere anche se sul piano razionale il significato è lo stesso, l'effetto emotivo che ha questa inversione è di evidenziare maggiormente la parte positiva della frase. Come a dire che nonostante la pioggia è stata comunque una bella giornata. Una terza modalità è quella di eliminare le parole avversative scindendo la frase in due parti distinte. Si tratta cioè di sostituire le parole avversative con il "punto". Ad esempio, potremmo dire «Oggi è stata una bella giornata di sole. Ad un certo punto è venuto a piovere». Alcuni suggeriscono di sostituire le parole avversative con altre di valore neutro. Ad esempio utilizzando la parola "e". Sia la soluzione del "punto" che della "e" non sempre sono utilizzabili... dipende dalla frase e – nel caso di comunicazioni a voce – dipende anche da come utilizziamo le pause quando parliamo.

«Non»: come "ma" e "però", anche la parola "non" è presentissima nel nostro modo quotidiano di parlare con le persone. Se una persona fa qualcosa di errato, di ingiusto, scorretto o anche solo qualcosa che riteniamo debba cambiare, siamo naturalmente portati a dire: «Non farlo», «Non piangere», «Non ti preoccupare», «Non gridare», «Non correre», «Non venire in ritardo», etc. Gli esperti della comunicazione ci segnalano che questo tipo di frasi ha effetti emotivi di cui dobbiamo essere consapevoli. Dire ad una persona «Non ti preoccupare» non ha assolutamente l'effetto di calmarla... anzi, ne stimola l'ulteriore preoccupazione. Chi si sente dire «Non preoccuparti», sarà stimolato a farsi domande come: «Sembro preoccupato?», «C'è qualcosa di cui dovrei preoccuparmi?», «Non capisce i motivi della mia preoccupazione?», etc. Insomma, si attivano nella persona emozioni e pensieri opposti a quelli che vorremmo. In alcuni casi l'uso del "non", abbinato alla descrizione di un comportamento negativo, ha il sapore emotivo di una critica. Se dico ad una persona: «Non gridare» si sentirà giudicato negativamente... è come se dicessi «Sei una persona rumorosa, fastidiosa, sguaiata...». Se dico: «Non venire in ritardo» all'altro potrebbe arrivare il peso emotivo di un giudizio sul suo essere una persona ritardataria, irresponsabile, inaffidabile. L'assertività ci aiuta a trovare il giusto rimedio a queste difficoltà, suggerendoci di sostituire queste frasi con il loro equivalente positivo. Anziché dire «Non correre» è di gran lunga preferibile dire «Procedi adagio», «Vai piano», «Con calma», etc. Anziché dire «Non venire in ritardo» è molto meglio dire «Vieni puntuale», «Vieni in orario», etc. Insomma occorre indicare il comportamento positivo che desideriamo venga attuato, piuttosto che quello negativo che intendiamo far cessare.

«No». Simile al "non" è il "no". Anche questo, sul piano emotivo, ha un forte sapore negativo. Anche qui la soluzione è concentrarsi sul positivo. Se ti chiedo «Ti sono piaciuti gli spinaci che ti ho preparato», anziché rispondere «Non mi sono piaciuti» sarà molto meglio dire «Mi sono piaciuti di più i carciofi che hai preparato ieri». Sul piano razionale il significato è pressoché il medesimo (cioè che i miei spinaci non ti fanno sognare) ma sul fronte emotivo l'esito è ben diverso: negativo nel primo caso; assertivo nel secondo.

Le parole "oppressive"

Oltre alle parole avversative, nel nostro linguaggio quotidiano sono molto presenti le cosiddette parole oppressive. Anche in questo caso si tratta di parole che hanno un effetto emotivo negativo, al di là del loro significato razionale. Sono parole che è bene utilizzare il meno possibile, sostituendole con dei sinonimi emotivamente neutri o positivi. La dinamica psicologica che è alla base di questa situazione è la stessa descritta sopra. Sono cioè vocaboli che vengono utilizzati in gran quantità per descrivere situazioni negative. Per questo, il ripeterli, stimola nelle persone un inconsapevole senso di oppressione. Vediamo quali sono le parole oppressive più frequenti e come sostituirle.

«Problema». Quante volte utilizziamo la parola "problema" per descrivere una certa situazione da affrontare? "Problema" indica che c'è qualcosa che non va, che c'è un pericolo, un rischio, un danno in corso, etc. Molto meglio sostituirlo con le parole, emotivamente neutre, "questione da risolvere", "situazione da affrontare", "circostanza da gestire", etc. Ad esempio, anziché dire «C'è un problema economico», sarà meglio dire «C'è una questione economica da affrontare».

«Colpa»: questa è una delle parole più oppressive che ci siano. Si utilizza per indicare qualcosa che non va. Ha il sapore di un giudizio inappellabile. Dire «Siamo arrivati in ritardo per colpa tua», significa – sul piano emotivo – emettere una sentenza molto negativa e accusatoria. È assai meglio sostituire questa parola con "causa" o con "responsabilità". Dire «Siamo arrivati in ritardo per tua responsabilità» esprime con analoga chiarezza la critica ad un certo comportamento ma lo fa con ripercussioni emotive meno negative.

«Giusto», «Sbagliato»: altre due parole oppressive di frequente utilizzo sono "giusto" e "sbagliato". Entrambe rimandano alla presenza di un giudizio sulle persone. Ovviamente la più pesante è "sbagliato". Ma anche la parola "giusto" appesantisce emotivamente perché ci fa sentire esposti ad una sorta di autorità che ci pesa e ci tiene sotto esame. Meglio sostituirle con "utile" e "non utile" o, per quanto riguarda le valutazioni positive, con apprezzamenti come "ottimo", "buono", "bravo". Dunque, di fronte ad una certa questione da affrontare, anziché dire «Questa soluzione è sbagliata» sarà meglio dire «Questa soluzione non ci è utile». Così come, anziché dire: «Giusto, hai risposto bene», sarà meglio dire «Bravo, hai risposto bene».

«Difficile»: quante volte utilizziamo questa parola per indicare una situazione o un'attività che richiede molte energie e che comporta procedimenti lunghi, complessi, onerosi? La parola "difficile" si concentra sulla difficoltà, sulla crisi, cioè – appunto – sul negativo. Molto meglio sostituirla con la parola "impegnativo". Anziché dire «La nostra coppia sta attraversando un periodo difficile», è assai preferibile dire «La nostra coppia sta attraversando un periodo impegnativo». Un'altra parola, emotivamente positiva, da utilizzare al posto di "difficile" è "sfidante". Le difficoltà sono qualcosa di negativo e basta. Le sfide comportano il confronto con una o più difficoltà, ma concentrano l'attenzione emotiva sulla crescita, sull'obiettivo di vittoria, sul risultato positivo a cui si mira.

«Devi». Uno dei verbi più oppressivi che troviamo nel nostro linguaggio quotidiano è "dovere". Si tratta di un verbo che, sul piano emotivo, segnala la presenza di una imposizione. Assai preferibili sono le parole impersonali come "bisogna" o "è importante" o "occorre", non rivolte al singolo ma indicanti una situazione generale che lo interpella. Al posto di dire «Devi lavorare con attenzione», potremmo dire, ad esempio, «È importante lavorare con attenzione». Quando occorre essere più diretti si può sostituire il "devi" con "secondo me potresti" o "ti suggerisco", che evidenziano la possibilità di scelta della persona. Al posto di «Devi cambiare abbigliamento», sarà assai meno oppressiva la frase «Ti suggerisco di cambiare abbigliamento».

«Ti spiego», «Hai capito?». Si tratta di due modi di dire che presuppongono una relazione in cui noi ci troviamo in una posizione di superiorità rispetto al nostro interlocutore. Possono essere più efficaci «La mia idea è che», oppure «Sono riuscito a farmi capire?».

«Sempre», «Mai», «Come al solito», «Ti pareva». Nel nostro linguaggio quotidiano sono spesso presenti parole che attivano le cosiddette "generalizzazioni colpevolizzanti". Si tratta di parole che hanno l'effetto di giudicare una persona come definitivamente sbagliata e senza possibilità di miglioramento. Dire «Sei sempre in ritardo», «Non sei mai in orario», «Hai fatto tardi come al solito» annulla ogni aspetto positivo della persona, nega le volte in cui è arrivato in orario, non considera i motivi che possono aver determinato il ritardo, etc. Insomma, ha il tenore di un giudizio sommario e inappellabile. Molto meglio essere specifici: «Quest'anno sei spesso arrivato in ritardo». Bisogna, inoltre, impostare una frase con la tecnica "agro-dolce", come abbiamo visto nel corso. Occorre cioè inserire il messaggio critico tra due messaggi positivi. Ad esempio: «Quest'anno i frutti positivi del tuo lavoro sono cresciuti. Ho notato che sei spesso arrivato in ritardo. Con una maggiore puntualità crescerai ancora di più».

Nel nostro linguaggio quotidiano ci sono decine di altre parole che possono essere espresse con sinonimi più positivi... l'impegno a sviluppare un linguaggio assertivo ci permette man mano di individuarle e di sostituirle.

Le parole "auto-svalutanti"

Spesso nel linguaggio quotidiano utilizziamo, senza rendercene contro, numerose parole auto-svalutanti. Si tratta di parole che sminuiscono l'importanza e il valore dei nostri pensieri e delle nostre emozioni. Non di rado le inseriamo nei nostri discorsi per un misto tra educazione e timidezza. L'effetto che determinano è una minore valorizzazione di quel che diciamo e di noi stessi. Vediamone alcune più frequenti.

«Scusa, disturbo?». Sono due parole che contengono in sé l'idea che quanto stiamo per dire rappresenti un fastidio per il nostro interlocutore. Tolgono valore alla nostra comunicazione, ai nostri pensieri e alle nostre emozioni. Possono essere sostituite con frasi come: «Hai tempo ora?» oppure «È un buon momento?», «Mi occorre il tuo aiuto per...».

«Forse». Spesso, quando siamo chiamati a dire la nostra, ricorriamo all'uso della parola "forse" per ridurre lo stress che ci causa il doverci assumere la piena responsabilità di quanto stiamo dicendo. Sentiamo che affermazioni più nette e perentorie ci espongono maggiormente. Se abbiamo dubbi su quanto stiamo per dire facciamo bene ad utilizzare la parola "forse". Ma quando siamo sicuri delle nostre argomentazioni è meglio non dirla.

«Avevo pensato», «Volevo dire». Molte persone, quando si trovano coinvolte in una comunicazione emotivamente pesante, tendono a coniugare i verbi delle proprie frasi non con il tempo presente ma all'imperfetto. Questo accade soprattutto quando si parla con persone autorevoli nei confronti delle quali si avverte una sorta di timore reverenziale (un professore, un direttore, un primario, etc.). Oppure quando si pensa che ciò che si sta per dire potrebbe dare fastidio o, comunque, non essere immediatamente accettato. Ecco allora che, anziché dire «Ho pensato di inviarle un messaggio» si dice «Avevo pensato di inviarle un messaggio». Anziché dire «Voglio dirle che mi occorre più tempo», si dice «Volevo dirle che mi occorre più tempo». Si tratta di una modalità che toglie importanza a quello che stiamo dicendo. Se proprio non ce la si fa ad utilizzare il tempo presente, una alternativa può essere quella di ricorre al condizionale: «Vorrei dirle che mi occorre più tempo». Non è l'ideale ma è sicuramente migliore di utilizzare il "volevo dirle".

«Di nulla», «Prego», «Si figuri», «Non c'è di che», «Ma le pare?». Un ultimo gruppo – assai ampio – di parole auto-svalutanti è quello che riguarda le risposte alla parola "grazie". Quando una persona ci ringrazia per quanto abbiamo fatto per lei è diffusissimo il ricorso a parole che, al di là delle nostre intenzioni, hanno l'effetto di ridurre l'importanza e il valore del nostro gesto. Se mi ringrazi per un aiuto che ti ho dato e, in risposta, ti dico "di nulla", è come se stessi sottolineando che in realtà, a ben vedere, non ho fatto granché. È come se dicessi all'altro che non mi reputo meritevole di ringraziamento e che anche lui, tutto sommato, non ha un gran valore (visto che quel che ho fatto è insignificante). Una buona alternativa, che ci permette di essere ugualmente cortesi, è quella di manifestare la nostra gioia per il suo apprezzamento: «Sono contento di esserti stato utile», «Mi fa molto piacere che tu abbia gradito questa attenzione», «Ci tengo ad esserti di supporto», etc. Si tratta di frasi che accolgono il ringraziamento e danno valore sia a noi che a coloro con i quali stiamo parlando.

Frasi che rassicurano

Abbiamo visto che un buon linguaggio assertivo richiede l'uso delle parole giuste, ricorrendo a quelle positive (che, volendo essere sintetici, possiamo chiamare "parole assertive") ed evitando quelle avversative, oppressive o auto-svalutanti. Proviamo ora a fare un ultimo passo nell'accrescimento della tua intelligenza comunicativa. L'obiettivo è imparare ad utilizzare un linguaggio pienamente assertivo. Per far questo, accanto alle parole giuste, occorre anche organizzare in modo efficace le frasi e i discorsi.

Per parlare di argomenti contenenti obiezioni o critiche su quanto il nostro interlocutore dice o fa, occorre una particolare attenzione nella formulazione del discorso. Bisogna infatti organizzare le frasi con la tecnica dei messaggi "agro-dolci" (che intreccia messaggi critici con messaggi positivi) e con la tecnica dei "messaggi io" (che evita frasi dal sapore colpevolizzante). Proseguendo lungo questa strada ci soffermiamo qui sotto ad analizzarne gli aspetti più importanti.

Partiamo con il dirci che gli studiosi di intelligenza linguistica segnalano quanto sia importante iniziare un discorso a partire dai messaggi che rassicurano chi ci ascolta. All'inizio di un dialogo occorre aiutare la persona con cui stiamo parlando ad abbassare le difese. Ovviamente non per approfittarne ma per poterci intendere bene, a fondo e con serenità.

Ciascuno di noi, preso dalla complessità e dalla frenesia delle giornate odierne, attiva un'istintiva sorveglianza. Si tratta di un meccanismo spontaneo che ha lo scopo di proteggerci da possibili minacce. È una situazione che è accompagnata da uno stato neurologico di allerta, che mantiene ad una certa intensità gli impulsi cerebrali. Per poter dialogare in modo assertivo con una persona occorre dunque innanzitutto favorire un rilassamento neuronale.

Per far questo è utile ricorrere all'uso di messaggi che rassicurano. Tra i più efficaci vi sono i messaggi di sintonizzazione positiva con i pensieri e le emozioni dell'altro. Hanno la capacità di trasmettergli empatia, di fargli percepire che siamo connessi e che lo comprendiamo. Se la persona con la quale stiamo parlando è visibilmente indaffarata, un messaggio di sintonizzazione potrebbe essere: «Certo che il suo è un lavoro di grande responsabilità che assorbe tante energie e attenzioni!». Oppure: «Caspita, deve essere davvero impegnativo fare il suo lavoro!».

Gli esempi possono essere tanti, ovviamente occorre che la frase sia sincera (la mancanza di autenticità non paga mai) e adeguata alla concreta situazione. Si tratta di messaggi che possono essere arricchiti da dettagli utili a fare emergere la sintonizzazione. Se stiamo parlando con un insegnante scolastico la frase potrebbe suonare così: «Certo che il lavoro di insegnante comporta grandi responsabilità e assorbe tante energie e attenzioni!».

Gli esperti ci invitano anche a valorizzare l'auto-efficacia delle persone. Si tratta di un'attenzione importante. Bisogna sottolineare gli aspetti nei quali la persona è particolarmente capace. Se l'insegnante è molto bravo e attivo nella preparazione dei materiali didattici per gli studenti la frase potrebbe essere questa: «Certo che il lavoro di insegnante comporta grandi responsabilità e assorbe tante energie e attenzioni in particolare nella preparazione di materiali didattici di qualità!».

Ovviamente non hanno effetti rassicuranti, anzi allarmano il nostro interlocutore, i complimenti eccessivi o platealmente superficiali. Insomma, come appena detto, la regola d'oro è quella dell'autenticità. Così come sarà assolutamente importante accompagnare le parole con una corretta comunicazione non verbale: un volto sereno e sorridente, un tono di voce calmo e cordiale, una postura aperta e socievole, l'attenzione a non interrompere né a sovrapporci alla voce dell'altro contribuiscono fortemente a rassicurare il nostro interlocutore.

L'arte di fare le domande

Uno degli aspetti più importanti nella comunicazione tra le persone è il modo in cui vengono formulate le domande. Non tutte le frasi interrogative, infatti, hanno il medesimo effetto emotivo, pur avendo lo stesso significato razionale. Chiedere ad una persona «Perché sei interessato a quel vestito?» o «Come mai sei interessato a quel vestito?» o «Cosa ti interessa di quel vestito?» non è esattamente la stessa cosa. Elena Allegri,[18] sottolinea che quella di fare buone domande è un'arte.

Proviamo qui a dare alcune indicazioni fondamentali. Una domanda che parte con il "perché?" può avere, sul piano emotivo e inconscio, un significato inquisitorio. La persona può sentirsi messa sotto indagine. O, peggio, sotto accusa.

La frase «Perché sei interessato a quel vestito?» sul piano emotivo può suonare come una o più delle seguenti: «Per quali motivi ci tieni a quel vestito? Personalmente a me non piace! Cos'ha di tanto speciale? A me pare un vestito come un altro! Anzi, ce ne sono di molto migliori! Sei proprio sicuro di volerlo acquistare? Io non lo sarei!». Se quel che intendiamo comunicare

---

[18]. Elena Allegri, sociologa e assistente sociale italiana, professore associato all'Università del Piemonte Orientale.

alla persona è proprio questa lunga lista di obiezioni, dovremmo dirle esplicitamente.

Se, invece, la nostra è una domanda di mera curiosità o, addirittura, un modo per interessarci ai gusti e alle preferenze dell'altro, allora abbiamo bisogno di formulare la domanda in altro modo. Meno indagatorio del "perché" è il "come mai?". Le frasi che iniziano con il "come" stimolano la persona ad esprimere i suoi pensieri e le sue emozioni, a raccontarsi. Analogamente avviene con le domande che iniziano con il "cosa", anche se queste sono adatte solo agli argomenti che riguardano gli oggetti e non le persone. Dire «Cosa ti piace di questo vestito» va benissimo! Non è lo stesso se diciamo «Cosa ci fai qui?». In questo caso la domanda assume un significato emotivo simile a quelle che iniziano con il "perché". Molto meglio, quando si parla delle persone, l'utilizzo del come: «Come mai sei qui?» è, dunque, la frase migliore.

Approfondendo l'arte del fare le domande è utile dirci che nel dialogo tra le persone è importante non abusare con le domande «Si/No». Si tratta di quei quesiti che chiedono all'interlocutore di rispondere con una affermazione o una negazione. Ad esempio: «Ti piace questa mela?», «Oggi sei andato a scuola?», «Stamani ti sei svegliato ben riposato?». Sono domande innocue ma, se eccessivamente utilizzate, trasformano il dialogo in una sorta di questionario o, peggio, in un interrogatorio.

Anche in questo caso è molto meglio ricorrere al "come" e al "cosa": «Cosa ti piace di questa mela?», «Com'è andata oggi a scuola?», «Come ti sei svegliato stamani?». Chiedere «Sei andato a scuola oggi?» o «Com'è andata a scuola oggi?» è, sul piano razionale, pressoché la stessa cosa, mentre sul piano emotivo la seconda versione è molto più efficace e apre al dialogo e alla condivisione.

Le frasi da utilizzare durante una discussione

Prima di concludere questa appendice ci sembra utile darti un'ultima preziosa indicazione, sul come gestire la comunicazione durante una discussione.

Anche se non tutte le discussioni diventano conflitti, sono comunque caratterizzate dalla "contesa" tra pensieri ed emozioni dell'uno e pensieri ed emozioni dell'altro. Spesso non vi sono diversità effettive ma soltanto differenti modalità comunicative. Occorrerà allora spiegarsi bene e con calma. Altre volte c'è una concreta differenza. Anche in questo caso occorre dialogare in modo chiaro e sereno. In questo può essere di grande aiuto avere chiara la struttura delle frasi da utilizzare.

Differenti studiosi e manuali affrontano questo aspetto suggerendo soluzioni anche molto diversificate. Qui, per ora, può esserti sufficiente avere chiaro che una buona struttura, facile da utilizzare, è quella che suddivide la nostra frase in tre messaggi: riconoscimento, spiegazione, proposta. Vediamole brevemente:

1° parte – messaggio di riconoscimento: il principio di fondo è quello delle "frasi che rassicurano". Se una persona ci comunica il suo punto di vista, una buona comunicazione assertiva richiede sempre che la nostra risposta inizi dal riconoscimento dell'altro. Occorre cioè trasmettere alla persona che lo comprendiamo, che abbiamo capito quanto sta dicendo. Frasi che iniziano con «Mi rendo conto di...», «Immagino che...», «Capisco che...» sono molto preziose. Si può qui utilizzare con buoni risultati anche la tecnica dell'*ascolto a specchio*. È quella forma di ascolto che si fa con le parole. Consiste nel descrivere brevemente, a parole nostre, i pensieri e le emozioni trasmessi dall'altro.

2° parte – messaggio di spiegazione: dopo aver rassicurato l'altro in merito all'ascolto e alla comprensione di quanto ci ha comunicato, occorre illustrare con chiarezza e tranquillità, i nostri bisogni, desideri, preoccupazioni, convinzioni. Lo faremo con frasi che iniziano con «A mio avviso...», «Ritengo che...», «Penso che...», «Sento che...». Qui, se dobbiamo manifestare un nostro disagio, le tecniche dei "messaggi io" e quella dei "messaggi agro-dolci" sono ottime.

3° parte – messaggio di proposta: chiarito il nostro punto di vista e le nostre esigenze, possiamo completare la frase illustrando la nostra proposta. Ideale a questo proposito è iniziare le frasi con: «Pertanto propongo di...», «Quindi suggerisco di...», «Ne consegue l'importanza di...».

Il corretto utilizzo del linguaggio assertivo massimizza la possibilità di giungere ad un accordo. Certo è che nessuna tecnica assicura con certezza il raggiungimento di un'intesa. Il nostro interlocutore potrebbe non pensarla come noi e non essere disposto a trovare soluzioni.

L'esperto di comunicazione assertiva, Francesco Muzzarelli, suggerisce come affrontare le situazioni di mancato accordo. Come prima reazione propone di adottare la tecnica del "disco incantato". Tornando al nostro esempio, questa tecnica ci invita a ripetere due-tre volte il giro, ma cambiando la proposta. Si tratta quindi di ripetere, con parole diverse ma con il medesimo significato, le parti 1 (riconoscimento) e 2 (spiegazione) del discorso e di modificare la parte 3 (la nostra proposta), tentando così di individuare una ipotesi che possa essere più facilmente accolta. Se questo metodo non sortisce effetti occorrerà passare alla negoziazione o valutare se siamo di fronte ad una situazione immodificabile o inaccettabile.

Corso n° 2

I segreti della comunicazione non verbale

di Marco Giordano e Serena Vitale

126

Lezione 1

Introduzione al corso
LA COMUNICAZIONE AUTENTICA

Chi ben comincia…

Salve. Mi chiamo Marco Giordano e sono il direttore della collana "Benessere e Felicità", di cui fa parte questo corso sul linguaggio del corpo e la comunicazione non verbale. Insieme a Serena Vitale, giovane e brillante pedagogista che mi ha affiancato nella preparazione del corso, desidero farti i complimenti per aver deciso di metterti in gioco.

Conosciamo tutti il proverbio «chi ben comincia è a metà dell'opera». Non sempre ci crediamo ma, in realtà, è proprio così. Un buon inizio è la migliore premessa per il raggiungimento di un obiettivo. Con la scelta di incominciare questo corso, dunque, hai già fatto un passo decisivo.

Se hai scelto di approfondire il tema della comunicazione non verbale, sicuramente è perché sei interessato ad accrescere le tue abilità relazionali, ad acquisire maggiore consapevolezza e controllo dei messaggi che invii agli altri, a sviluppare una migliore comprensione di ciò che le persone dicono e pensano. Siamo in un tempo in cui la capacità di comunicare ha una importanza sempre più ampia ed è saggio colui che si impegna ad affinare le proprie abilità in questo campo.

Verso il benessere e la felicità

Prima di iniziare, è importante intenderci bene sull'obiettivo. Dove intendiamo accompagnarti? Verso quale metà? Nessun viaggio può avere successo se non si ha chiara la destinazione. Ti invitiamo a prestare attenzione e a fare chiarezza, ponendoti una domanda: «perché sei interessato all'accrescimento delle tue competenze comunicative? Cosa ti spinge ad impegnarti nello sviluppo delle capacità relazionali?»

È un interrogativo tutt'altro che semplice e la risposta non è scontata. In commercio si trovano numerose pubblicazioni relative alle tecniche di persuasione e alle strategie di comunicazione manipolativa. Addirittura, alcuni manuali parlano di "psicologia nera" e di modalità "occulte" per controllare la mente degli altri. In questo libretto non troverai nulla di tutto questo. La comunicazione, come ogni abilità e competenza, può essere utilizzata per edificare il benessere delle persone o, al contrario, per distruggerlo.

Sei hai seguito il primo corso di questa Collana, dedicato all'Assertività, ti è già chiaro che il nostro scopo è accompagnarti lungo le strade dell'accrescimento del bene tuo e degli altri. Ci interessa favorire lo sviluppo di un benessere condiviso, che dia benefici sia a te che alle persone che incontri. Siamo in un contesto sociale e culturale che ripropone con crescente violenza l'idea che la nostra felicità sia in conflitto con quella degli altri…

e che l'unica soluzione sia, come dicevano nel medioevo: «*mors tua, vita mea*» (letteralmente: *la tua morte – è – la mia vita*) cioè «sopravvivere io, facendo morire te».

Anche se viviamo in un'epoca in cui in gran parte del mondo – grazie a Dio! – la gente non si ammazza per strada, assistiamo alla diffusa tendenza a vivere la relazione con gli altri in base al proprio egoistico tornaconto. Se una certa persona ci è utile, la usiamo. Se ci è di peso, la eliminiamo dalla nostra vita.

Occorre imparare a riconoscere che entrambe le soluzioni, oltre ad affliggere gli altri, non aiutano noi a stare meglio. Non rispettando la dignità e il bene delle persone che incontriamo anche la dignità e il bene nostri si perdono. Come diceva Emmanuel Mounier:[19] «Esistiamo solo verso l'altro». Cioè, non c'è essere umano più solo e povero di colui che non riesce ad "incontrare veramente" le persone.

Ci interessa contribuire al tuo sviluppo personale, potenziando la capacità di rispettare e dare valore a te stesso e agli altri, a dare spazio e importanza ai tuoi pensieri ed emozioni e ai pensieri ed emozioni degli altri. Lo scopo di questo viaggio… come ben emerge dal titolo del primo corso… è, dunque, accompagnarti verso la felicità, tua e delle persone che incontri.

Comunicazione assertiva, autentica ed efficace

La strada che ti proponiamo in questo corso è quella dello sviluppo di una comunicazione assertiva, autentica ed efficace. Come vedremo nelle prossime lezioni, la relazione che

---

[19] Emmanuel Mounier (1905 – 1950), filosofo e scritto francese, fondatore del personalismo comunitario.

instauriamo con le persone non dipende solo da quello che diciamo ma anche:

- dal "come" lo diciamo, il che rende la nostra comunicazione **efficace o inefficace**;
- dalla coerenza tra ciò che comunichiamo e i nostri pensieri ed emozioni, il che la rende **autentica o ipocrita**;
- da cosa pensiamo e sentiamo verso l'altro, il che determina e rende la comunicazione **assertiva, passiva o aggressiva**.

In questo corso parleremo soprattutto del "come" comunichiamo. Si tratta del *linguaggio del corpo*, composto da *comunicazione non verbale* e *para-verbale*. Ci riferiamo a quell'ampia platea di messaggi che il nostro volto, il tono di voce, i movimenti, la postura, etc. trasmettono agli altri.

Si tratta di una variegata serie di canali comunicativi, in parte volontari e in parte inconsci, sui quali concentreremo le energie affinché tu divenga sempre più abile nel favorirne l'armonica integrazione con le tue parole, i tuoi pensieri e i tuoi sentimenti.

Il perno del percorso è dunque: «fare in modo che tu avanzi nella capacità di attivare una **comunicazione assertiva,** cioè basata sul rispetto di te stesso e degli altri, **autentica**, cioè caratterizzata da una piena coerenza tra quel che pensi e senti e quel che comunichi con le parole e il corpo, ed **efficace**, cioè caratterizzata dalla capacità di far arrivare correttamente al tuo interlocutore ciò che intendi comunicargli». Questo permetterà all'altro di comprendere correttamente e completamente ciò che gli stai trasmettendo, a beneficio tuo e suo.

Analogamente desideriamo: «accompagnarti nella capacità di capire in modo corretto e profondo ciò che gli altri comunicano a te con le loro parole e il loro corpo, recependo senza fraintendimenti i loro pensieri e le loro emozioni».

Da una adeguata capacità di espressione e di ascolto scaturiranno, man mano, relazioni sempre più solide e trasparenti. Il frutto positivo di una comunicazione autentica è lo sviluppo di **relazioni autentiche**.

Novanta minuti per viaggiare insieme

Per procedere occorre fare un patto: noi ci impegniamo, in questo corso, ad indicarti la strada, a segnalarti le curve, le aree di sosta, gli incroci, il traguardo. Abbiamo preparato undici lezioni contenenti le principali indicazioni per apprendere le tecniche, gli strumenti e i metodi della comunicazione del corpo. È importante che tu abbia chiaro che questo non è un semplice libro da leggere.

Si tratta di un percorso intensivo che intreccia gli approfondimenti con numerosi esercizi concreti. Per facilitarti abbiamo sintetizzato i contenuti teorici in modo che fossero sufficienti novanta minuti per apprenderli tutti. Non è stato semplice perché gli argomenti sono vasti e i punti da affrontare molto numerosi.

Cosa ti chiediamo in cambio? Che tu metta in campo tutte le tue energie, sia emotive che razionali. Sì, hai capito bene, tutte le tue energie. Tutte! Non importa se sono tante o poche. L'essenziale è che siano tutte. Perché soltanto se sono tutte, saranno sufficienti.

Qualunque cambiamento in meglio richiede un impegno pieno, completo. L'esperienza di tanti ha ampiamente dimostrato che, se si inizia con distrazione, se ci si impegna al 50% e in modo incostante, non si avanza. Dopo un po' si rinuncia al viaggio, casomai accampando scuse e giustificazioni varie. O, peggio, giudicando negativamente il nostro corso.

La strada che ti proponiamo è una via certa, già percorsa con successo da tanti. Anch'io e Serena ci siamo da tempo incamminati sui medesimi passi e ne abbiamo tratto un grande giovamento. Anzi, ti dirò di più, io, per formazione e carattere, sono partito molto svantaggiato. Fino all'età di vent'anni non avevo affatto compreso che si comunica oltre e al di là di quello che si dice con le parole. E questo ha causato molti dispiaceri a me e agli altri. Fraintendimenti dagli effetti deflagranti, anche con parenti e amici cari. Spesso, accadeva che le persone mi attribuissero intenzioni non corrispondenti a quelle reali.

Varie volte sono stato "processato" per alcune mie parole o frasi che non avevano il significato negativo che era stato loro assegnato. Una volta, dopo aver comunicato ad un caro amico la mia piena disponibilità ad ospitarlo per alcuni giorni a casa, ho con amarezza scoperto da altri che c'era rimasto male per la mancanza di accoglienza che avevo manifestato nei suoi confronti. Ma come? Eppure le mie parole erano state chiare e sincere. Ho compreso, poi, che aveva mal interpretato il mio non verbale… infatti durante il colloquio avevo tenuto costantemente le braccia incrociate (per motivi di comodità) e lui aveva inteso quella mia postura come segnale di fastidio. Episodi analoghi ce ne sono stati numerosi.

La formazione delle competenze comunicative è di fondamentale importanza per il sereno e positivo sviluppo della propria vita sociale. Eppure raramente a scuola o in famiglia riceviamo le indicazioni necessarie. Spesso manca addirittura l'ABC.

Come altri, ho intrapreso un lungo percorso di auto-formazione, di approfondimento e confronto, che mi ha portato a fare molti passi in avanti. Oggi, che mi ritrovo ad insegnare all'Università materie di Servizio sociale, ho inserito nei programmi che propongo agli studenti uno specifico approfondimento sulle competenze comunicative. E vedo tanti frutti germogliare!

Indicazioni pratiche

Un'ultima premessa, prima di iniziare il viaggio: le indicazioni pratiche. Innanzitutto, devi scegliere come approcciare il corso. Per la parte teorica ci sono essenzialmente due modi: "tutto d'un fiato" o "una lezione alla volta". Valuta tu e scegli la modalità che preferisci, anche in base al tempo che hai a disposizione. Se lo affronti tutto d'un fiato, ovviamente, inizierai a fare gli esercizi, dopo aver completato la lettura. Se, invece, approfondirai una lezione per volta, sarà bene svolgere man mano i relativi esercizi.

Da quanto abbiamo potuto osservare, i maggiori frutti li hanno raccolti le persone che hanno abbinato le due modalità. Hanno, cioè, prima letto per intero tutta la teoria e poi, nei giorni successivi, si sono dedicati alla rilettura di una lezione per volta e allo svolgimento degli esercizi. Ad ogni modo valuta tu, in base alla tua sensibilità.

In merito agli esercizi, quel che ti suggeriamo è di non saltare avanti e indietro. Affronta prima gli esercizi di una lezione e poi quelli della lezione successiva. Così farai un vero percorso. Alcuni esercizi sono di auto-riflessione o auto-addestramento, quindi li potrai fare subito. Altri richiedono di accordarti con un tuo caro (un amico, un parente...). Svolgili quanto prima. Sono proprio questi esercizi con altre persone a contribuire maggiormente al cambiamento che desideri.

Ti suggeriamo di dotarti di un block-notes. Utilizza sempre lo stesso, durante tutto il viaggio. Ti sarà utile per fissare i pensieri e annotare le scoperte. Le persone più motivate, a distanza di qualche mese, riapprofondiscono alcuni passi per consolidarli o riesplorarli ulteriormente. In questo ti sarà utile riprendere il block-notes iniziale. Così facendo, potrai avere sempre a disposizione i tuoi appunti... e sarà sorprendente vedere quanta strada avrai fatto!

Bene, ci siamo detti tutto e siamo pronti ad iniziare. Non ci resta che augurarti buon viaggio, alla scoperta del linguaggio del corpo!

Lezione 2

L'IMPORTANZA DEL NON VERBALE

Senza parole...

Si dice che l'*abito non faccia il monaco* e che l'*apparenza inganni*. Sono proverbi popolari che tutti conosciamo. Eppure, agli abiti e alle apparenze diamo tantissima attenzione, anche involontariamente.

Non è raro, infatti, che, pur senza conoscere bene una persona, giungiamo a fare supposizioni mirate su vari aspetti della sua vita. Spesso iniziamo a "giudicare" le persone ancora prima di parlarci, anche se non le conosciamo affatto.

Immaginiamo di trovarci per strada, magari alla fermata dell'autobus, accanto ad un uomo, mai visto prima, che aspetta come noi. L'autobus tarda di qualche minuto e iniziamo a fantasticare sul perfetto sconosciuto.

La sua espressione, la sua pelle poco o molto curata, il suo soprabito perfetto o sgualcito, influenzano il nostro pensiero e le nostre "fantasie" su di lui. Siamo spontaneamente portati ad ipotizzare il suo lavoro, se è sposato o single, se è in pace o arrabbiato con il mondo, etc. Eppure non gli abbiamo mai parlato e non lo conosciamo.

Vari studi dimostrano che nella nostra mente esistono innumerevoli meccanismi psichici spontanei, collegati all'istinto di sopravvivenza, che tentano di prevedere le situazioni, per evitare pericoli e favorire circostanze positive. Il criterio utilizzato dal cervello è quello che gli esperti chiamano "giudizio analogico". Consiste nel confrontare le situazioni nuove con quelle vissute in precedenza, attribuendo lo stesso valore, lo stesso giudizio, a ciò che si assomiglia.

Si tratta di una tendenza automatica della mente umana che valuta le persone e le situazioni sulla base della loro somiglianza a persone e situazioni precedenti. Se tra le persone da noi incontrate fino ad oggi, la maggior parte di quelli con il soprabito sgualcito erano dei single, saremo inconsapevolmente portati a fare supposizioni sulla situazione sentimentale dello sconosciuto in base allo stato del suo soprabito.

Uno degli ambiti nei quali maggiormente si evidenzia questa innata propensione "analogica" della mente è quello della comunicazione e del linguaggio. A seconda di come le persone sorridono, si muovono, gesticolano... a seconda di qual è il loro tono di voce, la velocità delle parole, l'espressione del loro volto... siamo inconsciamente portati ad attribuire un significato, a recepire un messaggio che sarà simile al significato che avevano i medesimi gesti, toni, movimenti nelle situazioni vissute in precedenza.

Un gran chiacchierone

Tutto questo è riassumibile con la dicitura: *"linguaggio del corpo"*. Si tratta, a ben vedere, della principale e più intensa forma di comunicazione. Da un famoso studio del 1967, realizzato da Albert Mehrabian[20], è emerso che soltanto il 7% della comunicazione avviene attraverso il canale verbale, cioè con le parole. Il restante 93% dei messaggi che ci arrivano è di tipo analogico, cioè, come abbiamo detto, si basa sull'interpretazione spontanea che il nostro cervello fa, confrontando la comunicazione in corso con quelle vissute in precedenza.

Gli studi di Mehrabian hanno evidenziato che questa enorme massa di messaggi è composta per il 38% dalla comunicazione para-verbale (tono, volume e velocità della voce) e per il 55% dalla comunicazione non verbale (posizione del corpo, movimenti, espressioni del volto, etc.).

Ovviamente, in una conversazione telefonica le parole conteranno molto più dei gesti ma, in situazioni ordinarie, di comunicazione *faccia a faccia*, quel che prevale di gran lunga è il linguaggio corporeo. Non è un caso che, nelle chat di messagistica scritta, proliferi l'abbondante presenza degli *emoticon* (le faccine sorridenti, arrabbiate, tristi…). Come esseri umani abbiamo l'innato bisogno di esprimerci oltre le parole.

Se, come abbiamo detto, si comunica con tutto il corpo, occorre allora fare molta attenzione! Perché il corpo è un gran chiacchierone: ogni gesto contiene in sé una serie di significati che possono rafforzare quanto esprimiamo a parole o che, al contrario, possono contraddirlo. Come pure potrebbero emergere

---

[20] Albert Meharabian (1938) è uno psicologo statunitense, di origine armena, docente presso l'Università della California, noto per i suoi studi sulla comunicazione "faccia a faccia".

aspetti del nostro pensiero e delle nostre emozioni che preferiremmo non comunicare.

Dai movimenti del nostro volto, delle nostre mani... addirittura dalla posizione dei piedi, sarà possibile comprendere se stiamo dicendo la verità o stiamo costruendo castelli di bugie (in una delle lezioni approfondiremo come cogliere i "segnali non verbali di menzogna"), se siamo in difficoltà, infastiditi o emotivamente coinvolti.

Imparare a cogliere i segnali non verbali

Nella cultura razionalista e tecnologica odierna, siamo spinti a sovradimensionare l'importanza di ciò che si comunica con le parole. La scelta di un linguaggio verbale chiaro e positivo è di assoluta importanza ma, come stiamo vedendo, non è sufficiente per una buona comunicazione.

Molti di noi sono abituati a dare molta attenzione al linguaggio verbale, nonostante sia la parte meno importante per capire ciò che l'altro ci sta comunicando. Soprattutto gli uomini, per la struttura cerebrale più centrata su ciò che si vede e tocca e per una diffusa influenza culturale, tendono ad ascoltare poco il non verbale, sottovalutando e trascurando i messaggi del corpo.

Chi ha seguito il primo corso di questa Collana, sa che sono sposato da venticinque anni. Con mia moglie Carmela ho un legame fortissimo... condividiamo l'avventura dell'essere genitori (abbiamo cinque figli, di cui quattro "prodotti in casa" e uno "incontrato lungo il viaggio")[21] e la scelta di essere "famiglia

---

[21] Quattro sono figli biologici. Il quinto – una bellissima ragazza di vent'anni – è in affido nella nostra famiglia da quando ne aveva otto. Ha

aperta" (viviamo da alcuni anni in una Casa Famiglia dove accogliamo bambini e ragazzi con deprivazioni familiari). Condividiamo anche molte passioni, interessi, vita spirituale, impegni... eppure, quando al termine di una intensa giornata le chiedo «Come stai?», se lei risponde «Bene!» sento dentro di me una spinta involontaria a prendere per buona la sua risposta, anche quando ha il volto visibilmente affaticato.

È come se il mio inconscio dicesse: «se ha detto che sta bene, vuol dire che sta bene!». Si tratta di una dinamica mentale quasi automatica, di cui mi sono reso conto già dai primi anni di fidanzamento, e che man mano ho imparato a contenere, impegnandomi a dare maggiore attenzione a tutti i segnali corporei che mi vengono trasmessi.

Anche se una parte della competenza comunicativa delle persone è innata, è possibile potenziarla, apprendendo e allenando le abilità che ci aiutano ad attribuire la giusta attenzione agli aspetti non verbali. Possiamo addestrare l'attenzione. Leggere libri e seguire corsi di formazione aiuta a diventare più pronti alla comprensione. Cimentarsi con attenzione nelle mille vicende della vita quotidiana è la principale palestra.

È evidente che una buona comunicazione richiede l'impegno a concentrarci sull'interlocutore, non lasciandoci distrarre da fattori esterni e osservando ogni minima parte del suo corpo, dal viso ai piedi. Il tutto, ovviamente, non dimenticando di dare attenzione all'aspetto verbale, cioè alle parole. In questo modo potremo arrivare a comprendere finanche l'80% di quanto ci viene comunicato.

---

la sua mamma, che visita nei fine settimana, mentre negli altri giorni vive con noi. Anche se non ha il nostro cognome, è a tutti gli effetti parte integrante della famiglia.

Detto questo, ricordiamoci che, nella maggior parte delle culture, le regole sociali della comunicazione non ammettono un'assenza prolungata di sguardi con l'altro. Osservare troppo a lungo i piedi e le mani, piuttosto che il volto, potrebbe essere considerato come una mancanza di considerazione, generando spiacevoli malintesi. Per ovviare a questo problema, diversi studi consigliano di allenarci per tempo, imparando ad osservare innanzitutto i nostri comportamenti non verbali.

Le due regole d'oro

Per una corretta comprensione del linguaggio non verbale è importante rispettare alcune regole di base. La prima regola è che «un indizio non fa una prova». Non è cioè sufficiente individuare un unico segnale per effettuare una interpretazione adeguata. Anzi, c'è il rischio di incappare in errori clamorosi. Il linguaggio del corpo non è specifico come quello verbale.

Molti gesti e movimenti sono riconducibili a più significati. In taluni casi, inoltre, possono essere determinati da fattori di altro tipo. Se fa freddo, una persona tenderà ad incrociare le braccia non perché è irritata ma perché sta provando a riscaldarsi. Occorre quindi sempre riflettere sui possibili fattori "non comunicativi" che possono influenzare la gestualità delle persone.

Ricordo un episodio particolare, di alcuni anni fa. Un collega mi chiese perché il giorno prima ero stato molto teso e cosa mi avesse infastidito. Poiché quella giornata era trascorsa serena, domandai in cosa mi avesse notato appesantito. La risposta fu che avevo più volte toccato il mio naso. Disse: «quando una persona fa così, significa che è agitata!».

Quel giorno effettivamente avevo più volte avvicinato la mano al naso, ma perché le mie narici s'erano leggermente irritate a causa della polvere. Insomma, nulla di ché. Fermarsi ad un unico indizio è la premessa per *prendere molti granchi*!

La seconda regola d'oro è che la comprensione del non verbale diviene tanto più fedele quanto più è confermata da differenti tipologie di segnale. Se la persona con le braccia incrociate, ha anche uno sguardo teso, un tono di voce alterato e muove ripetutamente una gamba è molto probabile che stia effettivamente vivendo un'emozione negativa, di nervosismo o di rabbia.

Vantaggi e rischi nell'ascolto del linguaggio del corpo

Saper riconoscere i segnali del corpo rappresenta un grande punto di forza nella vita di ciascuno. A livello professionale, pensiamo a quante persone lavorano a contatto con il pubblico: alle commesse, ai commercianti, agli insegnati, a coloro che operano nel comparto sociale e sanitario (medici, infermieri, psicologi, assistenti sociali...). In questi ambiti è di grande importanza sapere partire dalle richieste inespresse, che emergono attraverso il linguaggio del corpo.

Non è da sottovalutare, poi, l'aspetto più personale e familiare. Riconoscere e attribuire i giusti significati ai segnali non verbali si rivela importantissimo nella gestione delle relazioni di coppia e in quelle tra genitori e figli. Imparare a fare attenzione e a leggere correttamente il linguaggio del corpo dell'altro è, dunque, un'abilità importante che può consentirci di vivere meglio, rafforzando le relazioni e allietando la nostra quotidianità.

Occorrerà, ovviamente, stare attenti a non scivolare nel rischio di assumere atteggiamenti indagatori, simil-polizieschi. Non si tratta di "smascherare" i segreti degli altri, né siamo in un romanzo giallo in cui bisogna scovare inganni e sotterfugi. E, nemmeno, dobbiamo improvvisarci in una sorta di psicologismo d'assalto, come se d'improvviso fossimo tutti diventati psicanalisti esperti. L'invito a sviluppare le competenze comunicative non verbali va inteso per quello che è: un importante supporto per comprendere e farsi comprendere meglio dagli altri, a favore di relazioni più profonde, autentiche e sane.

Esercizio 1 – Occhio al corpo (1° step)

Il primo esercizio che ti proponiamo ha lo stesso titolo dell'intero corso: «Occhio al corpo!». Consiste nell'iniziare ad allenarti nell'osservazione dei segnali non verbali comunicati dalle persone. Si tratta di un esercizio "ricorrente", che ti riproporremo al termine di ciascuna delle lezioni dedicate all'alfabeto non verbale (si tratta di quattro lezioni, dalla n° 3 alla n° 6). Ad ogni lezione ti chiederemo di aggiungere un punto di osservazione ulteriore. In questo 1° step, l'esercizio consiste nell'analizzare la comunicazione non verbale presente in un film di buona qualità o in un documentario o in qualunque altro video nel quale sia presente un dialogo, reale o realistico, tra due o più persone . È importante che tu abbia la possibilità di rivederlo anche successivamente quindi scegli materiale a cui puoi facilmente ri-accedere. Non occorre che analizzi tutto il video. Basta individuare i dialoghi, per una durata complessiva di almeno 15 minuti. Visionali con attenzione, a velocità normale, e segna su un block-notes i segnali non verbali e para-verbali che individui. Completato il compito, rimanda indietro il video e rivedilo a velocità rallentata, per scorgere ulteriori elementi sfuggiti al primo sguardo. Annota anche questi sul block-notes.

Esercizio n° 2 – Autoritratto delle tue espressioni facciali

Un noto studioso, Paul Ekman, di cui parleremo anche nella nona lezione, ha individuato sette espressioni facciali universali. Si tratta di modalità comunicative innate che non cambiano da persona a persona, né tra diversi paesi e culture. Le espressioni sono abbinate alle seguenti sette emozioni: rabbia, paura, tristezza, gioia, sorpresa, disgusto, disprezzo. L'esercizio si svolge in tre passi:

1° passo: posizionati davanti ad uno specchio e prova a riprodurre la tua espressione per ciascuna delle 7 emozioni. Man mano, fotografa ciascuna espressione. È importante che, nel farlo, tu sia spontaneo, cioè che prendere spunto dal web o da altre fonti.

2° passo: dopo aver scattato le 7 foto, cerca sul web le immagini corrispondenti alle espressioni facciali universali e confrontale con le tue, individuando le somiglianze e le differenze. Assicurati di individuare immagini di espressioni facciali corrette.

3° passo: se dal confronto emergono delle differenze, torna allo specchio e prova ad imitare le espressioni trovate sul web.

Esercizio n° 3 – Test di auto-valutazione delle competenze comunicative non verbali

Cerchia un valore da 0 a 10 per ciascuna delle seguenti frasi, dove "10" indica il pieno possesso da parte tua delle competenze comunicative non verbali descritte nella frase e "0" ne indica la totale assenza.

1. Ho chiaro che, quando parlo di argomenti delicati con le persone a me care (familiari, amici stretti), la comunicazione può essere favorita dallo stare fisicamente vicini

$$[0 - 1 - 2 - 3 - 4 - 5 - 6 - 7 - 8 - 9 - 10]$$

2. Quando osservo il viso di una persona, riesco facilmente a comprendere le sue emozioni, anche quando cerca di nasconderle   [0 – 1 – 2 – 3 – 4 – 5 – 6 – 7 – 8 – 9 – 10]

3. Quando parlo con una persona, tendo ad alternare con buon equilibrio i momenti in cui la fisso negli occhi e quelli nei quali distolgo lo sguardo   [0 – 1 – 2 – 3 – 4 – 5 – 6 – 7 – 8 – 9 – 10]

4. Durante un esame o un colloquio, gesticolo in modo moderato, evitando sia movimenti eccessivi che il completo immobilismo
[0 – 1 – 2 – 3 – 4 – 5 – 6 – 7 – 8 – 9 – 10]

5. Ho consapevolezza del modo differente in cui il mio volto esprime un sorriso di circostanza (sorriso falso) e un sorriso sincero   [0 – 1 – 2 – 3 – 4 – 5 – 6 – 7 – 8 – 9 – 10]

6. Ho presente che, quando le persone durante un dialogo si toccano o grattano il naso, è un probabile segno di disagio, rifiuto o fastidio   [0 – 1 – 2 – 3 – 4 – 5 – 6 – 7 – 8 – 9 – 10]

7. Ho chiaro che, quando parlo con una persona, è importante non tenere le braccia incrociate per non trasmettergli chiusura o nervosismo   [0 – 1 – 2 – 3 – 4 – 5 – 6 – 7 – 8 – 9 – 10]

8. Quando intendo trasmettere alle persone la mia sincera e onesta apertura nei loro confronti, accompagno le parole mostrando le mani con i palmi aperti verso di loro
[0 – 1 – 2 – 3 – 4 – 5 – 6 – 7 – 8 – 9 – 10]

9. Ho chiaro che, quando parlo con una persona stando seduto, è bene mostrarle interesse orientando verso di lei le ginocchia e i piedi   [0 – 1 – 2 – 3 – 4 – 5 – 6 – 7 – 8 – 9 – 10]

10. Parlo in pubblico con naturalezza e disinvoltura, riuscendo a connettermi empaticamente con la platea
[0 – 1 – 2 – 3 – 4 – 5 – 6 – 7 – 8 – 9 – 10]

Calcolo e spiegazione del risultato: *Calcola il totale sommando i valori che hai cerchiato in ciascuna delle dieci frasi. Se la somma è compresa tra 0 e 19, hai livelli molto bassi di competenza comunicativa non verbale; se è compresa tra 20 e 39, hai livelli bassi di competenza comunicativa non verbale; se è compresa tra 40 e 59, hai livelli medi di competenza comunicativa non verbale; se è compresa tra 60 e 79, hai livelli alti di competenza comunicativa non verbale; se è compresa tra 80 e 100, hai livelli molto alti di competenza comunicativa non verbale.*

Lezione 3

L'alfabeto non verbale
LA PROSSEMICA

Analfabeti non verbali

Nei capitoli precedenti abbiamo visto che, se desideriamo avere con gli altri una comunicazione autentica ed efficace, dobbiamo fare attenzione sia alle parole che al linguaggio non verbale. Ma quanti conoscono il vocabolario e l'alfabeto del corpo?

Oggi, i tassi di scolarizzazione di molti Paesi del mondo, soprattutto nell'Occidente e nelle economie emergenti, hanno raggiunto livelli elevatissimi, mai riscontrati nel passato. Basta pensare che in Europa la quota di persone tra i 25 e i 40 anni in possesso di un titolo di laurea o di un diploma di istruzione superiore è di circa l'80% della popolazione.

Eppure, a fronte di questa diffusa capacità di *"leggere, scrivere e far di conto"*, si registra un dilagante analfabetismo non verbale. Per "sanare" questo deficit proviamo di seguito ad elencare le principali componenti del linguaggio del corpo.

Non si tratta di una lista completa. Per esaurire il tema occorrerebbe scrivere un manuale di centinaia e centinaia di pagine. Né, come vedremo nelle lezioni successive, si tratta sempre di significati universalmente condivisi o che hanno la stessa interpretazione in tutti i contesti.

Tuttavia, per procedere in modo chiaro e fruttuoso, è utile partire da un'elencazione dettagliata che esplori distintamente i seguenti capitoli: la prossemica, cioè l'uso delle distanze tra le persone; la cinesica, cioè i gesti che accompagnano le parole; le espressioni del volto; le espressioni del corpo, come la postura e i movimenti di braccia e mani, gambe e piedi.

La prossemica

La prossemica è quella parte della comunicazione non verbale che dipende dal numero di centimetri di distanza tra le persone che stanno comunicando. Dipende anche dalla dinamica di tale distanza, cioè se è stabile, se è in aumento o se sta diminuendo. Segnali non verbali possono essere anche l'allontanamento o l'avvicinamento tra colui che parla e colui che ascolta.

Nel linguaggio del corpo la distanza fisica è indicativa della distanza relazionale. La conoscenza della prossemica assume un'importanza pari, se non superiore, a quella della parola. Immaginiamo di comunicare con qualcuno che non conosciamo bene. Se, mentre parliamo, ci avviciniamo troppo e, magari, lo tocchiamo, evidentemente l'interlocutore presterà scarsa attenzione a quello che diremo perché sorpreso e infastidito dal nostro atteggiamento.

Wikipedia definisce la prossemica come «la disciplina che studia lo spazio e le distanze all'interno di una comunicazione». Si tratta di una definizione coniata da Edward Hall[22], studioso dell'uso che le persone fanno dello spazio sociale e personale. Hall spiega la prossemica in modo molto efficace, ricorrendo alla metafora della *bolla*, consistente nello spazio vitale (detto anche spazio prossemico) attraverso cui l'uomo vive le sue relazioni sociali e in cui non tutti possono accedere.

Hall ci aiuta a comprende che la distanza varia di volta in volta, a seconda del contesto e della qualità dei rapporti. La distanza tra due persone diminuirà se sono amici o familiari. Al contrario, la bolla prossemica aumenterà se ci si trova in ufficio o se si interagisce con persone appena conosciute.

Dunque, a seconda dello spazio che decideremo di adottare, manderemo, anche a livello inconscio, precisi messaggi non verbali agli altri. Per maggiore chiarezza è utile precisare che dagli studi di Hall emergono quattro tipologie di distanze tra le persone: distanza intima (0 – 45 cm); distanza personale (45 – 120 cm); distanza sociale (120 – 300 cm); Distanza pubblica (oltre 300 cm).

La **distanza intima** è una riservata ai rapporti stretti. Pensiamo ad una coppia o alla relazione genitore/figlio. Si tratta di un rapporto affettivamente caldo che si ha solo con i familiari e, a volte, con alcuni amici molto cari. All'esterno di questa

---

[22] Edward Hall (1914 – 2009), antropologo statunitense, autore del famoso libro "*The Silent Language*".

ristretta cerchia, chiunque vi acceda risulta invadente o, peggio, aggressivo.

Questa dinamica è ben descritta nel cortometraggio *"The Butterfly Circus"*[23], girato nel 2009 da Joshua Weigel. In una delle prime scene, si assiste all'incontro tra i due protagonisti: Mr. Mendez, direttore del Circo della Farfalla, e Will, un giovane privo degli arti a causa di una malformazione congenita.

Ebbene, in questa scena, Mr. Mendez, stranamente affascinato dalla disabilità di Will, pur non conoscendolo, si avvicina a pochi centimetri dal giovane e gli dice che è magnifico. Will, dopo un attimo di esitazione, gli sputa in faccia, perché Mr. Mendez, pur essendo un estraneo, ha violato la soglia della distanza intima. La gente presente inizia ad inveire contro Will ma, Mr. Mendez, risponde: «Tutto OK. È colpa mia! Mi sono avvicinato troppo». Ha capito di aver compiuto un errore prossemico.

La bolla intima, come abbiamo detto sopra, è ampia fino a 45 cm di raggio. Corrisponde allo spazio che si estende fino al punto raggiunto dal nostro avambraccio allungato, tenendo il gomito a contatto con il busto. A questa distanza è possibile avvertire finanche l'odore e il calore dell'altro.

La **distanza personale** è propria delle relazioni tra amici e colleghi, con i quali non si ha una forte relazione di stima e confidenza. A questa distanza, che si estende fino al punto in cui arriva il nostro braccio completamente teso, ci si può toccare ma non come nella bolla intima.

---

[23] Ti invitiamo caldamente a vedere il cortometraggio di The Butterfly Circus, disponibile gratuitamente su numerose piattaforme video, tra le quali anche YouTube.

La **distanza sociale** è quella che caratterizza le relazioni formali e impersonali, all'interno delle quali non ci si intrattiene partendo dalla propria vita ma si mantengono contatti di lavoro o consulenza. Si tratta della distanza utilizzata nella comunicazione con gli estranei. La sua dimensione è pari al doppio di quella personale.

La **distanza pubblica**, infine, è quella adottata nelle situazioni in cui non si interagisce con le singole persone, ma con una platea. Pensiamo ai convegni o al teatro.

La distanza prossemica viene influenzata da diversi fattori. Lo status sociale, ad esempio: pensiamo ai superiori gerarchici in ambito militare che, non di rado, si ritengono in diritto di violare la distanza intima dei propri subordinati.

A tutti è facile richiamare alla mente le immagini di qualche film nel quale un caporale (cioè un militare con il più piccolo grado gerarchico) grida ad alta voce a pochi centimetri dalla faccia di un soldato semplice: «Soldatooo! Attentiii!». Altri fattori influenzanti possono essere il sesso, l'etnia, lo stato d'animo, la storia personale, il temperamento, etc.

Faccia a faccia, di lato o ad angolo?

Un altro aspetto connesso alla prossemica è quello delle "angolature" o, come dicono alcuni studiosi, dell'*orientazione*. Ad esempio, quando due persone si trovano ad una distanza inferiore a quella gradita, possono "superare l'imbarazzo" modificando l'angolatura, cioè evitando di stare "faccia a faccia", ponendosi l'uno di lato o ad angolo dell'altro o, addirittura, di spalle, come spesso avviene in ascensore, nei bus affollati, etc.

A volte, nei casi in cui la calca impedisce l'angolatura dei corpi, ci si "rifugia" ruotando il capo, in alto, in basso, di lato… facendo il possibile per non incrociare lo sguardo del vicino. Sulla gestione delle angolature il sesso incide modificando la percezione prossemica: una donna, in genere, gradisce maggiormente un avvicinamento frontale rispetto a quello laterale preferito dagli uomini.

Esercizio 4 – Occhio al corpo (2° step)

Riprendi il video e la pagina del block-notes dell'Esercizio 1. Verifica se avevi appuntato gli aspetti prossemici dei dialoghi analizzati e sottolineali. Quindi, trascrivili in una nuova pagina, dedicata all'Esercizio 3. Fatto ciò, rivedi il video e presta attenzione: 1) al rispetto o alla violazione delle distanze; 2) alle eventuali orientazioni ad angolo. Annota le nuove osservazioni nel block-notes.

Esercizio 5 – Analisi delle bolle vitali

Scegli una giornata qualunque è impegnati ad osservare le distanze mantenute dalle persone a seconda della qualità delle relazioni. Verifica se trovi corrispondenza con le distanze individuate da Edward Hall: Distanza intima (0 – 45 cm); Distanza personale (45 – 120 cm); Distanza sociale (120 – 300 cm); Distanza pubblica (oltre 300 cm).

Lezione 4

L'alfabeto non verbale
LA CINESICA

I movimenti che accompagnano il discorso

Nella lezione precedente abbiamo iniziato ad esplorare l'alfabeto non verbale. Ci siamo soffermati sulla prossemica, cioè sul significato relazionale attribuito alla distanza tra le persone che, si distingue in quattro cerchi concentrici: distanza intima, accessibile a familiari e amici cari; distanza personale, a cui hanno accesso le altre persone con cui c'è confidenza (amici, colleghi...); distanza sociale, adatta al rapporto tra sconosciuti; distanza pubblica, tipica della comunicazione uno-molti che avviene in convegni e altri incontri tra un relatore e il pubblico.

Passiamo ora ad esplorare un secondo importante aspetto del linguaggio del corpo. Si tratta della "Cinesica". Ideata da Ray Birdwhistell[24] negli anni Cinquanta, è l'insieme dei gesti, delle

---

[24] Ray Birdwhistell (1918-1994) antropologo americano, padre della Cinesica.

espressioni facciali e dei movimenti che accompagnano un discorso. Sono, per lo più, movimenti involontari, legati all'emozione, che completano quanto diciamo. Ad esempio, nel mio caso, quando sono coinvolto in un dialogo intimo o personale, mi capita di gesticolare molto con le mani, quasi disegnando in aria quel che sto dicendo. Una volta alcuni amici me l'hanno fatto notare, ripetendo – senza esagerare – i movimenti che avevo appena effettuato: di alcuni non mi ero reso conto e, complessivamente, pensavo di aver gesticolato molto meno.

Serena mi ha raccontato di recente che, quando andava all'Università, era nota per l'intensità dei movimenti delle mani che attivava durante gli esami. Mi ha spiegato che in quei gesti era espressa la volontà di trasmettere al professore la piena padronanza della materia. Gesticolare visibilmente indicava che non aveva svolto uno studio soltanto mnemonico e che era giunta ad una effettiva e profonda comprensione degli argomenti.

La quantità e il tipo di gesti cinesici varia da persona a persona, da situazione a situazione e vi sono numerosi fattori (età, sesso, cultura, etc.) che ne influenzano la presenza. Spesso si tratta di movimenti involontari. A tutti sarà capitato di vedere una persona che, senza accorgersene, gesticola mentre parla a telefono.

Non di rado i movimenti cinesici hanno l'effetto di contraddire quel che una persona sta dicendo. È tipico il caso di chi si trova impietrito su di un palco di fronte ad un ampio pubblico. Anche se accenna un sorriso ed esordisce con parole positive di saluto, la rigidità del corpo e del volto ne rivelano tutto il disagio.

I Cinque gruppi cinesici

Paul Ekman[25] ha classificato i segnali cinesici in cinque gruppi: emblemi; illustratori; affect-display; regolatori; adattatori.

Gli **emblemi** sono gesti che hanno un significato chiaro nel contesto nel quale ci si trova. Sono conosciuti, condivisi e concordati all'interno di un gruppo e possono sostituire le parole. Immaginiamo di trovarci in un ristorante rumoroso e di dover comunicare con una persona distante da noi che il cibo è buono. In questo caso l'emblema più conosciuto e diffuso è l'indice che ruota nella guancia.

Gli emblemi variano notevolmente a seconda delle culture e dei contesti. Ad esempio, il pollice alzato nei Paesi Occidentali equivale alla frase «Tutto bene!», mentre in Grecia, Iran e in alcune zone dell'Africa ha significati molto negativi. Vedremo meglio queste differenze in una delle prossime lezioni.

Gli emblemi sono spesso presenti nella comunicazione tra persone appartenenti a piccoli gruppi fortemente identitari: una squadra sportiva, una gang, un gruppo religioso, un'associazione di volontariato, etc.

---

[25] Paul Ekman (1934), psicologo statunitense noto per gli studi compiuti in vari luoghi del mondo sulle espressioni facciali. Ideatore della teoria neuro-culturale, che distingue tra espressioni di natura neurale (universali e innate, presenti in tutti gli esseri umani) ed espressioni di natura sociale (diverse a seconda della cultura in cui si vive). Insieme a Wallace V. Friesen ha ideato, nel 1978, il FACS (Facial Action Coding System) un sistema di codifica delle espressioni facciali.

Gli **illustratori** sono movimenti prodotti in maniera consapevole e intenzionale che hanno lo scopo di rendere visivo ciò che viene detto e pertanto sono contemporanei al discorso. Ne esistono di diverso tipo:

- le bacchette (movimenti delle braccia o delle mani che ritmano il tempo, sottolineando particolari parole o frasi);
- i movimenti ideografici (che indicano un punto del corpo di cui si sta parlando, ad esempio muovendo la mano sull'addome mentre si comunica di essere molto sazi);
- i movimenti deittici (che indicano qualcuno o qualcosa davanti a noi, come ad esempio il puntare il dito);
- i movimenti spaziali (che indicano lo spostamento di persone o cose, ad esempio urtando le due mani mentre si parla di un incidente tra veicoli);
- i movimenti cinetografici (che ripetono un gesto che si sta descrivendo, ad esempio l'incrociare le braccia intorno al proprio busto mentre si parla di un abbraccio intenso);
- i movimenti pittografici (che indicano il profilo di un oggetto o di una persona di cui si sta parlando, ad esempio ruotando le due mani avanti al proprio addome mentre si parla di una persona in dolce attesa).

Gli *affect-display* o **dimostratori di emozioni** sono tutti quei movimenti facciali e corporei collegati alle emozioni primarie che si provano in un dato momento e che possono rafforzare o contraddire quello che si sta dicendo a voce. Il viso comunica le emozioni quali rabbia (sopracciglia inclinate verso il basso e ravvicinate, occhi fissi e labbra tipicamente serrate), paura (sopracciglia sollevate e ravvicinate, occhi ben aperti, labbra tese all'indietro), tristezza (angoli interni delle sopracciglia sollevati, pelle sotto il sopracciglio che forma un triangolo, fronte lievemente corrugata, angoli della bocca piegati in giù), etc.

Anche il corpo, con i suoi movimenti, può produrre segnali dimostratori, ad esempio indicando l'intensità delle emozioni. Sono tipici l'alzarsi di scatto quando si è arrabbiati o il ripiegarsi su sé stessi quando si è tristi.

I **regolatori** sono azioni che ritmano i turni all'interno di una conversazione. Ad esempio, molto diffusa tra le persone è la tendenza a concludere il proprio intervento marcando con un cambio del tono di voce (più alto o più basso) l'ultima sillaba o l'ultima parola di una frase. Il cambio di tono dà il segnale agli ascoltatori che si è concluso e che tocca a loro dire la propria. Nella maggior parte dei casi vengono appresi in maniera del tutto involontaria e la loro ripetizione può essere inconscia.

La presenza dei regolatori permette alla conversazione di procedere in modo armonico. A tutti è capitato, almeno una volta, di parlare con persone che non utilizzano correttamente i regolatori. Alcuni inseriscono involontariamente i regolatori di fine discorso all'interno delle proprie frasi… l'esito è che coloro che ascoltano hanno di continuo l'impressione che la persona abbia concluso la frase, salvo poi, dopo qualche istante, scoprire con sorpresa che continua a parlare.

All'opposto, vi sono persone che "non prendono mai fiato", cioè sproloquiano senza sosta evitando di emettere i regolatori di fine frase, il che lascia ammutoliti e sopraffatti i malcapitati ascoltatori, che non riescono ad individuare il punto in cui agganciarsi per dire la propria senza interrompere l'altro.

Gli **adattatori** sono gesti, involontari e inconsci, che non hanno alcuna intenzione comunicativa. Sono gesti prodotti dalle persone per soddisfare bisogni psichici o fisici durante un contatto o per esprimere emozioni. Ci sono tre tipologie di adattatori: gli auto-adattatori, cioè movimenti prodotti sul proprio corpo (ad esempio il portare la mano alla testa in un momento di confusione, o alla bocca in caso di disgusto o di paura); gli etero-adattatori, cioè movimenti indirizzati verso altre persone (ad esempio il girare la testa di lato quando il vicino ci infastidisce); gli oggetto-adattatori che, come ci indica la parola, riguardano azioni prodotte su oggetti a portata di mano (come il collocare una penna in posizione esattamente perpendicolare o orizzontale al bordo della scrivania quando siamo coinvolti in una comunicazione sgradevole o il mordicchiare una matita quando siamo nervosi).

Esercizio 6 – Occhio al corpo (3° step)

Riprendi il video e la pagina del block-notes dell'Esercizio 1. Verifica se avevi appuntato gli aspetti cinesici dei dialoghi analizzati e sottolineali. Quindi, trascrivili in una nuova pagina, dedicata all'Esercizio 5. Fatto ciò, rivedi il video e presta attenzione a ciascuno dei cinque gruppi cinesici: emblemi; illustratori; affect-display; regolatori; adattatori. Per farlo in modo corretto, distingui nella pagina cinque liste, una per ciascun gruppo cinesico.

Esercizio 7 – La mia lista cinesica

Su una pagina del block-notes, scrivi "la mia lista cinesica". Quindi, svolgi il presente esercizio, mediante tre passi successivi: 1° passo: rileggi questo capitolo e, per ciascun gruppo cinesico, appunta i gesti che caratterizzano il tuo modo di comunicare.

2° passo: durante i tre giorni successivi, auto-osservati e, appena noti un altro gesto cinesico, aggiungilo alla lista nel gruppo corrispondente.

3° passo: terminata l'auto-osservazione, incontra un familiare o un amico che ti conosce bene e chiedigli di rileggere con te i contenuti di questo capitolo e la lista che hai appuntato. Il suo compito sarà quello di segnalarti eventuali ulteriori gesti che ti caratterizzano.

Lezione 5

L'alfabeto non verbale
IL VOLTO

Il volto

Abbiamo affrontato finora i due primi pilastri dell'alfabeto non verbale: la prossemica, cioè l'influenza delle distanze nella comunicazione tra le persone, e la cinesica, cioè quell'insieme di movimenti e gesti che accompagnano la comunicazione verbale. Proviamo ora a zoomare il linguaggio delle singole parti del corpo. Partiamo dal volto e dalle sue componenti: lo sguardo, la fronte, la bocca, il naso e ogni altra singola parte del viso trasmettono innumerevoli segnali non verbali. Conoscere le espressioni che il volto produce è di fondamentale importanza nella comprensione tra le persone.

Lo sguardo

La parte più espressiva del volto è certamente lo **sguardo**. Poiché controllare volontariamente i muscoli degli occhi non è facile, le espressioni prodotte dallo sguardo sono, in genere, molto attendibili ed esprimono la personalità, le emozioni e le intenzioni della persona in quel momento. Si dice che gli occhi siano «lo specchio dell'anima». Se siamo tristi, tutta la malinconia che proviamo trapelerà dal nostro sguardo. Se siamo felici, i nostri occhi brilleranno.

L'importanza comunicativa dello sguardo è davvero rilevante. Secondo alcuni studi due persone possono stabilire un contatto visivo anche a 30/40 metri di distanza. Si tratta di una importanza che aumenta ulteriormente quando altre parti del volto sono coperte come, ad esempio, con le mascherine durante la Pandemia.

Il significato dei segnali non verbali che gli occhi trasmettono, cambia a seconda del contesto in cui ci troviamo. Ecco un esempio classico che sottolinea bene questo aspetto: «Immaginiamo di essere in una riunione di lavoro.

Un nostro collega, mentre il capo parla, tiene gli occhi chiusi. Questo segnale indica, in genere, una sensazione di fastidio, antipatia, inquietudine. Ma se quegli stessi occhi chiusi si ripresentano in un ambiente intimo, magari sul divano con il proprio partner, stanno a significare: *mi fido di te*».

Vediamo velocemente alcuni dei principali segnali trasmessi con gli occhi: ruotarli, durante un dialogo o alla vista di una persona o di certe situazioni, può comunicare disprezzo o disaccordo; alzare gli occhi verso il cielo può indicare rassegnazione o frustrazione; la presenza di frequenti battiti palpebrali può indicare una situazione di stress, nervosismo, tensione; distogliere lo sguardo mentre si parla con una persona può indicare insicurezza o difficoltà di concentrazione; mantenere lo sguardo fisso durante un dialogo può indicare sicurezza, ma anche un atteggiamento di sfida o il tentativo di nascondere un disagio; se lo sguardo fisso è accompagnato dalla testa leggermente inclinata e dalla calma può, invece, indicare interesse e attenzione; fare l'occhiolino, indica complicità; sfregarsi gli occhi può segnalare turbamento, stupore, incredulità, oppure sonnolenza o noia.

Anche le sopracciglia esprimono le nostre emozioni, molto più di quello che pensiamo. Quando mettiamo in dubbio quello che ci viene detto, tendiamo a creare asimmetria con le sopracciglia, per cui ne avremo una che si inarca in alto e l'altra che rimane nella sua posizione. Un innalzamento di breve durata delle sopracciglia ha, in genere, il significato di un saluto amichevole. Se le sopracciglia restano sollevate più a lungo possono indicare emozioni come la sorpresa, la paura, la perplessità.

La bocca e le labbra

Dopo gli occhi, le parti più espressive del volto sono sicuramente la bocca e le labbra. Attraverso i loro movimenti comunichiamo stati d'animo di piacere, disaccordo, paura. Si tratta di una zona del corpo che possiamo muovere con intenzione ma che diviene poco controllabile nei casi in cui siamo assaliti da emozioni intense.

Mordersi le labbra può assumere vari significati: c'è chi lo fa quando è stressato e, dunque, lo utilizza come calmante; chi invece vi ricorre come mezzo di autocontrollo quando è arrabbiato; chi mordicchia le labbra quando vorrebbe dire qualcosa ma sa che non può; chi lo fa per esprimere un impulso sessuale.

Com'è noto a tutti, a seconda del verso in cui indirizziamo gli **angoli della bocca** (verso l'alto o verso il basso) stiamo segnalando un diverso stato emotivo. Con gli angoli rivolti verso l'alto, esprimiamo la gioia; verso il basso, indichiamo tristezza.

Il **sorriso**, in genere, manifesta l'apertura sincera verso una persona. Tuttavia, a seconda delle circostanze e della modalità espressiva, può assumere significati assai differenti. Ad esempio, quando facciamo il cosiddetto "sorriso falso", limitato alla bocca e senza alcun coinvolgimento degli occhi e degli altri muscoli della faccia, il messaggio che arriva all'altro è di non sincerità. Sorridere con una sola parte del viso, cioè in modo asimmetrico, può indicare ostilità o sarcasmo. Sorridere con i denti stretti è, in genere, indicativo di indifferenza, antipatia o rabbia. Sorridere con la bocca aperta spesso indica che ci si trova a proprio agio.

L'importanza del sorriso nella comunicazione è nota a tutti. Un sorriso positivo e sincero è uno dei più potenti facilitatori della relazione empatica tra le persone. Ce ne parla con grande chiarezza una delle più celebri frasi di Madre Teresa di Calcutta[26]: «un sorriso non costa nulla e rende molto. Arricchisce chi lo riceve, senza impoverire chi lo dona. Non dura che un istante, ma il suo ricordo è talora eterno».

Trovo molto efficace la vicenda, segnalatami da Serena, narrata da una puntata della prima stagione della serie televisiva *The Good Doctor*[27], nella quale una ragazza, a causa di un'atrofia dei nervi facciali che le paralizza il volto, decide di sottoporsi ad un delicato intervento chirurgico per riacquistare la capacità di sorridere. L'episodio sottolinea in modo molto efficace l'importanza del sorriso nella relazione tra le persone.

La bocca è sede di innumerevoli ulteriori messaggi non verbali. Ad esempio, quando si sporge il labbo inferiore, il messaggio che arriva è che "stiamo per piangere" perché siamo commossi, irritati o delusi. Il digrignare i denti, cioè il mostrarli serrati strofinando leggermente le due arcate, indica preoccupazione, ansia o paura. Tenere la lingua al centro della bocca, a volte anche arrotondandola, o spingerla verso il palato, come si fa quando mangiamo qualcosa di sgradevole, può indicare rifiuto.

---

[26] Madre Teresa di Calcutta (1910 – 1997), suora cattolica, albanese naturalizzata indiana, fondatrice della congregazione religiosa delle Missionarie della Carità, famosa nel mondo per la radicalità dell'impegno per i poveri. Vincitrice nel 1979 del Premio Nobel per la Pace.

[27] *The Good Doctor,* serie televisiva statunitense creata nel 2017 da David Shore, il cui protagonista è un giovane medico specializzando in chirurgia, affetto da autismo.

Il naso e la fronte

A mostrare segnali non verbali all'altro ci pensa anche il naso. Vari studi indicano che si tratta quasi sempre di segnali negativi che esprimono, in modo consapevole o no, un fastidio. Se una persona tocca o **muove il naso**, è bene iniziare a preoccuparsi. Arricciandolo su entrambi i lati, comunichiamo all'altro disaccordo o rabbia. Quando il naso si arriccia, esprimiamo disgusto per qualcosa. Se muoviamo la base del naso, come se volessimo pulirlo, segnaliamo fastidio e insofferenza.

Anche il **toccarsi il naso** lancia messaggi non verbali negativi. Ad esempio, sfregare con il dorso della mano la parte inferiore del naso, in prossimità delle narici, può essere espressione di un senso di rifiuto. Quando, invece, si strofina la parte esterna del naso, può indicare tensione emotiva.

Tra movimenti più difficili da controllare vi sono quelli della **fronte**. In genere siamo in grado di arricciarla volontariamente, alzando le sopracciglia. Ma quando proviamo emozioni intense è quasi impossibile "tenerla a bada". Il segnale frontale più famoso, caratterizzato dallo spingere la pelle verso l'alto, esprime perplessità. Lo stesso messaggio viene espresso anche quando la persona strofina la fronte, come se provasse prurito.

Esercizio 8 – Occhio al corpo (4° step)

Riprendi il video e la pagina del block-notes dell'Esercizio 1. Verifica se avevi appuntato le espressioni non verbali del volto dei personaggi presenti nei dialoghi analizzati e sottolineali. Quindi, trascrivili in una nuova pagina, dedicata all'Esercizio 7.

Fatto ciò, rivedi il video e presta attenzione a ciascuna delle seguenti cinque parti del volto: sguardo/occhi; sopracciglia; bocca/labbra; naso; fronte. Per farlo in modo corretto, distingui nella pagina cinque liste, una per ciascun gruppo cinesico.

Esercizio 9 – Occhio allo specchio

Poniti di fronte ad uno specchio e prova a ripetere ciascuno dei singoli gesti elencati in questo capitolo, provando a memorizzare il relativo significato.

Lezione 6

L'alfabeto non verbale
BUSTO, BRACCIA e GAMBE

La postura

Facciamo il punto. Finora abbiamo visto che nella comunicazione non verbale hanno grande importanza: la distanza tra le persone, cioè la prossemica; i gesti che accompagnano le parole, cioè la cinesica; le espressioni del volto (sguardo, bocca, naso, fronte, etc).

Vediamo ora in che modo anche il busto, le braccia e le gambe contribuiscono alla comunicazione. Per far questo, parliamo innanzitutto di postura.

Pensiamo a quelle persone (e, forse, anche a noi stessi) che, in momenti di particolare tensione o ansia, tendono ad oscillare ritmicamente con il corpo o a muovere ripetutamente le gambe o i piedi, quasi a voler scaricare lo stress. Pensiamo a quando una persona agitata si volta di scatto al minimo rumore.

Uno dei principali segnali posturali è la posizione del tronco che, a seconda dei casi, può essere indicativa di rilassatezza o di tensione, di apertura o di chiusura. Un uomo seduto sulla sedia con il busto appoggiato allo schienale e le spalle basse, risulterà più rilassato e aperto rispetto ad un collega che presenta un tronco rigido e incurvato in avanti. Quando la postura si presenta eccessivamente rilassata può segnalare disinteresse e noia. Un busto molto piegato in avanti può comunicare timidezza e disagio.

L'orientamento del corpo può segnalare il grado di interesse e di partecipazione di una persona. Se il corpo (o anche solo una parte, come ad esempio il piede) è in direzione di potenziali vie di fuga, è probabile che stia esprimendo ansia, disagio e desiderio di essere altrove. Come pure, una schiena fortemente inclinata indietro è segno di rifiuto e irritazione.

Diversamente, se il tronco è inclinato in avanti, da seduti, esprime curiosità ed interesse. È tipica la scena in cui due persone, intente ad ascoltarsi con attenzione e trasporto positivo, tendono senza accorgersene ad inclinare entrambe il busto verso l'altra.

Personalmente, trovo l'inclinazione del busto uno dei più efficaci ed evidenti segnali di interesse (o di disinteresse) che mi giungono dagli studenti quando tengo una lezione all'Università. Se la maggior parte ha il tronco inclinato in avanti, verso me, significa che l'argomento che stiamo affrontando li appassiona e coinvolge. Se, invece, tendono ad appoggiarsi vistosamente sullo schienale (o anche se si "accasciano" sul banco con i gomiti protesi in avanti) significa che si stanno annoiando e che devo cambiare qualcosa per "recuperare" la loro attenzione.

Movimenti delle braccia

La gestualità italiana viene riconosciuta come una peculiarità che contraddistingue il nostro Paese. Muoviamo continuamente mani e braccia. Consideriamo i gesti come parte integrante della comunicazione. Ci aiutano a mantenere l'attenzione e a sottolineare i punti più importanti del nostro discorso.

La posizione delle braccia ci aiuta a cogliere alcuni tratti dello stato emotivo e del carattere delle persone. Ad esempio, appoggiare entrambe le braccia sullo schienale di una sedia mostra una personalità forte, sicura e dominante. Posizionarle, invece, mollemente sulle gambe indica, in genere, rilassatezza.

Uno dei gesti più comuni che si fanno con le braccia è incrociarle. Anche se, alle volte, le persone tendono ad intrecciare le braccia per esigenze di comodità o perché infreddolite, esse – in moltissimi casi – esprimono uno stato emotivo. I significati trasmessi dalle braccia incrociate sono molteplici. Tutti ruotano in qualche modo intorno al bisogno di concentrare le proprie energie emotive e riflessive.

Ad esempio, le braccia intrecciate in modo avvolgente, stanno ad indicare timore, afflizione e bisogno di conforto. Potrebbero significare anche bisogno di protezione, nel caso in cui ci sentissimo insicuri o minacciati. Quando siamo intenti ad evitare di esprimere i nostri pensieri, le braccia incrociate potrebbero comunicare autocontrollo; addirittura, potrebbero mostrare disgusto nei confronti di qualcuno. Non di rado le braccia incrociate sono connesse ad un sentimento di chiusura e inimicizia nei confronti di chi ci sta parlando o di quello che ci sta dicendo.

Per la corretta interpretazione del significato emotivo delle braccia è importante ricorrere alle regole d'oro illustrate nelle prime lezioni. Bisogna cioè osservare anche altri segnali non verbali, come ad esempio le espressioni del volto.

Se vogliamo essere dei bravi comunicatori, dobbiamo imparare a non incrociare le braccia per comodità o abitudine, durante il dialogo con gli altri, perché potrebbero mal interpretare la nostra postura e supporre che siamo irritati, chiusi o afflitti.

Le mani

Un ruolo importantissimo nella comunicazione non verbale è svolto dalle mani. Innanzitutto perché si tratta della parte del corpo che maggiormente interagisce con le altre. Ad esempio, è il contatto tra le mani e il naso che segnala la probabile presenza di un vissuto negativo. Le mani sono, inoltre, coinvolte in numerosi gesti cinesici di accompagnamento del discorso.

Tra i principali significati del movimento e della posizione delle mani, troviamo: il mettere la mano sul petto, in segno di sincerità; l'alzare il palmo delle mani verso l'alto e tenendolo aperto, in segno di pace e onestà; il portare i pugni verso il basso, indicativo di difesa e di ostilità; lo strofinare le mani insieme, segno di attesa positiva; l'accarezzarsi il mento con le mani, che evidenzia una riflessione in atto; il mettere le mani in tasca, indicativo di noia e rifiuto; il muovere l'indice da un lato all'altro in segno di rifiuto, etc.

Come si può facilmente notare, si tratta di gesti assai noti, alcuni dal significato esplicito e condiviso, altri più soggetti a differenti interpretazioni.

Movimenti di gambe e piedi

Contrariamente a quanto si pensa, anche le gambe possono dire molto della relazione che abbiamo con gli altri. È importante sapere che il nostro livello di fiducia è spesso rivelato dal modo in cui ci sediamo. Occorre aver chiaro che il modo in cui ci sediamo è molto influenzato dalla convenzione sociale.

Ad esempio, per consuetudine diffusa, gli uomini tendono a mantenere le gambe larghe, mentre le donne le mantengono ravvicinate o accavallate. Tuttavia, queste posizioni, soprattutto quando sono molto accentuate, possono evidenziare i pensieri e le emozioni delle persone.

Le gambe che si uniscono all'improvviso indicano insicurezza. Al contrario, gambe che si distanziano improvvisamente comunicano comodità e sicurezza. Il gesto di strofinarsi la parte alta della gamba (il quadricipite femorale per intenderci) è noto come "pulirsi le gambe" ed è un movimento, spesso inconsapevole, legato al bisogno di tranquillizzarci. Incrociare le gambe, quando si sta in piedi, è un'azione che avviene solo se siamo a nostro agio con le persone che ci circondano. Sciogliamo le gambe non appena abbiamo bisogno di prendere le distanze da qualcuno.

Quando invece si è seduti, l'incrocio delle gambe, oltre che per comodità o abitudine, può assumere significati analoghi a quelli delle braccia intrecciate. Per le donne le gambe incrociate posso rappresentare anche un segnale di interesse sessuale, soprattutto quando la posizione mostra la parte interna della coscia.

Puntare le gambe (e con esse i piedi) in una direzione diversa da quella del tronco, comunica un istinto di fuga, Se, al contrario, sono rivolte verso una persona o un gruppo, indica interesse. Portare i piedi sotto la sedia equivale un po' a volersi nascondere e quindi segnala un disagio, così come tenere i talloni sollevati. Stringere le mani intorno alle ginocchia, da seduti, tenendo le gambe parallele, può indicare disagio e bisogno di difesa.

Esercizio 10 – Occhio al corpo (5° step)

Siamo giunti all'ultimo dei cinque step di questo esercizio ricorrente. Riprendi il video e la pagina del block-notes dell'Esercizio 1. Verifica se avevi appuntato i gesti e i movimenti di busto, braccia, mani, gambe e piedi dei personaggi presenti nei dialoghi analizzati e sottolineali. Quindi, trascrivili in una nuova pagina, dedicata all'Esercizio 7. Fatto ciò, rivedi il video e presta attenzione a ciascuna delle parti del corpo elencate. Per farlo in modo corretto, distingui nella pagina cinque parti.

Esercizio 11 – Osserva i colleghi

Osserva con attenzione i gesti e i movimenti di busto, braccia, mani, gambe e piedi dei tuoi colleghi (o compagni di studi). In mancanza osserva gesti e movimenti di amici e familiari. Segna quel che osservi sul block-notes. Confronta quanto emerso con quelli che sono i tuoi movimenti e gesti più frequenti.

176

Lezione 7

LA COMUNICAZIONE INVOLONTARIA

Quello che "diciamo" senza accorgercene

Nelle lezioni precedenti abbiamo esplorato gli aspetti principali dell'alfabeto non verbale, concentrandoci sulla prossemica, la cinesica, il volto, la postura, i movimenti di braccia e gambe. Si è trattato di una panoramica generale che ha delineato la cornice complessiva del nostro corso.

Ora procediamo con alcuni approfondimenti, finalizzati a sviluppare gli aspetti particolari della competenza comunicativa. Il primo tema che affrontiamo è affascinante e, al contempo, fonte di grandi preoccupazioni per ognuno.

Si tratta della cosiddetta "Comunicazione Inconscia". Riguarda ciò che i nostri gesti, il nostro volto e tutto il nostro corpo comunicano agli altri senza che noi lo decidiamo e, spesso, anche senza che ce ne rendiamo conto. In parte, richiameremo alcuni concetti già emersi, dettagliandoli maggiormente. In parte, avremo modo di aggiungere ulteriori elementi.

Partiamo con il dirci che la "comunicazione inconscia" è un aspetto della comunicazione che può rafforzare o mettere in crisi la relazione con una persona. Non di rado, il nostro inconscio trasmette agli altri emozioni e pensieri che preferiremmo tenere nascosti. Gli effetti possono essere i più diversi e imprevedibili. Esserne maggiormente consapevoli è, dunque, molto importante.

La cattiva notizia è che, pur impegnandoci e allenandoci, solo in parte è possibile evitare comunicazioni involontarie. Molti dei segnali inconsci che il nostro corpo lancia non sono controllabili né modificabili. È, ad esempio, quasi impossibile evitare alcune espressioni spontanee del volto o, viceversa, riprodurle artificiosamente.

L'invito, già emerso nelle prime lezioni, è – piuttosto – quello di assumere uno stile comunicativo autentico, trasparente, onesto, assertivo… in questo modo il nostro corpo comunicherà agli altri esattamente ciò che stiamo loro trasmettendo con le parole e con i gesti intenzionali.

Conoscere il linguaggio inconscio del corpo è, al contempo, molto importante per la comprensione profonda di ciò che gli altri ci stanno comunicando. Molto interessante è, ad esempio, riuscire a cogliere i segnali non verbali di menzogna, che la maggior parte delle persone trasmette involontariamente quando tenta con le parole e con i gesti di comunicare emozioni e pensieri diversi da quelli che realmente prova.

Di grande importanza è la comprensione dei segnali non verbali di attrazione, specie nella fase del corteggiamento e, più in generale, nella vita di coppia.

Come pure è molto utile imparare a "leggere" i segnali non verbali di disinteresse o di disagio che gli altri ci trasmettono quando siamo impegnati in un dialogo con loro, ad esempio se stiamo facendo loro una proposta commerciale o di lavoro, se stiamo programmando un'attività comune, etc.

I segnali non verbali di menzogna[28]

Addentriamoci nella comunicazione inconscia che le persone attivano quando dicono qualcosa di falso. Si tratta di segnali involontari che è tanto più difficile controllare quanto più sono intense le emozioni in gioco.

In genere chi mente, specie se la bugia riguarda aspetti importanti, è attraversato da due emozioni intense: il timore di essere scoperto e il senso di colpa per aver mentito. A seconda delle persone e delle situazioni, sarà più intensa l'una o l'altra emozione. Si tratta di vissuti interiori, a volte tumultuosi, a volte meno imponenti. Non di rado si acutizzano all'improvviso, dopo una apparente quiete. Le persone in alcuni casi riescono a "zittirli", distraendosi, facendosi forza, ostinandosi. Ma si tratta di rimedi di breve durata… se la bugia tocca corde profonde,

---

[28] I contenuti di questo paragrafo sono in parte tratti da alcuni seminari per gli studenti dei corsi di laurea in servizio sociale, organizzati in collaborazione con la dr.ssa Maria Chiara D'Avino, psicologa e psicoterapeuta italiana.

prima o poi queste emozioni ritornano, presentando spesso un conto salato.

Lapsus e altri indizi vocali

Il primo e più noto indizio involontario di menzogna è il *lapsus*. Alcune persone sono più soggette di altre a questa forma di comunicazione non intenzionale che giunge a far dire, per errore, parole vere che si vorrebbe tenere nascoste. L'esempio classico è il caso in cui, in un momento di intimità o di relax, si chiama una persona con il nome (spesso con il nomignolo) di un'altra.

É un meccanismo involontario che si presenta soprattutto quando si vivono situazioni ed emozioni analoghe. Durante un abbraccio prolungato si potrebbe involontariamente chiamare la persona con il nomignolo di quella che si è abbracciata il giorno prima. L'unica "difesa" contro i nostri lapsus è di tipo preventivo... evitando cioè di avere relazioni ambigue e non chiare. Faremo bene, invece, ad approfondire, con un dialogo esplicito anche se non aggressivo, le cause di eventuali lapsus presenti in ciò che gli altri comunicano a noi.

Altri segnali vocali involontari di menzogna possono essere le pause lunghe e frequenti, specie nelle persone che in condizioni ordinarie parlano in modo spedito. Anche la frequente presenza di parole dette a metà, di balbettii, di versi (come il tipico "eeehm") segnalano una agitazione emotiva.

Non di rado, chi mente ripete più volte, involontariamente, alcune parole o allunga di molto le frasi. Altre volte il mentitore altera, inconsapevolmente, il tono di voce: più o meno acuto, più o meno voluminoso, più o meno veloce rispetto al suo normale modo di parlare.

È importante ribadire che non bisogna confondere gli indizi con le prove. Il significato della comunicazione non verbale, compreso quella involontaria e inconscia, va letto nell'insieme, incrociando più segnali e più canali. Altrimenti si corre il rischio di scivolare in supposizioni e convincimenti errati, che possono molto nuocere a noi stessi e agli altri.

Segnali fisici di menzogna

Quando una persona mente su cose importanti, il suo corpo manifesta alcuni sintomi involontari. Segnali classici sono: un aumento della sudorazione e della frequenza respiratoria non attribuibili a cause esterne, la dilatazione delle pupille, il rossore o il pallore improvvisi del volto. Sono tutti indizi fisici di una forte emozione che si tenta di dissimulare.

Le espressioni del viso sono, specie con alcune persone, la fonte principale di indizi di menzogna. La fronte è uno spazio ampio del volto i cui movimenti spontanei sono difficili da manipolare, se non assumendo una fissità innaturale altrettanto sospetta. Ad esempio, quando una persona solleva e avvicina le sopracciglia sta provando emozioni di paura, preoccupazione o terrore. Si tratta di una espressione che è difficile eseguire in modo artificiale. Analogamente, quando una persona solleva gli angoli interni delle sopracciglia significa che prova tristezza, dolore o malessere.

A volte, la falsità di alcune espressioni del volto è evidenziata dalla loro durata eccessivamente lunga. All'opposto, le cosiddette micro-espressioni (della durata di due decimi di secondo) sono quasi sempre autentiche. Sono spesso false le cosiddette espressioni parziali o asimmetriche. Ad esempio, chi sorride solo con la bocca, senza il coinvolgimento degli occhi e delle altre parti del volto, lo sta probabilmente facendo in modo artificiale.

Un ultimo aspetto da considerare riguarda il movimento degli occhi. È utile sfatare una convinzione comune e cioè che quando una persona mente, distoglie lo sguardo dal suo interlocutore.

Se, alcune volte, avviene così… nella maggior parte dei casi, invece, la modalità è esattamente opposta, cioè il mentitore fissa in modo prolungato gli occhi della persona con cui sta comunicando. In taluni casi, le forti emozioni connesse alla menzogna, attivano nella persona una dilatazione della pupilla e una lacrimazione maggiori dell'ordinario. Come pure possono causare frequenti ammiccamenti involontari.

Segnali inconsci di attrazione

Un aspetto che suscita molto interesse è quello della comunicazione involontaria relativa all'attrazione che una persona avverte nei confronti di un'altra. Come anticipato, si tratta di un aspetto di grande importanza durante il corteggiamento e, in generale, nella vita di coppia. Ad esempio, la disponibilità al sorriso esprime, in generale, una propensione alla relazione empatica e alla vicinanza. Parimenti, le mani aperte, con il palmo rivolto verso l'alto e verso l'altro, possono essere indicative di un interesse sincero e leale.

È importante chiarire che molti segnali sono diversi tra uomini e donne. Nella maggior parte degli uomini gli indizi di attrazione si concentrano soprattutto nella postura del corpo e nel viso. Nelle donne, invece, l'attrazione si manifesta frequentemente anche mediante il collo, le gambe, i polsi, i gesti di auto-contatto.

Il primo segnale da cogliere in un uomo è la durata degli sguardi. Più è prolungato nel tempo, più indica trasporto e intensità interiori. Anche il busto proteso verso l'altra persona mostra la presenza di un'attrattiva. Da notare sono anche i segnali di "messa in ordine", come il sistemarsi gli occhiali, il nodo della cravatta, l'orologio o i polsini della camicia. Spesso gli uomini modificano, inconsapevolmente, anche il timbro di voce, con un tono più basso e profondo.

I segnali di attrazione nelle donne sono, in genere, più vistosi e ampi di quelli degli uomini. Quando una donna avverte interesse e attrazione verso un'altra persona, assume atteggiamenti e movimenti come l'inclinare leggermente la testa su un lato, l'accarezzarsi delicatamente le mani, il giocare con le labbra, il respirare profondamente, il mostrare i polsi, il portare il petto in avanti, lo sfregare lentamente – o anche soltanto il mettere in contatto – le ginocchia.

Spesso, la donna che si sente attratta mostra il collo, come a voler comunicare il desiderio di contatto. Anche l'accarezzarsi i capelli e il muoverli da un lato e dall'altro del collo possono essere segnali di interesse.

Anche tra gli indizi non verbali femminili, un posto di rilievo è occupato dagli sguardi. Se sono ricchi di intensità, profondi, esprimono in modo quasi inequivocabile le emozioni che le si muovono dentro.

Indizi di disagio e disinteresse

Concludiamo questa panoramica sulla comunicazione involontaria, segnalando i principali indizi di disagio e di disinteresse. Ad esempio, quando una persona coinvolta in un dialogo non mantiene il contatto visivo o inizia a guardare lontano, esprime in qualche modo il suo desiderio di andare via, di cambiare situazione.

Spesso, le persone che si sentono a disagio in una conversazione, iniziano a mettere in ordine gli oggetti che hanno davanti a sé o a togliere dal proprio abbigliamento eventuali granelli di polvere o pelucchi di tessuto. Anche l'iniziare a produrre movimenti ridondanti, come il picchiettio delle dita sul tavolo, il dondolio delle gambe, può segnalare noia o disagio.

Sono indicative di disagio o disinteresse anche le risposte brevi e lapidarie, il controllo frequente delle notifiche del telefonino, le mani in tasca, il sedersi con le gambe e i piedi non orientati verso l'interlocutore, il mangiarsi le unghie…

È utile, infine, segnalare che lo sbadiglio non è un segnale indicativo di disinteresse o noia. Le persone sbadigliano quando hanno bisogno di maggiore ossigenazione per il cervello e di una maggiore attivazione fisica.

Questo avviene quando una persona si trova in una situazione di riposo (ad esempio, seduto da alcune ore) o di stanchezza, mentre il suo cervello è in attività.

Esercizio 12 – Attento al segnale!

Esercitati nell'individuare i segnali non verbali di menzogna. Per farlo, segui la serie televisiva statunitense "Lie to Me", interpretata da Tim Roth nei panni di Cal Lightman, uno psicologo esperto nella comunicazione non verbale. Se non hai possibilità di visionarla in streaming, cerca su YouTube i frammenti disponibili. Annota sul block-notes i segnali non verbali di menzogna che vengono man mano indicati e messi in scena e confrontali con la lista presente in questa lezione.

Esercizio 13 – L'angolo cieco

Chiedi ad un familiare o ad un amico che ti conosce bene di dirti quali sono, a suo avviso, i segnali non verbali inconsapevoli che caratterizzano il tuo linguaggio del corpo. Fai tu lo stesso con lui. Segna tutto sul block-notes, evidenziando con un colore quelli di cui siete consapevoli e con un altro colore quelli inconsci.

Lezione 8

Auto-comunicazione non verbale
PARLARE CON SÉ STESSI, TRAMITE IL CORPO

Psiche e soma: un tutt'uno in movimento

Nelle prime lezioni abbiamo esplorato i principali aspetti dell'alfabeto non verbale. Poi, nella lezione precedente a questa, ci siamo soffermati sulla "comunicazione inconscia", relativa ai segnali che il nostro corpo esprime anche quando non vorremmo. Ora, ci addentriamo in un altro aspetto di grande interesse: il dialogo non verbale con sé stessi.

Uno dei problemi che affliggono le donne e gli uomini, soprattutto nel mondo Occidentale, è l'aver sviluppato la convinzione che il corpo sia una sorta di "oggetto muto". Una specie di "contenitore neutro" dei nostri pensieri e dei nostri sentimenti. Tutti sappiamo che alcuni organi "ci sentono bene", cioè che i nostri pensieri e le nostre emozioni li influenzano. A chi non è accaduto di avere una accelerazione del battito cardiaco dopo uno spavento o di sentire un peso sul petto quando si viene assaliti da pensieri ansiosi.

Quel che molti comprendono solo in parte è che vale anche il contrario… cioè che il nostro corpo può influenzare i pensieri e le emozioni. Si tratta di una dinamica ben nota a chi si occupa di scienze neurologiche.

Numerose malattie, ad esempio, alterano la produzione degli ormoni, stimolano accelerazioni o rallentamenti del pensiero delle persone. Come pure è ben chiaro, a chi si occupa di salute mentale, l'effetto che alcune sostanze hanno sulle emozioni. Basti pensare ai farmaci ansiolitici, agli antidepressivi, agli stabilizzatori dell'umore, etc.

Chi fa uso di farmaci psicoattivi ha ben chiara l'incidenza del corpo (e delle sostanze che lo influenzano) sulla mente. È una realtà che la maggior parte della gente ha compreso, almeno per quanto riguarda l'ambito della produzione farmaceutica. Abbastanza diffusa è anche la consapevolezza dell'effetto emotivo che hanno su di noi alcuni cibi.

Ad esempio, è noto il rapporto tra l'assunzione di cioccolata e l'aumento del buon umore. Come pure, chiara è la ricaduta positiva di alcune attività sportive e di una corretta alimentazione sulla psiche. *«Mens sana in corpore sano»*,[29] dicevano gli antichi latini: un corpo sano è la base del benessere della mente.

Fintanto che si tratta di assumere pillole o altre sostanze, specie se prescritte da un medico, o di avere una vita sana e in forma, ci troviamo quasi tutti d'accordo sull'influenza del corpo sui nostri pensieri e sulle nostre emozioni. Quel che, invece, la gran parte delle persone non sa (o non tiene in dovuta attenzione)

---

[29] Detto sapienziale, tratto dalle *Satire* di Decimo Giulio Giovenale, poeta romano vissuto tra il I e il II secolo dopo Cristo.

è che possiamo utilizzare il linguaggio del nostro corpo per parlare con noi stessi.

Si tratta di qualcosa che possiamo fare intenzionalmente, raggiungendo l'effetto di influenzare i nostri pensieri e le nostre emozioni. Influenza che, a seconda della postura che assumiamo, dei movimenti che facciamo e degli altri aspetti della comunicazione non verbale che mettiamo in atto, può avere effetti di miglioramento o di peggioramento del nostro stato psichico.

Postura e movimenti che danno gioia

Un primo aspetto, molto interessante, riguarda l'effetto positivo che alcune posizioni del corpo e alcuni movimenti possono avere sull'innalzamento del nostro grado di gioia, di serenità e di benessere emotivo. A tutti capita, quando si è tristi, di assumere spontaneamente una posizione del corpo chiusa, rannicchiata, con la testa piegata verso il basso e con le spalle ricurve in avanti.

Di converso, coloro che desiderano stimolare emozioni e pensieri positivi e leggeri, possono farlo assumendo una posizione aperta, con le spalle allargate e il "petto in fuori". Così facendo, infatti, attivano dentro di sé alcuni meccanismi neurologici che favoriscono il benessere.

Per verificare la presenza o meno di questo "potere" del corpo sulla mente, basta fare subito la prova! Se lo ritieni opportuno, interrompi un attimo la lettura e svolgi subito qualcuno degli esercizi illustrati a fine lezione.

L'effetto emotivo di una postura aperta del busto emerge, ancora più intensamente, se ci si alza in piedi. Anche il compiere qualche passo, mantenendo la posizione allargata delle spalle, ne rafforza l'intensità. Contribuisce al "pensiero positivo" anche una posizione della testa con il mento leggermente alzato.

Purtroppo, molti lavori, specie se da scrivania, inducono le persone a guardare costantemente verso il basso e a piegare le spalle in avanti, inarcando la schiena. La scelta di una sedia adatta, di una posizione corretta, di una giusta altezza dello schermo e della tastiera può contribuire a mantenere posture emotivamente positive.

Personalmente, ho fatto molto di recente la scoperta dell'importanza della "sedia giusta" per facilitare le mie emozioni positive. L'attività di docente universitario mi porta a trascorrere molte ore alla scrivania, davanti al computer.

Da giovane, non ho mai dato importanza al tipo di sedia e, per anni, mi sono accontentato di quel che avevo in casa. Raggiunti i quarant'anni, con l'insorgenza di alcuni dolori alla schiena, ho acquistato una sedia ergonomica di buona qualità, specificamente progettata per chi trascorre molte ore seduto e di dimensioni adeguate alla mia altezza.

Ebbene, la scoperta è stata che, oltre alla scomparsa del mal di schiena, quando mi "siedo alla scrivania" provo uno spontaneo senso di benessere emotivo, che mi rende più leggero e gradevole il lavoro.

Un altro aspetto su cui prestare l'attenzione è quello della respirazione. Riempire bene i polmoni, con respiri calmi e profondi, ha un forte effetto rasserenante. Se un singolo sospiro può associarsi facilmente a sentimenti negativi di tristezza o rabbia, una respirazione profonda, ripetuta più volte, contribuisce ad attutire ansie e preoccupazioni.

Creatività, riflessione, ascolto, efficacia

Sappiamo bene che ogni persona è unica e irripetibile e che, pertanto, sempre diversi e particolari sono i modi di comunicare degli individui. Questo vale anche nella comunicazione non verbale con sé stessi. Quanto finora detto, sul rapporto tra postura, movimenti e gioia, ha una valenza generale. Ciò non toglie che le singole persone possano non trovare giovamento nell'allargare le spalle o nel procurarsi la sedia adatta. Quel che conta è che, pur nella diversità dei modi e delle forme, tutti abbiamo la capacità di parlare con noi stessi e di influenzare, tramite il linguaggio del corpo, i nostri pensieri e le nostre emozioni.

Proseguendo con esempi e consigli, può essere utile segnalare a tutti che, alcuni studi, hanno evidenziato quanto il fare movimenti "fuori dagli schemi" favorisca la creatività. Ad esempio, chi fa una passeggiata "senza percorso", girovagando in modo libero e improvvisato, riceve stimoli imprevisti che ne attivano il pensiero creativo.

Parimenti, alcune ricerche hanno dimostrato che un gruppo di persone, a cui è stato chiesto di ricalcare con la matita alcune linee ondulate e prive di schema, ha successivamente affrontato la soluzione di un problema con un tasso di creatività più alto rispetto ad un altro gruppo di persone a cui era stato chiesto di fare l'esercizio ricalcando linee schematiche e riquadri.

Molti di noi hanno sperimentato che, quando hanno bisogno di concentrarsi, vi riescono meglio se adottano una posizione piuttosto che un'altra. Ad esempio, se bisogna decidere in fretta, in genere si riesce meglio se ci si ferma un attimo, con la testa rivolta verso il basso, con gli occhi socchiusi.

Secondo alcuni studi, anche il movimento degli occhi ha effetti sui nostri pensieri. Quando si ha bisogno di ricordare qualcosa, può essere d'aiuto alzare gli occhi in alto a sinistra. Se, invece, si ha necessità di inventare qualcosa, è d'aiuto spostare gli occhi in alto a destra. Coloro che devono riflettere con attenzione su qualcosa, avranno beneficio nell'inclinare lo sguardo in basso a sinistra.

Anche l'inclinazione della testa favorisce o inibisce alcuni pensieri ed emozioni. Abbiamo già detto che, il capo verso l'alto stimola sentimenti positivi e che, verso il basso, è d'aiuto per la concentrazione. È interessante aggiungere che, quando si vuole ascoltare in modo attento e sensibile una persona che ci parla di qualcosa di importante, può esserci d'aiuto inclinare leggermente la testa sul lato destro.

Le posizioni che favoriscono l'efficacia sul lavoro e nelle attività sono quelle caratterizzate dall'assenza di incrocio degli arti. Sia quando si incrociano le gambe, che quando lo si fa con le braccia, il corpo umano aumenta la produzione di cortisolo, che è un ormone connesso allo stress.

Questo genera un picco immediato di energie, a cui segue una prolungata sensazione di debolezza. È come se l'organismo attivasse un intenso stato di allerta iniziale, al quale segue un senso di spossatezza.

Le posizioni con braccia e gambe aperte e con il tronco e le mani rivolte in avanti sono quelle che, all'opposto, contribuiscono ad alzare i livelli di testosterone (che è l'ormone dell'autostima e dell'attivazione) e ad abbassare quelli di cortisolo.

Esercizio 14 – Prove di auto-dialogo

Scegli di dedicare un'ora della giornata a sperimentare la postura e i movimenti della gioia. Possibilmente fallo in un orario, contesto o attività in cui, in genere, ti senti più appesantito.

Al termine dell'ora, appunta sul block-notes i benefici che ne hai avuto e quali sono le posizioni ed i gesti maggiormente benefici. A seguire, proponi ad un tuo familiare o amico caro di fare il medesimo esercizio e confrontati con lui su quanto sperimentato da entrambi.

Lezione 9

DIFFERENZE CULTURALI NEL LINGUAGGIO DEL CORPO

Paese che vai... gesti che trovi

Ci stiamo avvicinando alla conclusione del nostro corso. In questi ultimi capitoli siamo impegnati a proporti alcuni approfondimenti. In quello precedente, abbiamo parlato dell'auto-comunicazione non verbale, cioè di come, in modo intenzionale, possiamo assumere posture o fare gesti e movimenti che influenzano, positivamente o negativamente, i nostri pensieri e i nostri sentimenti.

Un altro approfondimento molto importante è quello che riguarda i diversi significati che, alcuni gesti, hanno nelle differenti zone del Mondo. Nel capitolo sulla cinesica, relativa ai gesti che accompagnano le nostre parole, ci siamo fatti aiutare dagli studi di Paul Ekman. Abbiamo visto che molte espressioni facciali possono avere natura neurale, cioè sono innate, il che le rende identiche in tutto il mondo. Si tratta delle cosiddette "espressioni facciali di base". Ekman ne ha catalogate sette: rabbia, paura, tristezza, gioia, sorpresa, disgusto, disprezzo. Altre espressioni facciali hanno, invece, una natura sociale, cioè si sviluppano in base agli usi e alle consuetudini presenti in un determinato luogo. Queste, quindi, variano a seconda della cultura e della zona geografica in cui si vive.

Allargando lo sguardo, vi sono numerosi ulteriori gesti il cui significato muta in base al luogo e alla cultura a cui si riferiscono. Come pure può cambiare da zona a zona il modo di esprimere certi pensieri e sentimenti. Si tratta di un aspetto a cui prestare grande attenzione, se non si vuole involontariamente incappare in gravi incidenti di errata comprensione.

Attenti alle mani

Una delle parti del corpo, intorno alla quale si concentra il maggior numero delle differenze culturali, sono le mani. Vediamo di seguito le varianti principali.

Pollice alzato. Abbiamo già accennato, velocemente, al differente significato che il pollice alzato ha in Occidente, dove indica condivisione e benessere, rispetto ad altre zone del pianeta, come la Grecia, l'Iran e alcuni Paesi Africani, dove corrisponde al significato del dito medio alzato. Aggiungiamo che a Malta, invece, equivale a dichiarare: «io sono omosessuale».

Mani giunte. Un noto esempio di diversità dei significati è quello del gesto delle mani giunte. In Giappone indica il saluto. Molti Paesi del Mondo, invece, lo utilizzano in segno di preghiera.

Segno dell'OK. È un noto segnale, diffuso in tutto il mondo, consistente nella congiunzione del pollice con l'indice, per formare un piccolo cerchio, accompagnate dalle altre dita, poste in posizione allungata, a mo' di corona. In numerosi Paesi indica benessere. In Turchia, invece, vuol dire «omosessuale». In Messico e in Brasile ha un significato negativo e volgare, analogo al gesto del dito medio.

Indice e medio a "V". Un altro gesto della mano dal significato mutevole è quello nel quale, allungando indice e medio, leggermente divaricati, e chiudendo le altre dita, si forma il segno della lettera "V". Il significato, innanzitutto, cambia a seconda che il dorso della mano sia rivolto verso chi fa il gesto o verso l'interlocutore. Ad esempio, in Inghilterra, Irlanda, Australia e Nuova Zelanda, il gesto con il dorso verso l'interlocutore significa: «vai a quel paese».

Indice e mignolo alzati. Il tipico gesto con le dita chiuse, ad eccezione dell'indice e del mignolo, in Italia, Spagna e America Latina indica, come offesa o in tono scherzoso, che il partner del nostro interlocutore non gli è fedele. Negli Stati Uniti, indica l'invito a suonare un pezzo di musica Rock. Nelle Filippine, corrisponde ad una dichiarazione d'amore.

Mano aperta in avanti. In quasi tutto il mondo, quando si vuole lanciare un segnale di "Stop", lo si può fare allungando in avanti il braccio e irrigidendo la mano, in posizione aperta, con le dita unite tra loro e poste in verticale. In Grecia, questo gesto rappresenta una grave offesa ed equivale all'invito a mangiare i nostri escrementi.

Mano a cono, oscillante. Nella cultura napoletana, le dita allungate e riunite alle estremità, fatte oscillare alcune volte, hanno un significato, noto in tutto il mondo, che equivale alle parole: «cosa vuoi?». Eppure, in Spagna significano «mangiamo» e in Egitto indicano, da parte di chi sta compiendo un'azione, che occorrerà solo un minuto.

Pollice nascosto. Il gesto scherzoso con il quale, in molti posti del mondo, gli adulti giocano con i bambini fingendo di avergli "rubato il naso", nascondendo il pollice nella mano e facendone intravvedere il polpastrello, in Turchia ha un significato osceno.

Mano aperta e dista oscillanti. In molti Paesi, per invitare una persona ad avvicinarsi, si oscillano le dita della mano verso chi fa il gesto, tenendo il palmo orizzontale al terreno. Lo stesso segno, nel Sud-Est dell'Asia, è riservato ai cani e, se rivolto alle persone, diventa un'offesa.

Indice alzato. Il secondo dito della mano in molti Paesi neolatini (Italia, Spagna, Francia), si chiama "indice" per la sua funzione di indicare qualcosa o qualcuno. Tuttavia, se ci si sposta in Asia, per indicare qualcosa occorre utilizzare le due mani congiunte, mentre l'uso dell'indice ha un valore offensivo.

Segni e situazioni particolari

Numerosi e variegati sono i gesti ai quali, a seconda della cultura, vengono attribuiti differenti significati. Elenchiamo di seguito alcuni dei più noti punti di differenza.

Bolla vitale. Anche la distanza tra le persone è percepita in modo differente a seconda del luogo. Ad esempio, arabi e statunitensi si posizionano a distanze minori di quelle preferite dagli europei. Giapponesi e cinesi preferiscono distanze ancora più ampie.

In ascensore. È interessante osservare che, mentre in Europa le persone, in ascensore, tendono a disporsi spontaneamente in cerchio, negli Stati Uniti si distribuiscono in code, con il volto rivolto verso l'uscita.

Suola delle scarpe. Nei paesi Arabi, è offensivo disporre le gambe in modo che all'altro sia mostrata la suola delle proprie scarpe. È dunque importante fare attenzione, specie quando si accavallano le gambe.

Fischiare. In alcune zone del mondo, il fischiettare è vissuto come spensieratezza e giovialità. In altre, è osteggiato perché, secondo i miti popolari, «attira il diavolo».

Contatto fisico. In Occidente, il contatto fisico è consentito solo a familiari e amici cari. In Cina, è molto più frequente. Addirittura è consueto il camminare mano nella mano tra persone dello stesso sesso, senza che sia inteso come segno di omosessualità.

Eruttazione. In Europa, produrre rutti rumorosi è indice di cattiva educazione. Sia per gli asiatici che per gli eschimesi, invece, è segno di educazione e rispetto, soprattutto per indicare il gradimento per il cibo ricevuto.

Silenzio. In Occidente, il silenzio è considerato spesso in modo negativo, come mancanza di disponibilità alla collaborazione. In Oriente, invece, è molto apprezzato ed indica il rispetto verso l'altro.

Abbassare le sopracciglia e socchiudere gli occhi. In Occidente, è un segno che indica attenzione e concentrazione. In Cina, segnala un disappunto.

Contatto visivo. Arabi, europei meridionali e sudamericani ritengono positivo il contatto visivo frequente tra due interlocutori. Per asiatici, pakistani, indiani e nord-europei è invece normale ricorrere ad uno sguardo periferico o anche a non guardarsi affatto.

Fissare a lungo uno sconosciuto. In Occidente, è considerato negativamente, come invadenza o aggressività, in Russia è cosa normale.

Molti altri sono i gesti e i movimenti che nelle diverse culture assumono significati differenti: strette di mano, movimenti del capo, del corpo, etc. L'invito è quello di verificare per bene quali sono i significati e i gesti presenti in un certo Paese, prima di recarvisi o di incontrare persone con quella provenienza.

Esercizio 15 – I segni del Paese

Scegli un Paese che non hai ancora visitato. Individualo utilizzando il criterio che sia esotico rispetto al tuo luogo di vita ordinaria e che tu abbia il desiderio di poterlo visitare quanto prima. Selezionato il Paese, effettua una ricerca sul web sui significati non verbali che vi sono maggiormente diffusi. Quindi fai un confronto con quanto elencato durante questa lezione e aggiungi le eventuali annotazioni integrative.

Lezione 10

SUGGERIMENTI NON VERBALI PER LE SFIDE COMUNICATIVE

Gli esami non finiscono mai

Siamo a un buon punto del nostro viaggio. Ancora un paio di lezioni e arriveremo alla meta. Dopo aver visto gli elementi principali dell'alfabeto non verbale, e aver approfondito alcuni aspetti particolari (la comunicazione involontaria, quella con sé stessi e i diversi significati del non verbale nel mondo), riteniamo importante offrirti alcune dritte su come affrontare le cosiddette "sfide comunicative".

La quotidianità, non di rado, è tempestata da situazioni che ci richiedono la messa in campo di una capacità comunicativa altamente performante. Come affrontare un esame o un concorso? Quale comunicazione mettere in campo durante un colloquio di lavoro? Come parlare in pubblico? Si tratta di tre esempi di situazioni che attivano in noi altissimi livelli di ansia e di stress. Situazioni che durano pochi minuti e dalle quali può dipendere molto del nostro benessere.

Tanto lavoro, tanta preparazione, tanto impegno possono vanificarsi in un attimo, a causa di una comunicazione inefficace o, addirittura, sbagliata. A chi non è capitato di bloccarsi durante un esame o di dare una "cattiva impressione" ad un colloquio di lavoro. In queste situazioni, quel che può fare la differenza, è una corretta gestione della nostra comunicazione non verbale. Vediamo di seguito alcuni esempi e indicazioni concrete.

Strategie non-verbali durante un esame

Partiamo dal linguaggio del corpo che è opportuno mettere in campo quando si sostiene un esame orale. Che si tratti dell'Università, della prova di Abilitazione Professionale o di un Concorso d'assunzione, la situazione è pressoché la medesima.

Ci troviamo, in genere, di fronte ad una commissione composta da persone molto esperte della materia, incaricate da un Ente affinché valutino il nostro grado di preparazione.

Gli indicatori che, ordinariamente, vengono attenzionati sono: le conoscenze acquisite, il grado di comprensione sia teorica che pratica, l'autonomia di giudizio, le abilità comunicative, la capacità di apprendere. I primi due indicatori sono specificamente connessi alla materia esaminata e al settore disciplinare a cui afferisce. Gli altri tre riguardano le cosiddette competenze trasversali.

È evidente che la varietà di questi elementi chiede alla commissione di valutare non solo "cosa diciamo" ma anche "come lo diciamo". E qui, la competenza non verbale diviene di assoluta importanza. Il primo suggerimento è di presentarsi in modo autentico. Le finzioni non pagano mai. Non significa però auto-squalificarsi e proporre la "versione negativa" di sé stessi.

Occorre far emergere pienamente il nostro valore. A questo scopo, è importante presentarsi sereni e sicuri di sé (senza diventare arroganti). Bisogna essere ben connessi, in modo rispettoso, con i nostri esaminatori, sia sul piano razionale che emotivo, evitando atteggiamenti di fuga o di invadenza.

Per raggiungere questi risultati è utile, innanzitutto, evitare alcuni errori tipici. Si tratta di gesti ed espressioni che è bene conoscere poiché, a volte, se ne ignora la negatività.

È importante, ad esempio, gestire correttamente la posizione e il movimento delle braccia, evitando di incrociarle o di stringerle dietro la schiena; le mani è bene non metterle in tasca e non gesticolare eccessivamente, evitando anche di giocherellare con penne, matite, chiavi o di tamburellare con le dita o rosicchiarsi le unghie; il busto è opportuno che non ondeggi né avanti e indietro, né di lato e occorre evitare di avvicinarsi eccessivamente agli esaminatori (per non invadere lo spazio personale); è utile non controllare continuamente l'orologio o il cellulare; se si indossano gli occhiali, bisogna evitare di risistemarli continuamente; è bene evitare di toccare o grattare di continuo il naso e la gola; è importantissimo non interrompere il discorso dell'esaminatore, né annuire in continuazione.

Tra le attenzioni positive da mettere in campo, la prima è quella di un corretto tono di voce: pacato, non frettoloso (chi "corre" può dare l'idea di avere una ridotta comprensione di quello che dice), con volume adeguato (troppo alto indicherebbe ansia, troppo basso può dare impressione di scarsa preparazione), accompagnato da una respirazione ordinaria. Molto importante è anche sorridere e avere capelli e abbigliamento ordinati e formali (non eccessivamente eleganti ma neanche troppo casual).

Un aspetto decisivo è lo sguardo. All'inizio è utile fissare l'esaminatore, in segno di sicurezza. Dopodiché, sarà opportuno alternare lo sguardo, in modo che non si irrigidisca sull'interlocutore – che potrebbe innervosirsi – e che, al contempo, non lo eviti eccessivamente, tradendo un senso di insicurezza. È cosa buona mantenere una postura eretta e, se del caso, intrecciare le dita delle mani (segno di sicurezza pacata e di calma) o avvicinare l'indice e il medio alla guancia o davanti alle labbra (in segno di attenzione e riflessione).

Colloquio di lavoro e linguaggio del corpo

La seconda "situazione ansiogena" a cui prestiamo attenzione sono i colloqui di lavoro. Qui, a differenza degli esami, ci si trova quasi sempre nel settore privato. Il colloquio può svolgersi con il responsabile del personale o un suo collaboratore.

Se la realtà è medio-piccola, il colloquio può avvenire direttamente con il proprietario o con il suo braccio destro. Potrebbe, infine, avvenire con un selezionatore esterno, incaricato dall'azienda.

In entrambi i casi, i nostri interlocutori avranno interesse a verificare, oltre alla preparazione di base che possediamo, quali sono le nostre pregresse esperienze, se "abbiamo qualcosa da dare" di positivo all'azienda, se siamo dotati di *skills* quali: la capacità di assumere decisioni, di auto-organizzarsi, di lavorare in gruppo, di cavarsela, di trovare soluzioni nuove, etc.

Per gestire al meglio il colloquio, sarà innanzitutto importante capire chi si ha di fronte. Se si tratta di un esperto di valutazione e gestione delle risorse umane, il suo *back-ground* lo renderà molto attento a verificare le nostre competenze, sia specifiche che trasversali e sarà importante presentarci nel modo più autentico possibile perché è molto probabile che intuisca eventuali bluff.

Gran parte dei consigli elencati per gli esami, vale anche nei colloqui di lavoro. In aggiunta è utile dire che, se la situazione lo permette, è bene approcciare il selezionatore con una stretta di mano, avendo attenzione a che non sia né troppo energica, né eccessivamente blanda. Un'altra attenzione utile, ove possibile, è quella di non sedersi prima di lui. Se, quando arriva, siamo già seduti, è buona cosa alzarsi per salutarlo con la stretta di mano.

Se si tratta del proprietario o di una persona di sua fiducia, non dotata di specifiche competenze da selezionatore, sarà importante – accanto all'autenticità – spingere sulla connessione emotiva. A questo proposito, accanto alle indicazioni già presentate, è consigliato il ricorso alla tecnica del *mirroring*[30], cioè avere l'attenzione di assumere tono di voce, postura, movimenti e anche ritmo respiratorio simili a quelli del nostro interlocutore.

Il segreto del *public speaking*

Una delle situazioni che molte persone temono fortemente, è il dover parlare davanti ad un pubblico, specie se è molto ampio

---

[30] Il *Mirroring* è una tecnica (sviluppata in seno alla PNL - Programmazione Neuro Linguistica) che punta a riprodurre la comunicazione verbale e non verbale di un'altra persona.

o se ne fanno parte i propri superiori o i colleghi. Si rischia che l'insicurezza la faccia da padrona.

Vediamo alcuni consigli utili. Il primo, riguarda l'importanza di adottare, all'inizio, una postura neutra e diritta. Evitando, quindi, di incrociare le gambe (che, quando si sta in piedi, indica forte nervosismo) o di sbilanciarsi molto su un lato. Si tenderà inoltre a tenere le "spalle larghe" e, man mano che procederà il discorso, si potrà tendere il busto leggermente proteso in avanti, verso il pubblico.

Il secondo aspetto da gestire bene è lo sguardo. Non bisogna assolutamente guardare nel vuoto o, peggio, fissare rigidamente un oggetto o un punto inanimato. Quando si parla in pubblico, i propri interlocutori sono, ovviamente, le persone in platea. È, quindi, a costoro che bisogna rivolgere lo sguardo.

L'ideale è guardarli man mano negli occhi… prima uno, poi un altro e così via… evitando di restare agganciati ad una sola porzione della platea. Un buon suggerimento è collegarsi allo sguardo di alcune persone più attente, come se si stesse parlando soprattutto con loro… purché si tratti di più soggetti, distribuiti in vari punti dell'uditorio.

Quando il palco lo rende possibile, sarà bene camminare da destra a sinistra e, se del caso, anche addentrarsi leggermente in verticale (laddove vi sia un corridoio centrale che lo permette).

Spostandosi, si avrà l'attenzione a guardare la parte della platea situata al lato opposto a quello in cui ci si trova. In questo modo saranno coinvolti sia i vicini (attraverso la nostra presenza) che i lontani (mediante il nostro sguardo).

Non mancheranno, ovviamente, i sorrisi, che è bene siano il più naturale possibile. Le mani vanno tenute in vista (metterle in tasca indica indisponibilità), muovendole in modo non eccessivamente plateale ma anche evitando che siano immobili. Di tanto in tanto sarà utile mostrare i palmi aperti, indice di onestà che infonde fiducia negli ascoltatori. Se possibile, è bene evitare di tenere in mano oggetti vari (penne, telecomandi o altro) che stimolano un senso di distrazione.

Il tono di voce sarà più squillante e il volume più alto di quando si parla con una singola persona. Sarà importante evitare la monotonia – cioè l'emissione di frasi dal volume e dal tono piatto. Sono invece importanti le pause, i rallentamenti, le sottolineature, le variazioni di volume.

Se il tema lo permette, sarà bene inserire nel discorso dei passaggi accompagnati da un tono più confidenziale o da un atteggiamento scherzoso. Nel caso di interventi lunghi, potrà essere opportuno, in segno di "messa in gioco personale", sganciarsi platealmente l'orologio (come ad indicare che non si va di fretta) o togliersi la giacca e arrotolare le maniche (come ad indicare che stiamo in partita).

Esercizio 16 – Test di auto-valutazione della difficoltà di comunicazione performativa

Cerchia un valore da 0 a 10 per ciascuna delle seguenti frasi, dove "10" indica la tua forte tendenza a ripetere gli errori di comunicazione descritti nella frase e "0" indica la tua piena capacità di non commettere tali errori.

1. Durante un esame o un colloquio, tendo ad incrociare le braccia   [0 – 1 – 2 – 3 – 4 – 5 – 6 – 7 – 8 – 9 – 10]

2. Durante un esame o un colloquio, gesticolo intensamente con le mani   [0 – 1 – 2 – 3 – 4 – 5 – 6 – 7 – 8 – 9 – 10]

3. Durante un esame o un colloquio, ho le mani completamente ferme   [0 – 1 – 2 – 3 – 4 – 5 – 6 – 7 – 8 – 9 – 10]

4. Durante un esame o un colloquio, tendo a toccarmi spesso naso e gola   [0 – 1 – 2 – 3 – 4 – 5 – 6 – 7 – 8 – 9 – 10]

5. Durante un esame o un colloquio, tendo a parlare velocemente   [0 – 1 – 2 – 3 – 4 – 5 – 6 – 7 – 8 – 9 – 10]

6. Durante un esame o un colloquio, non riesco a sorridere   [0 – 1 – 2 – 3 – 4 – 5 – 6 – 7 – 8 – 9 – 10]

7. Durante un esame o un colloquio, ho difficoltà a reggere lo sguardo dell'esaminatore   [0 – 1 – 2 – 3 – 4 – 5 – 6 – 7 – 8 – 9 – 10]

8. Parlare in pubblico mi mette a disagio   [0 – 1 – 2 – 3 – 4 – 5 – 6 – 7 – 8 – 9 – 10]

9. Quando parlo in pubblico non riesco assolutamente a creare una buona connessione emotiva con gli ascoltatori? [se non sai rispondere cerchia il numero 5]   [0 – 1 – 2 – 3 – 4 – 5 – 6 – 7 – 8 – 9 – 10]

10. Quando parlo in pubblico non riesco assolutamente ad avere consapevolezza del movimento delle mie mani [se non sai rispondere cerchia il numero 5]   [0 – 1 – 2 – 3 – 4 – 5 – 6 – 7 – 8 – 9 – 10]

Calcolo e spiegazione del risultato: *Calcola il totale sommando i valori che hai cerchiato in ciascuna delle dieci frasi. Se la somma è compresa tra 0 e 19, hai livelli molto bassi di difficoltà* *comunicativa; se è compresa tra 20 e 39, hai livelli bassi di difficoltà comunicativa; se è compresa tra 40 e 59, hai livelli medi di difficoltà comunicativa; se è compresa tra 60 e 79, hai livelli alti di difficoltà comunicativa; se è compresa tra 80 e 100, hai livelli molto alti di difficoltà comunicativa.*

210

ASSERTIVITÀ, COMUNICAZIONE, ANSIA, RABBIA, FELICITÀ

Lezione 11

LINGUAGGIO DELL'EMPATIA E CONTATTO D'ANIMA

L'empatia: sentire insieme

Siamo giunti all'ultima lezione. Il corso finora si è sviluppato in due parti. La prima, ti ha accompagnato nella conoscenza dei vari aspetti dell'alfabeto non verbale: la distanza tra le persone (prossemica), i gesti che accompagnano le parole (cinesica), le espressioni del volto, la postura, i movimenti delle braccia e delle gambe. La seconda parte del corso, ha toccato alcuni aspetti particolari: la comunicazione non verbale involontaria, la comunicazione non verbale con sé stessi, la differenza dei significati non verbali nel mondo, le strategie di comunicazione non verbale da porre in essere in alcune situazioni particolari.

In quest'ultima lezione, affrontiamo un aspetto di grande importanza: come la comunicazione non verbale può contribuire al rafforzamento dell'empatia e dell'unione tra le persone. Nel primo corso della Collana, abbiamo chiarito che l'empatia è una qualità essenziale delle relazioni e consiste nella capacità di "stare veramente" con gli altri, di comprendersi reciprocamente in modo profondo, di accettarsi e sostenersi vicendevolmente.

L'obiettivo di questo corso sul linguaggio del corpo, dichiarato nella lezione introduttiva, è quello di guidarti esattamente in questa direzione. Abbiamo chiarito fin da subito che la meta verso la quale abbiamo voluto condurti, è quella di una relazione sana e positiva con gli altri, basata su una comunicazione assertiva, autentica ed efficace.

L'empatia sintetizza, in un'unica parola, questo traguardo. Vediamo ora in che modo, proprio la comunicazione non verbale, può contribuire intensamente al suo rafforzamento.

Il linguaggio dell'empatia

Partiamo da due considerazioni di tipo scientifico, frutto dei più autorevoli studi nel campo della psicologia della comunicazione. La prima ce la offre Paul Watzlavick[31], padre dei cosiddetti "assiomi della comunicazione" , cioè dei pilastri principali sui quali si basa ogni scambio tra le persone. Watzlavick, dopo anni di ricerche, giunse a dimostrare che le parole sono il maggiore veicolo delle informazioni, mentre il linguaggio del corpo è il primo canale che alimenta le relazioni tra le persone.

---

[31] Paul Watzalvick (1921 - 2007), psicologo e filosofo austriaco, naturalizzato statunitense, grande studioso della comunicazione umana e membro insigne della Scuola di Palo Alto.

Vediamo con un esempio pratico di cosa stiamo parlando: se, rientrando la sera a casa, dopo una lunga giornata di lavoro, trovo un messaggio registrato di mia moglie che mi segnala la presenza nel microonde di un piatto di zuppa, le sue parole mi danno solo l'informazione sul come fare per cenare.

Se, invece, lo stesso messaggio me lo comunica di persona, accompagnandolo con un bel sorriso (di quelli autentici, che illuminano il volto di chi li fa e di chi li riceve), le parole trasmettono la medesima informazione ma il suo non verbale (in questo caso un *affect-display* cinesico – di cui abbiamo parlato nella IV lezione – caratterizzato da una espressione positiva del volto) mi fa sentire accolto, amato, coccolato… a vantaggio della qualità della nostra relazione di coppia.

Se, al contrario, le stesse parole fossero accompagnate da un viso scontento e con un tono di voce critico e distaccato, a parità di informazioni, la relazione ne resterebbe appesantita.

Watzlavick ci dice, dunque, che il linguaggio del corpo è il principale ingrediente per lo sviluppo delle relazioni e dell'empatia. Questo ci dà la piena consapevolezza di quanto sia importante diventare esperti di comunicazione non verbale. Ne va della qualità della nostra esistenza e di quella di coloro che ci sono intorno.

Il cervello "a specchio"

La seconda considerazione scientifica la traiamo dalla scoperta, avvenuta negli anni Novanta, a cura di un gruppo di ricercatori dell'Università di Parma, della presenza nel cervello degli esseri umani dei cosiddetti "neuroni a specchio". Si tratta di cellule cerebrali che si attivano sia quando una persona compie una certa azione, sia quando vede un'altra persona svolgere la medesima attività.

L'esistenza dei neuroni a specchio dimostra che gli esseri umani sono programmati per rivivere nella propria mente ciò che accade agli altri. È un processo involontario, automatico, in base al quale ciascuno di noi viene coinvolto dalle vicende altrui, come se fosse il diretto protagonista di quegli avvenimenti.

In altre parole, la scoperta dei ricercatori di Parma mette in evidenza che il nostro cervello è "strutturato per l'empatia". Le azioni, le emozioni e i pensieri degli altri non ci sono indifferenti, anzi suscitano in noi una precisa attività cerebrale, che ci predispone a "sentire" quello che loro sentono.

Se, per esempio, vediamo una persona piangere, nel nostro cervello si attivano i medesimi neuroni che vengono coinvolti quando siamo tristi. Se chi ci è accanto è visibilmente felice, anche in noi si attivano i centri neuronali della positività. Quando si dice che emozioni come l'allegria, la paura, l'ansia… sono contagiose, ci si riferisce a dinamiche che, alla base, hanno l'attività dei neuroni a specchio.

L'autostrada non verbale delle relazioni

Connettendo le due considerazioni scientifiche appena descritte, possiamo trarne la chiara consapevolezza che, come esseri umani, siamo fatti per stare in relazione empatica con gli altri (neuroni a specchio) e che la strada – anzi, l'autostrada – che esprime e cementa tale connessione è il linguaggio non verbale. Durante le lezioni precedenti abbiamo visto che ogni parte del nostro corpo ha in sé una capacità comunicativa formidabile. Si tratta di un potenziale che abbiamo la possibilità (e la responsabilità) di imparare ad usare.

Le espressioni del nostro volto, il modo in cui guardiamo l'altro, il tono di voce con cui parliamo, la modalità con cui stiamo seduti, il tipo di movimenti che facciamo… tutto il corpo, se guidato con consapevolezza e autenticità, può contribuire allo sviluppo di relazioni solide e vivificanti.

Si tratta di una crescita costante, nella quale, di esperienza in esperienza, aumenta – se dedichiamo la giusta attenzione – la nostra competenza comunicativa. In questo corso, abbiamo lanciato numerosi spunti e offerto indicazioni che ti stanno permettendo di fare importanti passi in avanti. Infatti, i margini di sviluppo della competenza comunicativa e relazionale delle persone sono enormi e molto ampi.

L'intreccio tra le continue scoperte scientifiche e gli antichi saperi sapienziali fa emergere di continuo nuove indicazioni, importanti conferme, ulteriori e promettenti prospettive.

Il bluetooth non verbale

Proviamo a fare un ultimo passo nelle nostre riflessioni, per lanciare lo sguardo oltre quello che ci siamo detti finora. Gran parte degli approfondimenti che ti abbiamo proposto riguarda gli aspetti "visibili" della comunicazione non verbale. Al contempo, in alcuni passaggi, è emersa l'esistenza di connessioni comunicative "invisibili", frutto della trasmissione e della ricezione di stimoli non verbali inconsapevoli. Vediamo più a fondo di cosa si tratta.

Vi è mai capitato di pensare a qualcosa e, subito dopo, scoprire che la persona accanto a voi, in quel medesimo istante, ha avuto il vostro stesso pensiero? A me accade soprattutto con mia moglie Carmela e, più di rado, con gli altri familiari e amici cari.

La scorsa settimana, mentre viaggiavamo in auto per andare a far visita alle nostre figlie maggiori, entrambe studentesse di psicologia all'Università Salesiana di Roma, mi è venuta in mente Francesca, un'amica cara che non sentivamo da alcuni mesi. Stavo per dire a mia moglie che avrei voluto telefonare a Francesca ma un attimo prima che iniziassi a parlare lei mi dice: «Sai, stamani ho pensato a Francesca. Che ne dici se la chiamiamo?».

Sono rimasto stupito, anche perché né, io né Carmela avevamo ricevuto segnali esterni che potessero farci pensare a Francesca. Né in quel momento, né nei giorni precedenti. Se fosse un singolo episodio, penserei al caso.

Ma non è così. Si tratta di una dinamica che ci capita spesso. Com'è possibile? È come se i nostri pensieri e le nostre emozioni si collegassero automaticamente. Come una sorta di bluetooth non verbale, che connette i nostri corpi e menti ad uno stadio inconscio che scambia informazioni in automatico.

Già da alcuni anni, questa dinamica mi ha molto incuriosito ed ho cercato di comprenderne la radice. La prima scoperta è stata che molte altre persone fanno la medesima esperienza e che, nella grandissima maggioranza dei casi, la "connessione" avviene quando si trovano fisicamente vicini ad una persona con cui hanno una condivisione emotiva molto profonda.

La seconda scoperta è stata che vi sono numerosi filoni di riflessione e di ricerca, in ambiti scientifici diversi, che indagano questi fenomeni. Mi ha molto impressionato, ad esempio, lo studio di Wilfred Bion[32] sulla *"reverie materna"*, cioè la capacità delle madri di figli neonati di recepire inconsciamente i vissuti profondi e non espressi dei loro bambini e di restituirglieli rielaborati, tramite gesti e parole, che permettono ai piccoli di usarli nei loro pensieri.

Pensiamo, ad esempio, all'angoscia che i bambini piccoli avvertono quando hanno dolore all'addome. Sono spaventati perché stanno male e non sanno da cosa questo sia causato. Se la madre, in modo calmo e sereno, accarezza dolcemente il bimbo e gli parla con tono rassicurante, gli restituisce – al di là delle parole che il bimbetto ancora non comprende – una situazione emotiva in cui quel dolore appare meno spaventoso e, quindi, più affrontabile e superabile.

Il contatto d'anima

Secondo Bion, il fenomeno sopra descritto avviene quando la coppia madre-figlio vive un'unione così profonda che si attivano dinamiche emotive e mentali congiunte, come se si trattasse di un unico essere vivente. La medesima dinamica di "comunicazione profonda", seppur con intensità minori, può ripresentarsi nella relazione tra adulti fortemente uniti.

---

[32] Wilfred Bion (1897 – 1979), psicanalista britannico, figura di spicco della ricerca psicanalitica e fautore della teoria psicodinamica della personalità.

Lo scenario che queste scoperte scientifiche ci offrono è affascinante e rivela l'enorme potenzialità della connessione non verbale con chi ci è vicino.

Viene alla mente quel passo della Genesi in cui si racconta che, dopo la creazione della donna, Adamo sperimenta finalmente la liberazione dalla cupa solitudine nella quale era precipitato. Eva non è una qualunque creatura… è «carne della sua carne, ossa delle sue ossa», c'è tra loro un profondo collegamento, oltre le parole e l'apparenza, che si esprime nel divenire «una sola carne» (o, con una traduzione più fedele al testo originale ebraico: «un solo essere vivente»).

È evidente che la prospettiva, sia scientifica che sapienziale, di cui stiamo parlando va ben oltre la semplice "tecnica" della comunicazione non verbale e chiama in gioco il senso e il fine del nostro stare e comunicare con gli altri.

Jacques Maritain,[33] uno dei più grandi filosofi del secolo scorso, dopo una lunga vita trascorsa a studiare e riflettere sull'essere umano e su ciò che lo realizza, esclamava in uno dei suoi ultimi scritti: «È significativo che gli uomini non comunichino veramente tra loro, se non passando per l'essere. Se restano nel mondo del loro io, non si comprenderanno. Si osservano senza vedersi, ognuno infinitamente solo».

Sono affermazioni potenti e illuminanti. Confermano il cammino intrapreso e aiutano a tenere ben fissa la meta: il bene nostro e di coloro che incontriamo, cercato attraverso l'unione profonda, attraverso il "contatto d'anima". Lungo questa strada, affascinante ed esigente, ci è d'aiuto la comprensione della

---

[33] Jacques Maritain (1882 – 1973), filosofo francese, padre dell'umanesimo integrale.

comunicazione non verbale e la valorizzazione del potenziale relazionale dei gesti del nostro corpo.

Il nostro corso termina qui. Abbiamo condiviso un bel tratto di strada e ci auguriamo di ritrovarci ancora. Ti auguriamo di proseguire, con buoni frutti, in questo viaggio che ti porta dentro te stesso e vicino agli altri!

Corso n° 3

Guida per vincere l'Ansia e vivere sereni

di Marco Giordano e Monica Vacca

Lezione 1

IMPARIAMO A GESTIRE L'ANSIA

> *«L'oscurità dà le vertigini.*
> *L'uomo ha bisogno della luce:*
> *e chiunque si tuffi nell'opposto della luce*
> *si sente il cuore stretto.*
> *Quando l'occhio vede nero, la mente vede confuso;*
> *nell'eclisse, nella notte, nella caliginosa opacità*
> *v'è l'Ansia, anche per i più forti»* [**Victor Hugo**[34]]

Benvenuto!

Salve. Mi chiamo Marco Giordano e sono il direttore della collana "Benessere e Felicità", promossa dal "Centro Studi – Progetto Famiglia", di cui fa parte questo corso su come "Vincere l'Ansia e Vivere Sereni". Insieme a Monica Vacca, giovane e

---

[34] Victor Hugo (1802 – 1885), scrittore, poeta, drammaturgo francese, padre del Romanticismo in Francia.

brillante laureanda in servizio sociale, con cui ho condiviso la preparazione del corso, desideriamo darti il benvenuto! Siamo felici che tu abbia deciso di dedicare parte del tuo prezioso tempo alla ricerca di un maggiore benessere interiore.

Peace Inside

Viviamo in un periodo storico complesso, che ha messo in discussione la vita sociale di ciascuno di noi, amplificando l'individualismo ed esponendo a dura prova le relazioni tra le persone. Assistiamo al graduale affievolirsi del sentimento d'appartenenza e d'integrazione sociale e al crescente aumento di stati d'animo caratterizzati, prevalentemente, da ansie e preoccupazioni.

In questo scenario sociale complesso, è di vitale importanza rafforzare le proprie competenze emotive e relazionali. Saper stare bene con noi stessi e con gli altri, riuscire ad affrontare le situazioni avverse trasformandole in opportunità, trovare dentro di noi le energie per migliorare la nostra vita e quella di coloro a cui teniamo... sono tutte "competenze" che possono essere consolidate e sviluppate.

Come affermava Socrate[35]: «Il segreto del cambiamento è concentrare tutta la tua energia non nel combattere il vecchio ma nel costruire il nuovo» ed è proprio questo il fine di questo corso.

È nostra intenzione aiutarti a valorizzare e potenziare la conoscenza del tuo "alfabeto emozionale", cioè degli elementi

---

[35] Socrate (470 – 399 a.C.), filosofo greco.

base sui quali si regge l'insieme delle emozioni che si muovono nel tuo mondo interiore. A che scopo? Conoscerti più a fondo, per imparare ad orientare positivamente le tue energie, migliorando il rapporto con sé stessi e con gli altri e raggiungendo una maggiore serenità interiore.

Non sei solo…

La scelta di iniziare questo corso può dipendere da vari motivi: sconfiggere i tuoi stati d'Ansia; comprendere come aiutare una persona cara a liberarsi dal suo malessere; interesse generale o, anche, pura curiosità. In ogni caso, sei intenzionato ad approfondire l'argomento, ad acquisire nuove competenze in merito.

Quando nella vita di una persona si insinua l'Ansia, si sviluppa un crescente malessere emotivo. È uno stato che può inquinare gravemente ogni attimo della giornata, fino ad offuscare la vita intera.

Se stai leggendo questa introduzione, significa che hai deciso, per te stesso e per gli altri, di fare un passo concreto in avanti. Il percorso che affronteremo insieme, breve ed intenso, siamo sicuri ti arrecherà numerosi benefici. Così, infatti, è accaduto a noi stessi, in prima persona, e a tanti altri che l'hanno seguito.

Per raggiungere l'obiettivo, occorre che tu scelga di riservare a queste pagine un approccio attento e autentico. È in questo modo, infatti, che potrai acquisire nuove consapevolezze e competenze. Ti chiediamo di esser sincero con te stesso e di dare la giusta importanza ad ogni tua emozione, anche quella che, ai tuoi occhi, potrà sembrare "minuscola" o "fuori luogo".

Attacchi d'Ansia e introspezione emozionale

Una delle "caratteristiche" più frequenti dell'Ansia è la tendenza a scatenare vere e proprie crisi emotive: il cuore inizia a correre all'impazzata o, al contrario, rallenta così tanto da amplificare il "suono" di ogni battito; il petto comincia a far male e il respiro diventa affannoso… tutto l'ossigeno del mondo sembra non bastare. Le mani e il busto diventano caldi e sudaticci; lo stomaco si stringe, il corpo si paralizza, la testa gira, la paura ci assale.

Sono questi i sintomi più comuni che si manifestano quando si viene assaliti da un attacco d'Ansia. Che si presentino tutti insieme o solo in parte, è indifferente. Ne bastano un paio per destabilizzare l'equilibrio di una persona.

Quante volte ti hanno detto o hai sentito dire ad altri: «Non pensarci e starai meglio!», «Sono tue paranoie», «Ti complichi la vita inutilmente!», «Quante moine per così poco!». Quante volte ci si è sentiti soli ed incompresi, sbagliati, inadeguati, strani, diversi.

Per uscire da questo tunnel, occorre acquisire un maggiore controllo delle proprie emozioni e una più solida capacità di "introspezione emozionale", imparando cioè ad ascoltarsi e a dare risposte adeguate ai propri bisogni emotivi.

Ottimizziamo le emozioni!

Le emozioni sono in grado di influenzare, nel bene e nel male, sia i nostri pensieri che il nostro comportamento. Hanno un alto potenziale energetico che, se ben governato, può farci fare grandi passi in avanti.

La parola *"emozione"*, non a caso, deriva dall'espressione latina *"ex-movère"* (*"ex"*, ovvero "fuori" e *"movère"*, ovvero "muovere"), che indica una dinamica interiore capace di "smuovere/portare fuori", "sprigionare" risorse altrimenti nascoste.

Come afferma il noto neurologo Antonio Damasio,[36] le emozioni hanno un ruolo imprescindibile nei processi decisionali e influenzano ogni nostra reazione, ogni nostro comportamento. Questo conferma che le emozioni, se non ben governate, possono prendere il sopravvento, fino a farci perdere il controllo di ogni cosa. Con questo corso miriamo ad ampliare la tua "autoconsapevolezza", cioè – come dicono Mayer e Stevend[37] –

---

[36] Antonio Damasio (1944), neuroscienziato e psicologo portoghese, direttore del Dipartimento di neurologia al *College of Medicine* della Iowa University e direttore del *Brain and Creativity Institute* della University of Southern California.

[37] John D. Mayer, esperto di psicologia della personalità dell'University of New Hampshire, e Alexander Steven, ricercatore di neuroscienze dell'Oregon Health and Science University.

l'essere «consapevole sia del tuo stato d'animo, che dei tuoi pensieri su di esso», per far sì che tu possa vincere le "guerre interiori" e raggiungere la piena *"Peace Inside"*[38]!

Dieci passi

Questo corso, che non si sostituisce ad eventuali terapie per trattare forme gravi di ansia, ti propone dieci step da mettere in atto nel quotidiano. Troverai consigli, esempi ed esercizi utili per prevenire e gestire gli attacchi d'Ansia, per rafforzare e migliorare l'idea che hai di te stesso e, in generale, il tuo approccio alla vita!

Si tratta di un percorso intensivo, nel quale abbiamo sintetizzato i contenuti teorici in modo che fossero sufficienti novanta minuti per apprenderli tutti. Non è stato semplice, perché gli argomenti sono vasti e i punti da affrontare molto numerosi.

Indicazioni pratiche

Un'ultima premessa, prima di iniziare il viaggio: le indicazioni pratiche. Innanzitutto, devi scegliere come approcciare al corso. Per la parte teorica, ci sono essenzialmente due modi: "tutto d'un fiato" o "una lezione alla volta". Valuta tu e scegli la modalità che preferisci, anche in base al tempo che hai a disposizione. Se lo affronti tutto d'un fiato, ovviamente, inizierai a fare gli esercizi dopo aver completato la lettura. Se,

---

[38] *Peace Inside*, cioè pace interna, serenità interiore.

invece, approfondirai una lezione per volta, sarà bene svolgerli man mano.

Da quanto abbiamo potuto osservare, i maggiori frutti li ha raccolti chi ha abbinato le due modalità. Ha, cioè, letto per intero tutta la teoria e poi, nei giorni successivi, si è dedicato alla rilettura di una lezione per volta e allo svolgimento degli esercizi.

Ad ogni modo, valuta tu, in base alla tua sensibilità. Per gli esercizi, ti suggeriamo di non saltare avanti e indietro. Affrontali nell'ordine in cui ti vengono proposti. Così farai un vero percorso.

Alcuni esercizi sono di auto-riflessione o auto-addestramento, quindi li potrai fare subito. Altri, invece, richiedono di accordarti con un tuo caro (un amico, un parente…). Svolgili quanto prima: sono proprio questi esercizi con altre persone a contribuire maggiormente al cambiamento che desideri.

Suggeriamo di dotarti di un block-notes. Utilizza sempre lo stesso, durante tutto il viaggio. Sarà utile per fissare i pensieri e annotare le scoperte. Le persone più motivate, a distanza di qualche mese, riapprofondiscono alcuni passi per consolidarli o riesplorarli ulteriormente. In questo, ti sarà utile riprendere il block-notes iniziale. Così facendo, potrai avere sempre a disposizione i tuoi appunti… e sarà sorprendente vedere quanta strada avrai fatto! Ci siamo detti tutto e siamo pronti a iniziare. Non ci resta che augurarti buon viaggio, lungo la strada per vincere l'Ansia e vivere sereni!

Lezione 2

UNA CATTIVA
"COMPAGNA" DI VIAGGIO

«Nel mio cuor dubitoso
sento bene una voce che mi dice:
"Veramente potresti esser felice".
Lo potrei, ma non oso»
[Umberto Saba[39]]

Cos'è l'Ansia?

Tra le abitudini più diffuse nel mondo d'oggi, troviamo quella di voler "definire" qualsiasi cosa si presenti dinanzi ai nostri occhi e al nostro cuore: a partire dagli oggetti che ci circondano e dai rapporti che si hanno con le persone, fino ad arrivare ai sentimenti e alle sensazioni che si provano.

---

[39] Umberto Saba (1883 – 1957), poeta, scrittore e aforista italiano.

È come se fossimo alla ricerca costante di quella sottile linea di demarcazione tra una cosa e l'altra, tra un pensiero e l'altro, tra un'emozione e l'altra; una distinzione che ci consenta di comprendere il significato esatto di ogni dettaglio e del mondo intero.

Così accade anche con l'Ansia. Sempre più spesso ci si chiede cosa sia e se ci riguardi. A volte la si rifiuta, ci si convince di non avere nulla a che fare con essa. È sempre difficile spiegare, a chi non l'ha provata sulla propria pelle, cosa vuol dire avere attacchi d'Ansia, come ci si sente e cosa si prova. Possiamo definire l'Ansia come uno stato d'animo, capace di attivare l'intero nostro organismo in seguito alla percezione, seppur minima, di potenziali ed imminenti pericoli a cui non sappiamo far fronte. Ne conseguono variegate reazioni emotive, cognitive (cioè pensieri) e comportamentali (cioè azioni).

Dal punto di vista neurologico, l'Ansia trova sede in una zona del cervello chiamata "amigdala". Quando viviamo una qualsivoglia emozione, capace di sovrastare la nostra parte razionale, l'amigdala entra in azione. Ricevuto un segnale di paura, emergenza o minaccia, ricerca nella nostra "memoria"[40] eventi passati ed analoghi, e invia messaggi al nostro cervello che lo invitano a reagire con comportamenti, per lo più irriflessi e simili a quelli passati, soprattutto di lotta o di fuga.

---

[40] Si tratta di un particolare tipo di memoria, detta "memoria di lavoro", che trattiene le informazioni necessarie ed essenziali per meglio rispondere all'insorgenza di compiti da svolgere, problemi da risolvere, azioni da compiere.

Proviamo ad intenderci con un esempio. Se, mentre sono alle prese con la preparazione di un esame universitario, vengo a sapere che la data è stata anticipata di alcuni giorni e che, quindi, avrò meno tempo per studiare a fondo il programma e rischio di giungere impreparato all'appello, la "minaccia" che questa circostanza comporta, induce l'amigdala ad attivarsi, suscitando in me la medesima reazione negativa (ad esempio, di battito accelerato e di improvvisa spossatezza fisica) vissuta in occasione di alcuni esami "andati male" negli anni precedenti.

Questo meccanismo è ancora più intenso quando ci si trova a rivivere la medesima situazione difficoltosa, cioè – ad esempio – durante la seduta d'esame, non appena il docente ci pone una domanda di cui ignoriamo la risposta.[41]

Malesseri fisici, ma non solo...

Quando parliamo di Ansia, si è spesso portati a pensare che questa comporti solo l'attivazione di sintomi fisici (sudorazione, palpitazioni, difficoltà respiratoria...), come quelli descritti nell'introduzione di questo corso, ma non è così. Insieme a questi, infatti, possono manifestarsi nuove "routine comportamentali", cioè veri e proprie "modi di fare" diversi da quelli che assumeremmo in condizioni di serenità. Ascoltiamo il racconto di una delle nostre prime corsiste: «La scorsa settimana, alcuni amici mi hanno invitata a trascorre una serata insieme. Sono

---

[41] È utile sottolineare che l'attività dell'amigdala è al centro di quella che è chiamata "l'intelligenza emotiva"... ma di questo parleremo più avanti.

rimasta seduta sul letto, ferma, per più di venti minuti, a fissare il vuoto. Nella testa e nel petto balenavano mille pensieri e sussulti, negativi e scoraggianti: "Se fossi andata con loro, avrei corso il rischio di incorrere in situazioni spiacevoli".

L'ultima volta che ero andata in centro, mi ero sentita poco bene: c'erano tante persone per uno spazio così ridotto; era troppo alto il volume della musica; erano troppe le chiacchiere da ascoltare e pronunciare mentre io volevo solo far silenzio. Tutti erano felici, spensierati, divertiti ed io... beh, io… mi sentivo fuori luogo. Al riaffiorare di questi ricordi e sensazioni, ho avvertito un profondo malessere, misto ad angoscia. Mi sono detta: "Mai più mi ritroverò in situazioni simili". Mi sono rifugiata nel letto, sotto le coperte, al sicuro. Gli amici che mi avevano invitato a trascorrere la serata in centro, non li ho raggiunti».

Un racconto semplice ed eloquente. Da queste parole, traspaiono atteggiamenti e comportamenti che, senza dubbio, derivano dall'influenza delle emozioni negative sperimentate in precedenza da questa ragazza, che l'amigdala ha fortemente riattivato.

La ragazza ha messo in campo un comportamento evitante e fuggitivo. Il solo immaginare di ritrovarsi in situazioni analoghe a quelle negative già vissute, ha suscitato in lei ansie e preoccupazioni, inducendola a rifugiarsi in un posto sicuro.

Quando ci si rintana nella propria *comfort-zone* (il letto e la casa, in questo episodio), diviene poi difficile allontanarsene. Sono un rifugio ma anche una gabbia... le cui sbarre si inspessiscono quanto più ci si resta nascosti. Ognuno di noi, attraverso le esperienze quotidiane, è spinto ad individuare un luogo, un oggetto, una persona che gli diano sicurezza, tranquillità ed equilibrio. Si tratta di una spinta solo apparentemente protettiva. Quando quest'identificazione tra il nostro benessere e una certa "zona di comfort" si cristallizza, diviene, senza dubbi, limitante: pur di custodire la propria stabilità, si è disposti a non vivere, a rinunciare... pur di non esporsi a rischi, di non allontanarsi dal proprio "porto sicuro". Se questo avviene, è perché si reagisce in modo sbagliato agli stati d'Ansia.

Se ci trovassimo dinanzi a una minaccia grave e concreta, sarebbe saggio non esporsi. In questo caso, infatti, l'emozione che ci assale e che ci suggerisce di "nasconderci" sarebbe la "paura sana", protettiva. È, ovviamente, una emozione importante, che aiuta a proteggersi da pericoli e danni.

Quando parliamo di Ansia negativa[42], ci riferiamo, invece, ad una "paura malsana", che s'attiva in modo eccessivo di fronte alla percezione di un pericolo generico e di minima entità o, addirittura, irreale.

Tenere a bada i pensieri automatici

Alla base del meccanismo che abbiamo appena descritto troviamo i cosiddetti pensieri "automatici". Si tratta di pensieri irrazionali che si manifestano al nostro conscio in maniera

---

[42] Nella prossima lezione parleremo di ansia "maligna" e "disattivante".

automatica e spontanea.

Il più delle volte, sono di natura negativa: «Non riesco a chiudere occhio. Il colloquio è andato male. Non solo non farò il lavoro che mi piace ma, addirittura, non ne troverò mai uno. Sono un'incapace».

L'esito del colloquio a cui questi pensieri si riferiscono non pare sia stato quello sperato. Varie potrebbero essere le motivazioni correlate: personale già al completo, mancanza di un requisito considerato necessario, revoca dell'annuncio per un improvviso cambio d'idea del datore di lavoro e così via. Il non essere assunto per quel determinato lavoro, ovviamente, non equivale all'impossibilità di trovarne altri. Eppure, in queste parole, è ben evidente la totale sfiducia in sé stessi e nelle proprie capacità.

Da cosa dipende questo? Dal grado di intelligenza emotiva che si possiede, indispensabile per poter dare la giusta interpretazione ai pensieri. Una persona ansiosa tenderà a credere al "pensiero automatico negativo", senza mai metterlo in discussione. Lo farà "proprio", cadendo in un vortice di emozioni amare che deformeranno la percezione della realtà.

Daniel Goleman[43], nel suo capolavoro sull'intelligenza emotiva[44], afferma che, nelle persone più sensibili alle emozioni,

---

[43] Daniel Goleman (1946), psicologo, scrittore e giornalista statunitense, docente all'Università di Harvard e membro dell'*American Association for the Advancement of Science*.
[44] Ci referiamo al *bestseller* mondiale "*Intelligenza Emotiva – Che cos'è e perché può renderci felici*", da quasi trent'anni in cima alle classifiche dei

il minimo stimolo può scatenare vere e proprie tempeste che, a loro volta, possono rivelarsi infernali.

È per questo motivo che, uno dei primi passi per prevenire e vincere l'Ansia è tenere "a bada" o, quantomeno, ridimensionare e contestualizzare i pensieri automatici e i sentimenti ad essi connessi. In questo, vedremo insieme come farlo.

---

libri di psicologia e *self-care* più venduti, pubblicato in Italia da Bur Rizzoli.

238

Lezione 3

ANSIA "BUONA" E ANSIA "MALIGNA"

Lo sconosciuto che tutti conoscono

La vita, si sa, è un susseguirsi di eventi che mettono a dura prova il nostro equilibrio emozionale. In Italia, circa sei milioni di persone soffrono di disturbi d'Ansia. Che sia per predisposizione genetica o ereditaria, per caratteristiche personali, per il susseguirsi di eventi stressanti o altro ancora, l'Ansia grave colpisce una persona ogni dieci.

Tuttavia, nonostante questa grande diffusione, l'Ansia può essere considerata come un "disturbo invisibile", al quale si riserva poca attenzione. Nelle pagine precedenti, abbiamo osservato l'Ansia sia dal punto di vista cognitivo (dei cosiddetti "pensieri ansiosi"), che dal punto di vista somatico (cioè dei sintomi fisici con i quali l'Ansia si manifesta).

Per quanto riguarda gli effetti sui comportamenti e gli stati d'animo delle persone, quelli causati con maggiore frequenza dall'Ansia sono: evitamento, insicurezza, angoscia, diffidenza, timore, agitazione, preoccupazione eccessiva, procrastinazione (cioè rinvio continuo di attività e impegni), insonnia e così via.

L'Ansia "buona"

Prima di proseguire nel nostro viaggio sulle strategie per sconfiggere l'Ansia, imparando a prevenirla o a liberarsene, è doveroso sottolineare che l'Ansia non è sempre qualcosa di negativo. Tutt'altro! Anche se a dirlo può suonare strano, esiste un'Ansia buona, positiva. Gli esperti la chiamano "Ansia attivante".

Monica, la coautrice di questo corso, mi ha raccontato di recente un episodio molto eloquente, accadutole all'Università: «Era una mattina di fine maggio, i raggi del sole penetravano dalle grandi finestre creando un'atmosfera quasi piacevole. Attendevo il mio turno per sostenere l'esame. Mi sentivo sotto pressione, per il timore di andare male. Per questo utilizzavo ogni attimo utile per rileggere velocemente gli appunti che avevo con me. Riga per riga, parola per parola, lettera per lettera, nulla mi doveva sfuggire. Avevo il cuore accelerato e il respiro leggermente affannoso e per questo, mi recavo di tanto in tanto vicino ad uno dei finestroni dell'aula, per inspirare ed espirare, lentamente. Poi tornavo al mio posto e riprendevo il ripasso. Il professore pronunciò il mio nome.-Affrontai l'esame molto concentrata. Un ottimo voto coronò i miei sforzi».

Quanto riportato, è un chiaro esempio di ciò che intendiamo quando si parla di "Ansia attivante". Dal punto di vista cognitivo e somatico, alcuni sintomi sono analoghi all'Ansia negativa: timore e preoccupazione, tachicardia, accelerazione del respiro … Tuttavia, restando al di sotto di una certa intensità, hanno l'effetto di stimolare l'azione. In questo caso, infatti, l'Ansia ha contribuito al miglioramento della prestazione, tenendo elevato il livello di attenzione e concentrazione di Monica e assumendo, così, un ruolo positivo.

Le persone che sono in grado di esercitare un efficace controllo sulla propria attività emotiva, mantenendola al di sotto di un certo livello, riescono a gestire in modo migliore le difficoltà, le prove e gli imprevisti che si presentano loro.

Al centro di questa capacità di autocontrollo c'è quella che Thomas Borkovec[45] chiama "autoconsapevolezza delle proprie emozioni". Si tratta di una abilità che costituisce l'elemento essenziale per liberarsi da ogni stato d'animo negativo. Borkovec vede in esso il primo *step* per imparare a controllare i livelli di preoccupazione e per prevenire le situazioni che le innescano.

Inoltre, essere dotati di un buon autocontrollo, faciliterà l'utilizzo – per tempo – di tecniche di rilassamento utili a placare gli stati d'agitazione (nelle pagine successive, ne mostreremo alcune).

---

[45] Thomas Borkovec, professore di Psicologia presso l'Università dell'Illinois e ricercatore esperto in disturbi d'ansia.

Vengono alla mente le parole di Oscar Wilde[46], nella sua celebre opera *"Il ritratto di Dorian Gray"*: «[…] Chi sia padrone di sé, può porre termine a una sofferenza con la stessa facilità con cui inventa un piacere. Non voglio essere in balia delle mie emozioni. Voglio servirmene, goderle e dominarle».

L'Ansia "Disattivante"

Cosa accade quando non si è dotati di un buon autocontrollo? L'equilibrio emozionale e il benessere psicologico vengono compromessi. Le emozioni diventano talmente intense da sfociare in uno stallo delle normali capacità riflessive e operative. La persona va letteralmente in tilt, perdendo il controllo della situazione, dei propri pensieri e, non di rado, anche delle proprie azioni.

Se Monica non avesse avuto una adeguata capacità di autocontrollo emotivo e fosse finita in preda ad un attacco d'Ansia, il racconto del suo esame sarebbe probabilmente andato diversamente. Proviamo ad ipotizzarlo: «Era una mattina di fine maggio, i raggi del sole penetravano dalle grandi finestre creando un'atmosfera quasi soffocante. Attendevo il mio turno per sostenere l'esame. Mi sentivo sotto pressione, per il timore di andare male. Per questo utilizzavo ogni attimo utile per rileggere velocemente gli appunti che avevo con me. Riga per riga, parola per parola, lettera per lettera, nulla mi doveva sfuggire. Avevo il cuore accelerato e il respiro leggermente affannoso (*fin qui tutto*

---

[46] Oscar Wilde (1854 – 1900), scrittore, poeta, giornalista irlandese, esponente del decadentismo britannico.

come sopra... ora si scatena l'attacco d'Ansia) più cercavo di ripetere i concetti studiati per mesi e mesi, più avvertivo la sensazione di non ricordare nulla. Il cuore batteva all'impazzata, iniziai ad agitarmi, a sudare, a tremare. La gola era secca, nessuna parola riusciva più a fuoriuscire. Come potevo aver dimenticato tutto? Eppure, fino a poche ore prima, ricordavo bene i vari argomenti. Ero nella disperazione e nello sconforto totale. Già immaginavo il colloquio: "scena muta" e rimprovero del docente dinanzi a tutti i miei compagni. Mi alzai frettolosamente e andai via».

Quello che abbiamo appena visto è un esempio assai differente dal precedente. La situazione è la stessa, eppure le dinamiche e gli esiti sono ben diversi. Alla comparsa delle prime emozioni ansiose, la mente precipita velocemente in un circolo vizioso di pensieri turbolenti. Entra in un vortice di vissuti negativi, nel quale ci si discosta sempre più dalla realtà. Tutto sembra sfuggire al controllo, la "catastrofe" appare imminente.

Anche se gran parte del pericolo è solo nella mente, a furia di pensare e ripensare al problema, lo si alimenta, lo si ingigantisce. Ogni soluzione diventa vana, la razionalità scompare e il buon senso diventa un ricordo lontano.

Questi picchi acuti di Ansia si definiscono "disattivanti" perché orientano corpo e anima in una direzione disfunzionale, che induce ad assumere comportamenti troppo prudenti, orientanti al "non agire" e alla fuga.

244

Lezione 4

INTELLIGENZA EMOTIVA: L'ANTIDOTO CONTRO L'ANSIA

Ragione *versus* emozioni

Quando parliamo di intelligenza, viene spontaneo pensare che ci si riferisca a quella "cognitiva", riguardante la ragione. Fin dai primi anni dell'infanzia, la nostra mente viene stimolata ad apprendere nuove nozioni, nuove discipline, nuovi strumenti razionali. L'emotività, purtroppo, viene spesso trascurata, salvo poi scoprire che le persone, divenute adulte con gravi lacune emotive, si ritrovano a dover mettere in *stand by* le proprie vite a causa di battaglie interiori irrisolte. Vengono totalmente travolte dalle emozioni. Stiamo esplorando, in questo nostro viaggio, quanto possa essere limitante soffrire di attacchi d'Ansia. È necessario, e più che mai doveroso, porre maggiore attenzione su tutto ciò che si muove dentro l'animo umano.

Una strada ricca di preziose indicazioni è quella dell'intelligenza emotiva, descritta per la prima volta dallo psicologo Daniel Goleman, psicologo statunitense a cui ci riferiamo spesso in questo nostro corso.

Goleman ci segnala che numerosi studi dimostrano la presenza di una molteplicità di benefici per coloro che hanno sviluppato una buona abilità emozionale. Si tratta di benefici riscontrabili in tutti gli ambiti della vita. L'essere "padroni" delle proprie emozioni permette, infatti, di migliorare il rapporto che si ha sia con sé stessi che con gli altri.

I cinque ingredienti dell'intelligenza emotiva

Nei paragrafi precedenti, abbiamo descritto i meccanismi che portano all'innesco dell'Ansia disattivante. Proviamo ora ad esplorare – seppur sinteticamente – l'orizzonte dell'intelligenza emotiva. Goleman afferma che cinque sono le competenze/capacità di cui essa si compone. Alcune le abbiamo già accennate.

Autoconsapevolezza. Goleman la chiama: «La capacità di riconoscere un sentimento nel momento in cui esso si presenta. È la chiave di volta dell'intelligenza emotiva». Durante questo percorso, abbiamo più volte ribadito l'importanza di questa abilità sociale. Possedere "autoconsapevolezza" vuol dire saper identificare un'emozione nel momento in cui essa nasce. Si tratta della precondizione per poterla gestire, tenendo sotto controllo gli eventi senza esserne sopraffatti. Le risposte comportamentali saranno proporzionate all'input recepito dalla realtà. L'essere padroni di sé stessi e delle proprie emozioni accresce la fiducia che si ripone verso la propria persona e dona un senso di maggiore sicurezza che, a sua volta, migliora la percezione che gli altri hanno di noi.

Autocontrollo. Daniel Goleman afferma che: «Le convinzioni che le persone nutrono sulle proprie capacità, hanno un profondo effetto su queste ultime. Chi è dotato di *self-efficacy* si riprende dai fallimenti; costoro si accostano alle situazioni pensando a come fare per gestirle, senza preoccuparsi di ciò che potrebbe eventualmente andare storto". L'autocontrollo è strettamente correlato all'autoconsapevolezza. Le persone dotate di un buon autocontrollo, riescono a superare in modo efficace i problemi o gli imprevisti che si presentano loro. È fondamentale per un equilibrato benessere psicologico. Non solo, esso rende le persone flessibili, capaci di adattarsi ad ogni cambiamento.

Motivazione. Per Goleman si tratta di: «Una forma di gestione del sé che ci consente di mobilitare le nostre emozioni positive per proiettarci verso un obiettivo». Quando si è provvisti di una buona motivazione, ci si impegna assiduamente per il raggiungimento dei propri obiettivi. Che il percorso sia lineare o meno, non importa… con la giusta motivazione e perseveranza, non ci si scoraggia!

Riconoscimento delle emozioni / Empatia. Quando si è dotati di una buona autoconsapevolezza e si è padroni dei propri sentimenti, si è avvantaggiati nel riconoscimento delle emozioni altrui. Essere dotati di una buona dose di empatia, infatti, permette di percepire e comprendere anche i sentimenti più profondi e nascosti... quelli che traspaiono attraverso il linguaggio non verbale, ovvero con gesti, espressioni e via dicendo.

Gestione delle relazioni. Goleman ci ricorda che una buona capacità empatica permette di mantenere e stabilire relazioni solide ed efficaci: il segreto è riuscire a coordinare le proprie emozioni con quelle degli altri!

Come avrai notato, queste abilità sono strettamente correlate tra loro. Ciascuna di esse è parte del nostro mondo interiore. Tutti ne siamo dotati, chi più e chi meno. Bisogna solo "lavorarci su", consapevoli che... se è vero che è importante stimolare ed accrescere la propria cultura, altrettanto necessario è sviluppare le proprie competenze emozionali, prendendosi cura del proprio sé e della propria sfera interna!

Step by step

Chiarito quanto sopra, poniamoci ora la domanda intorno alla quale ruota l'intero corso: «Visto che l'antidoto contro l'Ansia è l'intelligenza emotiva, come si fa a rafforzarla?». È un quesito di assoluta importanza. Le strade da percorrere per sconfiggere l'Ansia possono essere varie. In queste prime quattro lezioni abbiamo "inquadrato il tema". Come diceva Leonardo Da Vinci[47]: «Sempre la pratica deve essere edificata sopra la buona teorica».

Non sappiamo se hai letto tutto d'un fiato le pagine fin qui, o se ci sei arrivato un passo alla volta. Il percorso che ti proponiamo nelle prossime lezioni, come anticipato all'inizio, è articolato in dieci step concreti. Si tratta di passi che potenziano la tua intelligenza emotiva, con modalità adatte alla vita quotidiana. Step utili per prevenire e controllare improvvisi attacchi d'Ansia e che ti aiuteranno a preservare un buon equilibrio interiore.

I dieci passi, ovviamente, non esauriscono i variegati e innumerevoli rimedi contro l'Ansia... puntano, piuttosto, direttamente alle questioni immediatamente operative... come chi ha bisogno di costruire velocemente un primo riparo per la pioggia. Con calma, e con ulteriori lavori, potrà edificare strutture più ampie... ma, intanto, grazie al primo riparo, inizia a stare "all'asciutto", premessa per recuperare le energie per ulteriori e più impegnative costruzioni.

---

[47] Leonardo Da Vinci (1452 – 1519), scienziato, inventore e artista italiano.

250

Step I

Smascherare l'inganno
ANSIA E DISTORSIONI COGNITIVE

Tutto nero all'orizzonte!

Abbiamo parlato, in precedenza, dei pensieri automatici disfunzionali. Pensieri che ricorrono ogni qualvolta si vivono nuovi eventi e che ne condizionano lo sviluppo.

A questi, Aaron T. Beck[48], il primo a descriverli, attribuisce il nome di "schemi cognitivi alterati" o, anche, "distorsioni cognitive". Si tratta di forme ricorrenti di interpretare – in modo alterato – le situazioni della vita. Modalità che si presentano ogni qual volta una persona affronta certe avversità, attivando livelli di agitazione ed Ansia emotiva di entità sproporzionata.

Le "distorsioni cognitive" ci portano a maturare credenze e convincimenti molto radicati, nonostante non siano supportati

---

[48] Aron T. Beck (1921 – 2021), psichiatra e psicoterapeuta statunitense.

dalla concretezza dei fatti. Superarli richiede un grande lavoro di autoconsapevolezza.

Si tratta di una vera e propria "trappola" della mente, perché ci convinciamo di cose non vere. La nostra attenzione si discosta pian piano dalla realtà. I pensieri si focalizzano su alcuni aspetti negativi, ampliandoli di continuo e portandoli al loro estremo (ecco la distorsione!).

Questo meccanismo automatico alimenta una sensazione di sofferenza che, a sua volta, influenza i comportamenti futuri messi in atto.

Il pensiero dicotomico

Per smascherare le distorsioni cognitive, proviamo di seguito ad elencare quelle più comunemente presenti. Imparare a riconoscerle è già "metà dell'opera", poiché esse agiscono come un inganno: nel momento in cui riusciamo a "svelarlo" siamo già vicini alla salvezza.

In genere, la prima distorsione cognitiva che agisce nella nostra mente è il cosiddetto "pensiero dicotomico". Si tratta di un modo di valutare gli eventi e le situazioni in base al quale le cose vanno completamente male o, all'opposto, completamente bene. È un pensiero che oscilla tra due poli, positivo e negativo, senza alcuna via di mezzo.

Ecco un esempio di pensiero dicotomico: «Al capo non è piaciuta la presentazione del mio lavoro. Ho fallito!». Come puoi notare, di fronte ad una presentazione poco brillante, probabilmente per l'esposizione incompleta, si è giunti a pensar male dell'intero lavoro svolto. La valutazione esperienziale, influenzata dal pensiero dicotomico, passa da un estremo all'altro. Esistono solo il bianco e il nero... non le mille sfumature di grigio della vita reale.

Generalizzazione e catastrofismo

Al "pensiero dicotomico" seguono, in genere, altre due "distorsioni cognitive": l'eccessiva generalizzazione degli eventi e il catastrofismo. Secondo la prima, se un esame va male, accadrà lo stesso per tutti i successivi. Il singolo evento, valutato in modo negativo, viene cioè utilizzato per definire un'intera categoria di eventi.

Il catastrofismo, invece, è una distorsione del pensiero che porta le persone a presagire conseguenze apocalittiche. Continuiamo l'esempio precedente, quello della prestazione lavorativa andata male: «[...] Sicuramente verrò licenziato. Nessun altro mi assumerà, come farò a vivere? Non potrò più pagare il mutuo e sarò costretto a lasciare la mia casa».

È evidente che la previsione sull'andamento degli eventi successivi viene pensata e raffigurata come qualcosa di totalmente cupo, con una serie di ripercussioni distruttive, senza alcuna soluzione.

Ciclo della distorsione e personalizzazione

Un'ultima distorsione cognitiva che, in genere, segue le precedenti è la "personalizzazione". Si presenta come "approdo finale" del ciclo della distorsione, come frutto delle distorsioni sopra descritte. Induce ad attribuire a sé stessi una valutazione negativa e senza rimedi.

La persona, partita dal pensiero dicotomico («la mia prestazione lavorativa è stata completamente negativa»), lo generalizza («tutte le mie prestazioni lavorative sono completamente negative»), quindi lo catastrofizza («perderò il lavoro e anche la casa e finirò in miseria») e, infine, lo personalizza («sono un fallito e un incapace»).

La personalizzazione rappresenta la "ciliegina sulla torta" delle distorsioni cognitive. È il passaggio che porta dal pensare di avere commesso degli sbagli, al convincersi di "essere completamente e irrimediabilmente sbagliati".

Smascherare l'inganno, ampliare lo sguardo

Il primo passo per iniziare a contrastare l'Ansia che ci assale è, dunque, "smascherare l'inganno". Quali sono le distorsioni cognitive che ci assillano? Individuarle non è né facile, né immediato. Siamo così abituati a "sentirci incapaci" o, addirittura, "sbagliati", che facciamo difficoltà a fare delle ipotesi alternative.

La difficoltà principale è che, a monte dei giudizi negativi che ci auto-addossiamo, ci sono episodi concreti, reali difficoltà, sconfitte e problemi effettivi. Il punto, però, è che questi "eventi critici" non descrivono assolutamente l'intero scenario. Sono un neo su un bel volto, che guardiamo talmente da vicino da perdere la percezione del tutto.

L'Ansia alimenta queste distorsioni e, al contempo, se ne nutre. Il primo passo, abbiamo detto, è smascherare l'inganno. Per farlo, occorre allontanarci un attimo dal problema, per cercare di vedere "tutto il volto". Non è una cosa che avviene automaticamente. Bisogna decidere di farlo e, anche, farsi dare una mano dalle persone care, chiedendo loro di aiutarci a guardare l'intero quadro.

Fino ad una decina di anni fa, anch'io restavo spesso "schiacciato" dall'Ansia disattivante. Poi, ho imparato a dare più attenzione ai miei punti di forza, piuttosto che a quelli di debolezza. Per farlo, ho dovuto impormi di "elencarli per iscritto".

Non è stato facile... all'inizio, sul foglio, riuscivo a segnare soltanto i punti negativi... poi, piano piano, anche grazie al confronto con alcuni amici cari, la lista di quelli positivi si è allungata.

Ancora oggi, i miei "punti deboli" mi affliggono e, di tanto in tanto, inciampo in qualche pensiero dicotomico (che mi fa ingigantire il peso degli errori che commetto). A volte, scivolo anche in un po' di generalizzazione e di catastrofismo... riesco però ad accorgermene per tempo e, dopo qualche oretta di Ansia acuta e maligna, riesco a voltare pagina e a rimettermi in carreggiata, scommettendo sui miei punti positivi.

Esercizio 1 - Analisi delle distorsioni cognitive

Il primo esercizio che ti proponiamo è quello di effettuare un lavoro di analisi delle distorsioni cognitive nelle quali incappi più frequentemente. L'esercizio si svolge in due fasi:
*- **Fase 1: Auto-Analisi delle distorsioni:** elenca sul tuo block-notes le distorsioni cognitive che maggiormente ti affliggono, cercando di analizzarne il "ciclo". Per farlo disegna una tabella con quattro colonne e quattro o più righe. Nella prima riga inserisci, in corrispondenza di ciascuna colonna, le seguenti quattro intestazioni: "pensiero dicotomico", "generalizzazione", "catastrofismo", "personalizzazione". Fatto ciò, compila le righe successive indicando, per ciascun "ciclo della distorsione" gli elementi corrispondenti a ciascuna colonna. Pensando all'esempio riportato sopra, nella seconda riga scriveremo: "il lavoro che ho fatto è tutto sbagliato", nella prima casella, corrispondente al pensiero dicotomico; "sbaglio sempre tutti i lavori", nella casella della generalizzazione; "a causa di questo perderò il lavoro e la casa", nella casella del catastrofismo; "sono incapace di lavorare" nella casella della personalizzazione. Sforzati di descrivere almeno tre cicli della distorsione, cioè di compilare almeno tre righe.*
*- **Fase 2: Confronto con una persona cara:** completata la tabella, descrivila ad una persona a te cara che ti conosce bene e, con il suo aiuto, individua eventuali ulteriori "cicli" presenti del tuo modo di pensare e di sentire.*

Step II

Io sono Capace
OTTIMISMO E INTELLIGENZE MULTIPLE

Ansia, difficoltà e capacità

Tra le situazioni che causano, nelle persone, forti stati d'Ansia, una delle più diffuse e problematiche è quella in cui si devono affrontare circostanze complesse e difficili. Le avversità possono essere assai differenti: sostenere un importante colloquio di lavoro; superare un certo esame all'università; discutere con persone aggressive; trovare, in tempi brevi, le risorse economiche necessarie a completare un certo progetto e così via.

L'Ansia sale tanto più in alto, quanto più percepiamo il divario tra le nostre ridotte capacità e l'enormità dei problemi che dobbiamo affrontare. La tensione diventa insopportabile quando dal nostro "successo" o "insuccesso" dipendono cose importanti per noi, per la nostra vita, per le persone a cui teniamo. Più alta è la posta in gioco, più grave sarà la paura di fallire! Non di rado, iniziano a ruotarci in mente frasi come: «Non sono capace», «Non ce la farò mai», «È troppo difficile», «È impossibile», «Sono spacciato», «Non ho nessuna speranza di riuscire», etc.

L'ottimismo si apprende

Per capire come reagire a questi attacchi d'Ansia, è importante mettere bene a fuoco cosa li causa. Hai mai sentito parlare di "incapacità appresa"? Si tratta di una "sindrome" (cioè di un insieme di sintomi negativi) che colpisce moltissime persone. Consiste nel profondo convincimento di "non essere capaci", di "non valere nulla", di essere "impotenti e inermi" di fronte alle avversità.

A parlarci di "incapacità appresa" è Gioacchino Lavanco[49]. La descrive come la situazione nella quale: «il soggetto, esposto a continue e ripetute esperienze di insuccesso, "apprende" di non esercitare alcun controllo personale sugli avvenimenti».

In parole più semplici, Lavanco ci dice che la stima in sé stessi, e il connesso ottimismo, non sono qualcosa di fisso e predeterminato, bensì si "apprendono", aumentando o diminuendo nel tempo. Ad insegnarcele, a convincercene, sono le "esperienze positive o negative", i "successi" o gli "insuccessi" vissuti man mano.

Si tratta di una dinamica presente nella vita di ogni persona, fin dalla nascita. Quando il neonato ha fame, piange per segnalare alla sua mamma che ha bisogno di essere allattato. Se, al pianto, segue l'immediata disponibilità della madre che, con premura e attenzione, gli offre il nutrimento richiesto, il bambino "impara" di essere capace di influenzare positivamente ciò che avviene intorno a lui.

---

[49] Gioacchino Lavanco, professore ordinario di psicologia di comunità all'Università di Palermo.

Se, invece, nonostante il pianto, il latte non arriva, il bambino "impara" di non essere capace, di essere impotente ed esposto ad eventi negativi (la fame) sui quali non ha alcun controllo. A volte arriverà il cibo, altre volte no... il tutto in modo completamente indipendente dal suo comportamento. Si convincerà così di trovarsi, inerme, in una situazione imprevedibile e pericolosa.

Ognuno di noi, nel corso della crescita, fa mille esperienze di capacità e di incapacità, di sicurezza e insicurezza. Le prime e più profonde avvengono in famiglia[50], poi c'è la scuola e il gruppo dei pari (amici, compagni di classe...). A seguire, si incontrano successi e insuccessi al lavoro, nella vita di coppia e in tutti gli altri contesti sociali nei quali si svolge la nostra esistenza.

L'esito, positivo o negativo, delle tante e variegate esperienze di ciascuno, ne accresce o indebolisce l'autostima e l'ottimismo. Questo dipende sia dai risultati concreti raggiunti, che dal giudizio che gli altri esprimono nei nostri confronti.

Quando i risultati sono scarsi e, soprattutto, quando chi ci sta intorno ci giudica negativamente o non ci dà la giusta attenzione ed importanza, è altamente probabile che si sviluppi in noi la sindrome dell'incapacità appresa.

Per superarla, Lavanco dice che occorre intraprendere un percorso di *empowerment* (cioè di potenziamento, di rafforzamento) sia delle nostre capacità, che della percezione positiva che ne abbiamo. Questo cammino ci porta ad "apprendere" opinioni positive su noi stessi e sul nostro futuro.

---

[50] È in famiglia che i bambini, ricevendo (o non ricevendo) costanti cure e attenzioni dai propri genitori, sviluppano la fiducia (o la sfiducia) in sé stessi, negli altri e nel mondo. John Bowlby, ideatore della Teoria dell'Attaccamento, parla di base affettiva "sicura" o "insicura", a seconda del grado di qualità e di adeguatezza delle relazioni con i propri "datori di cura" (genitori e altri adulti significativi).

L'obiettivo verso il quale camminare – dice Lavanco – è quello della "speranza appresa", cioè dell'imparare a guardare l'orizzonte con un sano e concreto ottimismo.

Empowerment e intelligenze multiple

Giunti a questo punto, occorre dirci qual è la strada concreta per il nostro *empowerment*. Abbiamo detto che si tratta di un aspetto che riguarda sia le nostre "capacità effettive", che le "convinzioni" che abbiamo su di esse.

Per il rafforzamento concreto delle capacità, le strade possono essere mille e, in gran parte, passano per un investimento formativo (percorsi di specializzazione, training, stage, etc.). Bene fa chi si impegna nella propria formazione... ne guadagna sia in competenze effettive, che in sicurezza e autostima.

Per rafforzare la "convinzione di essere capaci", ci è d'aiuto una riflessione di Marc Zimmerman.[51] Questo noto studioso ci insegna, che uno degli ingredienti per potenziare l'autostima (che chiama *empowerment psicologico*) è l'accrescimento della consapevolezza delle proprie risorse e criticità. Si tratta di fare un'attenta analisi dei propri punti di forza e di quelli di debolezza. Analisi che è importante svolgere sia con la riflessione personale, che attraverso il dialogo con gli altri.

Abbiamo già toccato questo aspetto nelle lezioni precedenti. È di tale importanza che conviene approfondirlo ulteriormente. Per quanto riguarda i punti di forza, possiamo prendere a riferimento l'elenco delle *intelligenze multiple* proposto da un

---

[51] Marc Zimmerman, professore della School of Public Health dell'Università del Michigan, autore di fama internazionale per i numerosi studi e ricerche nel campo dell'Empowerment.

altro luminare della psicologia internazionale, Howard Gardner[52], secondo il quale vanno messi in discussione i criteri di misurazione del cosiddetto "Quoziente di Intelligenza" delle persone, perché ci sono almeno otte diverse tipologie di intelligenza e ogni persona ne ha alcune più sviluppate ed altre meno.

Le esperienze di "incapacità" sono spesso dovute ad un cattivo *matching* (ad un errato incontro, abbinamento) tra la tipologia dei problemi da affrontare e la tipologia di intelligenza posseduta da una persona. È nota ai più l'affermazione di Albert Einstein[53], secondo la quale: «Ognuno è un genio. Ma, se si giudica un pesce dalla sua abilità di arrampicarsi sugli alberi, lui passerà tutta la sua vita a credersi stupido».

Dunque, il primo passo è individuare quali sono le proprie concrete capacità, cioè quali tipologie di intelligenza sono in noi maggiormente sviluppate. Vediamole nel dettaglio: intelligenza **logico-matematica** (come quella degli scienziati), intelligenza **linguistica** (come quella degli scrittori, degli interpreti e dei poeti), intelligenza **musicale** (come quella dei compositori, dei musicisti, dei cantanti), intelligenza **spaziale** (come quella degli acrobati, degli scultori, dei piloti di aereo), intelligenza **corporeo-cinestetica** (come quella degli atleti o dei ballerini), intelligenza **interpersonale** (come quella dei commercianti, degli insegnanti, degli educatori), intelligenza **intrapersonale** (come quella dei saggi, dei pensatori, dei maestri spirituali), intelligenza **naturalistica** (come quella dei coltivatori, degli allevatori, degli addestratori).

---

[52] Howard Gardner (1943), psicologo statunitense, professore alla Harward University del Massachusetts.
[53] Albert Einstein (1879 – 1955), fisico tedesco, naturalizzato statunitense, ideatore della teoria della relatività, premio Nobel per la Fisica nel 1921.

Otto intelligenze, dunque, quelle individuate da Gardner. Studi e ricerche successive hanno messo in evidenza la presenza di ulteriori e più lunghi elenchi. Al di là delle differenze tra le varie liste, quel che è importante è che ciascuno di noi individui con chiarezza qual è il proprio "corredo intellettivo", cioè quali sono i propri talenti.

In questo modo, si potranno compiere alcuni passi concreti. Da un lato, ci si potrà orientare verso forme di attività maggiormente connesse alle proprie attitudini attuali. Non di rado, avviene già così... si incontrano, ad esempio, persone di successo nello sport o nella musica che "andavano male a scuola", come pure ci sono persone con grandi performance e risultati scolastici che fanno fatica a districarsi in altri contesti.

Sbagliare l'abbinamento tra "attitudini possedute" e "competenze desiderate" può avere effetti assai negativi nell'esistenza di una persona. Si sviluppa una sorta di "sindrome del brutto anatroccolo", un po' come accade al bellissimo cigno della famosa favola che si convince di avere un corpo deforme perché diverso dallo standard (quello delle anatre) con cui si confronta.

Al contempo, si potrà lavorare – con dei percorsi formativi *ad hoc* – al rafforzamento delle aree di competenza più sguarnite. A volte, un'abilità, che si presenta poco sviluppata, con un adeguato investimento di energie, può tradursi in una eccellenza. In alcuni casi, semplicemente, occorre che la persona maturi, faccia dei passi di crescita. C'è un libro, assai evocativo, di Anthony De Mello, il cui titolo ci offre uno spunto efficace: «Messaggio per un aquila che si crede un pollo». Evidentemente, un pulcino d'aquila, pur non essendo ancora in grado di volare, non ha nulla a che vedere con i polli. Eppure, il rischio di convincersi di "essere dei polli" è uno dei più letali nemici dello sviluppo personale.

Esercizio 2 – Classifica dei punti di forza

Il secondo esercizio che ti proponiamo è quello di effettuare un lavoro di analisi e classifica dei tuoi punti di forza. L'esercizio si svolge in due fasi.

*1 – **Auto-Classifica dei punti di forza**. Per farlo disegna una tabella con tre colonne e otto righe. Nella prima riga scrivi, nella prima casella, la dicitura "Tipo di intelligenza", nella seconda casella scrivi "Classifica", nella terza casella scrivi "Esempi". Fatto questo, procedi con la compilazione della prima colonna inserendo, in ciascuna casella, una delle otto tipologie di intelligenza elencate da Gardner: logico-matematica, linguistica, musicale, spaziale, corporeo-cinestetica, interpersonale, intrapersonale, naturalistica. Quindi procedi con la compilazione della seconda colonna, attribuendo un numero tra "1" e "7" a ciascuna intelligenza. Attribuirai il numero "1" alla tipologia di intelligenza da te maggiormente posseduta (indicando così che è al primo posto delle tue capacità), il numero "2" alla seconda maggiormente posseduta, e così via fino a quella di cui sei meno dotato (a cui attribuirai il numero "7"). Man mano che assegni la posizione ad una intelligenza, descrivi nella terza colonna uno o più esempi positivi che confermano che ne sei in possesso.*

*- **Fase 2: Confronto con una persona cara:** completata la tabella, descrivila ad una persona a te cara che ti conosce bene e, con il suo aiuto, individua correzioni e conferme.*

Step III

"Think positive"
CAMBIAMENTO DI PROSPETTIVA

Punti di vista

La visione che abbiamo della realtà e degli avvenimenti che si susseguono è, indubbiamente, influenzata dal modo in cui viviamo le emozioni e da come interpretiamo gli eventi.

Un singolo episodio, infatti, può essere osservato da diverse angolazioni: ogni persona, pur trovandosi di fronte alla medesima scena, potrebbe fornire una spiegazione diversa, in base al proprio punto di vista.

Nelle lezioni introduttive abbiamo visto che, quando l'Ansia disattivante prende il sopravvento, è facile inoltrarsi in un vortice di negatività. Se questo avviene, non solo il nostro corpo e la nostra mente verranno invasi da una serie di sentimenti frustranti, ma contribuiranno anche ad alimentare un inevitabile visione pessimista della vita.

Wiston Churchill[54] affermava che «l'ottimista vede opportunità in ogni pericolo, il pessimista vede pericolo in ogni opportunità». Per un vero e profondo cambiamento, quindi, è necessario intervenire sulla qualità dei propri pensieri.

Nello step precedente abbiamo evidenziato l'importanza di allenare l'ottimismo. Per farlo, bisogna mirare al cambiamento dello sguardo utilizzato nella vita quotidiana. Difficile ma possibile. «Non c'è nulla interamente in nostro potere, se non i nostri pensieri», sosteneva Cartesio[55].

Soft Skill

La percezione che abbiamo della realtà che ci circonda è fortemente condizionata dai nostri pensieri. Ci siamo detti che, nonostante non abbiamo la possibilità di cambiare molti degli episodi che accadono intorno a noi, possiamo modificare il nostro sguardo su di loro e imparare a trarne il positivo.

Durante la scrittura di questo corso, Monica mi ha parlato di una frase tratta dal romanzo *"Il giardino segreto"*, di Frances Hodgson Burnett, letto da lei alcuni anni fa: «Quando pensieri belli e nuovi cominciarono a scacciare via gli antichi pensieri

---

[54] Wiston Churcill (1874 – 1965), politico, storico e giornalista britannico.
[55] Renato Cartesio / René Descartes (1596 – 1650), filosofo e matematico francese.

negativi, la vita soffiò in lui, il sangue riprese a scorrergli sano nelle vene, le energie gli tornarono».

Problem Solving

L'ottimismo, sorretto dal pensiero positivo, è la premessa che permette di sviluppare una abilità personale di assoluta importanza: il problem solving. Di problem solving abbiamo già parlato nel primo corso di questa collana, dal titolo *"Sei felice? Guida ai 5 passi del Benessere Assertivo"*. Lì, ne abbiamo approfondito l'utilizzo per le decisioni di gruppo. Qui, invece, guardiamo questa capacità come attitudine individuale da sviluppare.

Letteralmente traducibile con "risoluzione dei problemi", una buona capacità di problem solving ci consente di trovare risposte e soluzioni a problemi ed imprevisti, evitando il rischio di farci travolgere negativamente dagli eventi.

Heppner e Krauskopf lo definiscono come «una sequenza di operazioni messe in atto allo scopo di adattarsi a richieste o sfide». Tre sono le macro-fasi di questa sequenza:

1) **Definizione del problema**: non è sempre facile indentificare la causa principale delle difficoltà che si è tenuti ad affrontare. Per questo motivo, spesso, diviene necessario scomporli per poi analizzarli da diverse prospettive. L'obiettivo, per poter agire al meglio, è quello di estrapolare quante più informazioni possibili.

2) **Sviluppo di strategie**: una volta acquisite le nozioni che occorrono, si opta per le eventuali soluzioni da intraprendere; soluzioni che meglio si adattano alla situazione e che risultano maggiormente efficaci. Questa è la fase più delicata perché, chi soffre d'Ansia, fa fatica proprio ad individuare le riposte da porre in essere. In genere, la difficoltà nasce dall'inefficacia dei tentativi esperiti fino a quel momento. È evidente che, per superare l'ostacolo, occorrerà "pensare qualcos'altro", cambiare approccio, attivare una maggiore creatività, rompere gli indugi. Il *problem solving* diviene tanto più efficace, quanto più la lista delle possibili soluzioni si allunga. Per farlo, sarà utile, le prime volte, farsi aiutare da una o più persone care. Raccolte tutte le ipotesi, si potrà scegliere quella più opportuna.

3) **Applicazione e concretizzazione delle soluzioni**: selezionata la soluzione che, ai nostri occhi, sembra la più idonea, si passa allo step successivo, ovvero mettere in atto quanto deciso e valutarne l'andamento, restando pronti per ogni eventuale modifica necessaria.

In sintesi, il *problem solving* consiste nell'analizzare il problema, quindi nell'individuare le strade per fronteggiarlo, infine nel dare seguito concretamente a tali strade, verificando con attenzione gli esiti e apportando eventuali aggiustamenti. Detta in altri termini, è una modalità per reagire alle situazioni in modo propositivo e attivo (esattamente il contrario di quanto avviene con le fughe ansiose).

Esercizio 3 – Prove di problem solving

Individua uno dei problemi che maggiormente ti affliggono e prova ad analizzarlo con la tecnica del problem solving. Dapprima descrivi dettagliatamente il problema nelle sue varie caratteristiche oggettive. Quindi prova ad elencare tutte le possibili strategie di fronteggiamento (punta ad elencarne almeno 5 diverse, ulteriori a quelle che hai già sperimentato e che non hanno portato risultati). Quindi scegli tra le strategie quella che ti sembra più opportuna e realizzabile. Completato questo lavoro di analisi, prova a condividerlo con una o più persone care per individuare, attraverso il confronto con loro, ulteriori possibili soluzioni e per decidere quale scegliere tra le tante ipotesi emerse.

Step IV

Rilassàti o vigilanti ?
IL CONTROLLO DEGLI EVENTI

Il *"Locus of control"*

Con il primo step, abbiamo messo a fuoco le distorsioni cognitive e le modalità per smascherarle. Nel secondo e terzo passo, abbiamo sottolineato che "tutti siamo intelligenti", in modo diverso gli uni dagli altri, e che le competenze possono essere sviluppate, potenziando la fiducia in sé stessi, l'ottimismo verso il domani e la capacità di affrontare e risolvere i problemi. Anche in questo quarto Step, ci soffermiamo sulle nostre "capacità", cercando di focalizzarne un altro aspetto.

La cultura della performance e dell'efficienza, la stima sociale rivolta alle persone di "successo", l'attesa (e, a volte, la pretesa) di grandi risultati, ci spingono costantemente a misurare quanto valiamo: come se la vita fosse una grande gara nella quale vince solo chi arriva ad un certo punteggio. Si tratta di una sorta di "trappola mentale" nella quale tutti corriamo il rischio di restare ingabbiati, in preda al senso di frustrazione per i fallimenti pregressi o alla paura di fallire in futuro. Per liberarci da questa "trappola", ci è utile uno studio presentato, nel 1954, da Julian Rotter,[56] con il quale è stato illustrato per la prima volta il concetto di *"Locus of Control"* (letteralmente, "luogo di controllo"). Si tratta della convinzione che le persone hanno su quale sia la "causa prevalente" degli eventi della loro vita.

Rotter distingue le persone in due gruppi: quelle che hanno un *locus of control* "interno", che ritengono che gli avvenimenti della loro vita siano prodotti dai loro comportamenti, dalle loro abilità o capacità e, pertanto, si pongono in atteggiamento attivo. E quelle che hanno un *locus of control* "esterno", che cioè attribuiscono la causa di ciò che gli accade a fattori indipendenti dalla loro volontà, imprevedibili, come il caso, la fortuna, il destino e, di conseguenza, si pongono in modo passivo.

«In medio stat virtus»

Ciò che Rotter ci segnala è che, entrambi i gruppi rischiano seri problemi emotivi. I primi, gli attivi, anche se beneficiano di una migliore fiducia nelle proprie capacità, rischiano di sviluppare stati d'Ansia legati alla "pretesa" di poter "conquistare il mondo", che si traduce in una crescente iperattività.

I secondi, i passivi, rischiano di sviluppare bassa autostima, in forme sempre più gravi, fino a giungere a veri e propri stati depressivi. La via d'uscita che ci indica Rotter è quella di maturare una mentalità *Bi-Loci,* cioè capace di ricorrere ad entrambe le posizioni (sia al *locus* interno che a quello esterno). Coloro che riescono a farlo, raggiungono una maggiore capacità

---

[56] Julian Rotter (1916 – 2014), psicologo statunitense, fondatore della Teoria dell'Apprendimento Sociale e luminare degli studi sulla personalità degli individui.

di gestire lo stress e il *problem solving* ed hanno, in generale, elevati livelli di autostima, ottimismo e di benessere personale, associati a bassi gradi di Ansia.

A questo riguardo, ci è d'aiuto un'affermazione proveniente dalla filosofia scolastica[57], che molti di noi hanno già sentito o utilizzato tante volte: «*In medio stat virtus*», cioè – dal latino – «La virtù sta nel mezzo». I filosofi medioevali che la diffusero, traendola a loro volta da alcune frasi di Aristotele[58], intendevano suggerire e diffondere l'ideale dell'equilibrio, della moderazione, come ad indicare che la scelta migliore è quella di chi si colloca nel mezzo, perché gli estremi e gli eccessi sono sempre da evitare.

Si tratta, ovviamente, di un equilibrio dinamico, non rigido né irragionevole. La vita, con le sue mille diverse situazioni, richiede a volte di attivarsi con grande energia, per fronteggiare pericoli, altre volte di accogliere, con pazienza e sano realismo, le avversità esterne. In questo scenario, la capacità da sviluppare, è quella della "prudenza", cioè della consapevole attenzione a ciò che accade, per distinguere ciò che è bene (e, come tale, va seguito) da ciò che è male (e, come tale, va evitato).

Una persona prudente è quella che riesce ad assumere atteggiamenti adeguati, pertinenti, ben connessi con le circostanze concrete. Non è una persona che "corre sempre" e, al contempo, non è nemmeno "sempre ferma". Perché il giusto comportamento, quello che ci reca il benessere desiderato, non sta tanto nel correre o nel fermarsi, ma nel fare ciò che è opportuno in un dato momento: se si avvicina a noi una colata di lava, è prudente metterci immediatamente a correre a gambe levate; se, invece, ci troviamo in visita ad un museo pieno di

---

[57] Filosofia scolastica, termine con il quale si indica la filosofia cristiana medioevale, prevalente in Europa per oltre settecento anni, nel periodo che inizia con l'VIII secolo e termina con l'arrivo del Rinascimento.
[58] Aristotele (384 – 322 a.C.), filosofo, scienziato e logico greco.

preziosi e fragilissimi cristalli antichi, è prudente muoverci ad agio e con grande attenzione.

Rilassarsi o attivarsi, in modo adeguato

Quando alcuni anni fa ho letto il libro di Goleman sull'intelligenza emotiva, vi ho trovato un esempio che può aiutarci a mettere a fuoco il nostro "stile emotivo-comportamentale", cioè il modo in cui "sentiamo e agiamo" quando le circostanze avverse, con cui ci scontriamo, sono al di fuori della nostra possibilità di controllo.

L'esempio presentato da Goleman è il seguente: «Immaginate per un momento di trovarvi su un aeroplano. È stato un viaggio tranquillo ma, ad un certo punto, il pilota con l'altoparlante invita tutti a sedersi ed allacciare le cinture perché si sta avvicinando un temporale. Poco dopo, l'aeroplano entra nella peggiore turbolenza che vi sia mai capitata, che lo scuote su e giù e da una parte all'altra, come un pallone in balia delle onde».

Dopo aver descritto questa scena, Goleman pone al lettore un quesito volutamente provocatorio: «In questa situazione, come ti comporteresti?». Quindi, suggerisce quattro possibili scenari:
- continuate a guardare un film o a leggere un libro, escludendo la turbolenza dai vostri pensieri;
- prendete l'opuscolo sui comportamenti in caso di emergenza e lo leggete con attenzione;
- cercate di sentire il rumore dei motori per provare a capire se c'è qualcosa di preoccupante;
- scrutate con attenzione il volto degli assistenti di volo per scorgere eventuali segnali di panico. Invitato il lettore a scegliere la reazione che più gli si addice, Goleman spiega che, coloro che reagiscono alle situazioni di disagio profondo aumentando il

livello di allerta, rischiano, per il fatto stesso di vigilare su ogni dettaglio, di «amplificare involontariamente l'entità delle loro reazioni», contribuendo inutilmente ad innalzare lo stato di agitazione e di Ansia proprio e degli altri.

Diverso, ovviamente, sarebbe il caso in cui fossimo noi i piloti dell'aereo, intenti a seguire, con attenzione e responsabilità, tutti i dettagli del volo per giungere sani a destinazione.

Lo stile mediano

In questa direzione, ci sono utili mille piccoli stimoli e suggerimenti. Ad esempio, può essere di grande aiuto, per le persone con "eccesso di locus interno", tenere a mente frasi come: «Rilassati! Dio c'è… e non sei tu». Facendoci aiutare ancora da Aristotele, può esserci assai utile riflettere sulla sua domanda sapienziale: «Se non c'è una soluzione, perché ti preoccupi?». Insomma, tornando all'esempio di Goleman, se non sei tu il pilota dell'aereo, l'unica cosa che puoi fare è «concentrarti a stare tranquillo».

L'invito non è – ridiciamocelo – quello di stare sempre fermi o di diventare passivi. Ma neanche di essere sempre in febbrile agitazione. Il detto: «Chi dorme, non piglia pesci» è sacrosanto, se ci si riferisce ad atteggiamenti costantemente inattivi e ripiegati su sé stessi. Dobbiamo, al contempo, anche dirci – parafrasando questo proverbio – che: «Chi si agita, fa scappare i pesci» e che: «Chi non dorme mai, non riesce a gustare il bello della pesca».

Un altro utile esercizio, di "rielaborazione" della nostra mappa mentale, riguarda il famoso modo di dire: «Chi non risica (cioè "chi non corre rischi") non rosica (cioè "non ottiene risultati")». Anche questo è vero e, in certe circostanze, occorre avere il coraggio di osare, di tentare, finanche di rischiare, soprattutto quando ci si trova difronte a qualcosa di importante. Al contempo, è importante anche tenere ben presente che «Chi risica/rischia troppo, non va lontano», perché guidando sempre a tutto gas, curve comprese, prima o poi si finisce con lo sbattere.

Insomma, quel che più conta, nel braccio di ferro tra attivazione e inattività, è giungere alla conclusione che è proprio dell'essere umano stare nel mezzo, assumere uno "stile mediano", una sana distanza tanto dal frenetico delirio di onnipotenza, quanto dalla svilente e mortifera impotenza.

In questo costante lavoro di "ri-equilibratura", alcuni suggerimenti finali possono esserci di grande aiuto. Ad esempio, quando ci confrontiamo con obiettivi di grande importanza ma anche di probabile irraggiungibilità ("raggiungere la pace nel mondo"), è possibile "vivere meglio" il nostro impegno liberandoci dal giogo del "risultato atteso" e "rielaborandolo" come espressione del proprio modo di essere (nell'esempio: "essere un pacifista"). La pace nel mondo difficilmente arriverà in tempi brevi… ma pacifisti lo si può essere già da ora, fin da questo momento.

Come pure può essere utile, per persone con "eccesso di *locus* esterno", concentrare l'attenzione su piccoli e concreti obiettivi quotidiani, a partire dal "fare per bene" il proprio letto la mattina. «Anche se la giornata dovesse andare tutta storta – dice in una celebre intervista un ufficiale delle forze speciali statunitensi – quando rientrerai a casa vedrai il tuo letto "ben fatto" e questo ti ricorderà che vali».

Esercizio 4 – Analisi del livello di tendenza all'Ansia

Riprendi l'esempio tratto dal libro di Goleman dell'aereo che entra in una forte turbolenza. Individua due dei quattro comportamenti, scegliendo quelli più corrispondenti al tuo modo di reagire. Per farlo, disegna una tabella con due colonne e quattro righe. Nella prima colonna, riporta i quattro comportamenti (uno in ciascuna casella): 1) continuate a guardare un film o a leggere un libro; 2) prendete l'opuscolo sui comportamenti in caso di emergenza; 3) cercate di sentire il rumore dei motori per capire se qualcosa non va; 4) scrutate il volto degli assistenti di volo per scorgere eventuali segnali di panico. Fatto ciò, considerate che il primo comportamento è indicativo di una buona capacità di controllo dell'Ansia, il secondo indica una tendenza moderata all'attivazione ansiosa, gli ultimi due sono correlati ad un carattere molto ansioso. Per completare l'esercizio, nella seconda colonna, inserite il numero "1" nella casella corrispondente al comportamento che vi appartiene maggiormente, il "2" al secondo comportamento che più vi rappresenta e così via. Di conseguenza traetene un'idea della vostra "tendenza".

Step V

COMUNICAZIONE e RELAZIONI ANSIOLITICHE

Ansia e comunicazione

Abbiamo visto che l'Ansia è un "vissuto spiacevole" che può avere molte cause. Nel primo step, ci siamo soffermati sull'aspetto della capacità/incapacità di ciascuno di noi e sul connesso ottimismo/pessimismo. Nel secondo e terzo passo, abbiamo parlato di ottimismo e *problem solving*. Nel quarto, l'attenzione si è concentrata sulla necessità di assumere una posizione mediana tra l'eccessivo attivismo e la completa inattività. Ora, procediamo con il quinto passo, relativo al rapporto tra Ansia e comunicazione con gli altri.

È un aspetto sul quale abbiamo molto da dirci e con grandissimi margini di crescita, qualunque sia il "livello di partenza". La qualità della nostra vita sociale, delle relazioni che intratteniamo con le persone che ci sono intorno, è alla base del grado di serenità o di Ansia che ci accompagna nel quotidiano.

La comunicazione, essendo il principale veicolo relazionale di cui siamo dotati, può fare la differenza tra una vita emotivamente pesante e un'esistenza leggera e serena. Una buona capacità comunicativa può, infatti, aiutare a sciogliere i nodi relazionali, a favorire autentiche amicizie, a sviluppare condivisione e profondo rispetto per sé stessi e gli altri. Una pessima capacità comunicativa, al contrario, può deteriorare i nostri rapporti sociali e avvelenare anche le giornate e le relazioni più interessanti e importanti.

Negli ultimi settant'anni, le scoperte scientifiche e gli studi nel campo della comunicazione sono stati di enorme portata e offrono innumerevoli spunti e indicazioni di cui si può fare gran tesoro. È una sorta di viaggio permanente nel quale più si avanza, più emergono ulteriori traguardi, possibilità, frutti.

Comunicazione efficace, autentica e assertiva

Nei primi due corsi di questa collana abbiamo ampiamente affrontato il tema della qualità della comunicazione. Il primo corso, dedicato al benessere assertivo, dedica quattro delle undici lezioni al tema della comunicazione. Il secondo, relativo al linguaggio del corpo, è tutto volto a svelare i segreti della comunicazione non verbale.

Qui accenniamo brevemente ad alcuni aspetti di cruciale importanza. Per una più approfondita crescita, sarà utile seguire per intero i due corsi.

Il filo rosso che attraversa questi approfondimenti è la consapevolezza che una comunicazione di buona qualità, capace di contribuire al benessere nostro e degli altri, debba essere:
- **efficace** (anziché inefficace), cioè capace di trasmettere correttamente alle persone ciò che intendiamo comunicargli.

Questo dipende in gran parte dal "come" comunichiamo;
- **autentica** (anziché ipocrita), cioè caratterizzata da una piena coerenza tra ciò che comunichiamo e i nostri effettivi pensieri ed emozioni;
- **assertiva** (anziché aggressiva o passiva), cioè capace di comunicare agli altri cosa pensiamo e sentiamo, con una modalità che sia rispettosa sia di noi stessi che di loro.

Ascolto e dialogo

Una buona qualità della comunicazione e, quindi, una maggiore gradevolezza delle relazioni, dipendono innanzitutto da come ascoltiamo e dialoghiamo. Nell'ascolto, sembra strano dirlo, quel che spesso manca è proprio "l'ascolto". Molto spesso, quando dialoghiamo con gli altri, durante i momenti nei quali sono loro a parlare, la nostra mente è per lo più affollata da pensieri su cosa dobbiamo rispondere noi. Un buon ascolto si nutre innanzitutto di attenzione, che significa, semplicemente, non distrarsi, non controllare di continuo le notifiche sul telefonino, non guardare frequentemente fuori dalla finestra, etc.

Un'ottima modalità per "far sentire l'altro effettivamente ascoltato" consiste nel ripetere, di tanto in tanto, a parole nostre, quello che ci sta comunicando, con le sue parole e le sue emozioni. Si chiama "ascolto attivo" e contribuisce a rinforzare la connessione con le persone, mostrandogli piena accettazione da parte nostra.

È importante, infine, ascoltare "con il cuore", oltre che con le orecchie, cioè sintonizzarsi con il vissuto emotivo del nostro interlocutore. Per farlo, il modo migliore è richiamare alla mente le emozioni che abbiamo vissuto noi stessi in situazioni analoghe. Vari studi evidenziano quanto questa "connessione emotiva" sia alla base dell'attivazione di un legame empatico tra le persone.

Una buona comunicazione, accanto all'ascolto, richiede anche un'attenta modalità di "trasmissione" all'altro dei nostri pensieri e delle nostre emozioni. Un grande aiuto, in questo, può darcelo il rafforzamento della nostra "intelligenza linguistica", cioè la capacità di scegliere in modo adeguato le parole e le frasi da utilizzare. Si tratta di un ramo di recente esplorazione, che ci aiuta ad essere consapevoli del "significato emotivo" che le nostre parole hanno, al di là del loro contenuto oggettivo e razionale.

Può essere utile, a questo proposito, riprendere un esempio già presentato nel primo corso di questa collana, quello sul benessere assertivo. Mi riferisco alle diciture "bicchiere mezzo-pieno" e "bicchiere mezzo-vuoto". Si tratta di un esempio già noto che, proprio per questo, può aiutarci.

Se diciamo ad una persona «Questo bicchiere è mezzo vuoto» oppure «Questo bicchiere è mezzo pieno», sul piano razionale, il significato della comunicazione è lo stesso. Ma sul piano emotivo, la prima frase stimola nell'altro un senso di negatività, orientando la sua attenzione sulla porzione mancante e non dando risalto al liquido presente nel bicchiere. La seconda dicitura, all'opposto, senza negare la mancanza di una parte, concentra lo sguardo innanzitutto sul positivo, su ciò che c'è.

Gli studiosi la chiamano "prospettiva dei punti di forza" (*strenght perspective*) e consiste nella scelta di analizzare e descrivere le situazioni in modo autentico e attento, partendo da ciò che c'è di positivo, da quel che vale, anziché dalle carenze e da quel che manca.

A questo proposito, sarà utile imparare a scegliere le parole giuste, stando attenti ad evitare quelle dal significato emotivo "oppressivo", "avversativo", "auto-svalutante" e prediligendo le parole positive (le *golden words*). Parimenti, sarà importante organizzare le frasi e i discorsi in modo che la parte "critica" venga comunicata con chiarezza, ma in modo da non farle assumere una "forza emotiva centrale". Su questo, il nostro primo corso propone un'ampia e ricca appendice sull'Intelligenza linguistica, di grandissima utilità nella costruzione di relazioni leggere e non ansiogene.

Il linguaggio del corpo

Un altro grande aspetto, che può contribuire alla buona qualità delle nostre relazioni e alla serenità che da queste può scaturire, riguarda la comunicazione non verbale. Come anticipato sopra, è un tema a cui abbiamo dedicato un intero corso. Qui ci limitiamo a lanciare qualche breve indicazione introduttiva.

Partiamo dalla nota sottolineatura sul ridotto grado di incidenza che le parole hanno nella comunicazione. Da ampi studi, infatti, emerge che solo il 7% di quel che trasmettiamo agli altri passa attraverso la nostra comunicazione verbale. Il restante 93% si suddivide tra comunicazione non verbale (55%) e para-verbale (38%).

La comunicazione non verbale riguarda vari aspetti. Tra i principali, v'è innanzitutto la **prossemica**, cioè la distanza tra le persone. Una comunicazione "fisicamente ravvicinata" è propria delle relazioni intime. Tra estranei occorre, invece, custodire una certa distanza. Quando ci si trova "costretti" alla vicinanza (ad esempio, come avviene negli ascensori o nei tram affollati) è importante bilanciare la situazione modificando l'orientamento del corpo o, almeno, del volto, onde evitare di incappare nell'Ansia che di un eccessivo "faccia a faccia".

Il linguaggio del corpo comprende anche la **cinesica,** cioè i movimenti che le persone fanno mentre parlano o che utilizzano al posto delle parole. Vi sono varie modalità comunicative cinesiche, prima tra tutte l'accompagnare quel che si dice con i gesti delle mani e delle braccia.

Una eccessiva gesticolazione potrebbe infastidire il nostro interlocutore e trasmettergli un senso di oppressione e invadenza. Una eccessiva "non-gesticolazione" potrebbe essere vissuta, all'opposto, come disattenzione e disaffezione verso gli argomenti e, peggio, verso le persone.

Tra i principali canali non verbali vi sono: il volto, con le mille espressioni che lo caratterizzano; il tronco, che in base all'inclinazione e ai movimenti può segnalare vicinanza o indifferenza o, peggio, ostilità; le braccia e le gambe, che con i loro atteggiamenti possono confermare o disconfermare quanto stiamo dicendo a parole.

Essere consapevoli del significato emotivo di alcuni gesti, è di fondamentale importanza. Ad esempio, il tenere le mani in tasca è percepito da molti come "non affidabilità della persona", come se volesse nascondere qualcosa. Come, pure, l'alzare le mani con i palmi aperti e rivolti in avanti, può trasmettere agli altri un carattere onesto e trasparente.

Anche la cosiddetta comunicazione para-verbale gioca un ruolo importante. Ci riferiamo al tono e al volume della voce, alla velocità del parlare. Un tono basso e un ritmo lento possono indicare passività o autorevolezza. Un tono acuto e veloce può, all'opposto, esprimere entusiasmo ma anche celare atteggiamenti violenti e prevaricatori. Concludiamo questa breve introduzione sulla qualità della comunicazione, sottolineando quanto essa sia di fondamentale importanza per la gestione e la prevenzione dei conflitti tra le persone. A questo tema, già affrontato dal corso sull'assertività, è dedicato un intero ulteriore corso (il quarto della collana) dal titolo *"Vittime o Carnefici?"*, al quale ti rinviamo per un prezioso approfondimento.

Vampiri energetici *contro* Donatori energetici

Un'ultima riflessione sulla qualità della comunicazione e delle relazioni che abbiamo con le persone, riguarda la presenza – tra coloro che incontriamo per lavoro o altri motivi – di persone che hanno nei nostri confronti un effetto di "risucchio energetico" o, al contrario, che ci infondono vigore. A volte, si tratta di un collega. Altre volte, di un familiare o di un vicino di casa. Non di rado sono persone con le quali coltiviamo un legame di amicizia. A volte, lo siamo noi stessi.

L'effetto della vicinanza ad un "vampiro" o ad un donatore è evidente. Trascorrendo del tempo con un "vampiro energetico" (*energy taker*), si sperimenta un prosciugamento delle proprie energie vitali. Al contrario, stando con un "donatore energetico" (*energy giver*), ci si sente stimolati e sostenuti. Spesso, sia i vampiri che i donatori sono inconsapevoli di questo effetto. Non si tratta, quindi, di persone malvage o meschine, nel primo caso, o di grandi benefattori dell'umanità, nel secondo. Semplicemente, i "vampiri" non riescono a produrre da soli la vitalità necessaria per affrontare l'esistenza e finiscono involontariamente con il "prenderla" dagli altri. Come pure, all'opposto, gli *energy giver* la diffondono intorno, semplicemente perché ne hanno in grandi quantità e contagiano chi gli sta intorno.

Poiché l'Ansia, specie quando è molto forte, ha l'effetto di prosciugare le energie sia della persona che la vive, che di coloro che gli sono intorno, sarà importante – nella cura delle relazioni con gli altri – avere alcune attenzioni: stare attenti a non prosciugare le energie degli altri, specie se anche loro sono in difficoltà; cercare di avere, tra i propri amici, dei donatori energetici con i quali trascorrere del tempo; capire quali sono i momenti nei quali non siamo nella condizione di "reggere" la presenza ravvicinata di un "vampiro"; dialogare apertamente con gli uni e gli altri degli effetti emotivi che loro hanno su di noi e, viceversa, in modo da affrontare insieme le complessità e crescere nel benessere personale e comune.

Esercizio 5 – Energy list

Elenca sul tuo block-notes la tua Energy-List. Dividi un foglio in due parti, con una linea diritta verticale. Nella parte sinistra del foglio elenca le persone che hanno nei tuoi confronti un effetto energetico positivo. In alto, scrivi "Donatori di Energia" o "Energy Giver". Nella parte destra del foglio, elenca le persone che hanno nei tuoi confronti un effetto di prosciugamento energetico. In alto, scrivi "Energy Taker". Appena possibile (e se opportuno) parla con queste persone dell'effetto energetico che hanno su di te e confrontati in merito all'effetto che tu hai verso di loro. Cercate insieme modalità che migliorino l'empowerment energetico reciproco.

Step VI

Fermati e respira!
ANSIA, RESPIRAZIONE E POSTURA

Respirazione e Ansia

Dopo i primi cinque step dedicati agli aspetti psico-emotivi del rapporto con sé stessi e con gli altri, affrontiamo ora due passi che ci aiutano a capire come fronteggiare l'Ansia mediante il ricorso ad alcune strategie psico-somatiche, cioè connesse al funzionamento del nostro corpo.

Partiamo con il parlare della respirazione, processo fisiologico indispensabile per l'organismo umano che, come tutti sappiamo, ci permette di ricevere l'ossigeno necessario e, allo stesso tempo, di eliminare l'anidride carbonica generata dall'attività cellulare. Sappiamo anche che, quando veniamo colti da improvvisi stati d'agitazione, la nostra respirazione accelera. Tecnicamente si parla di "iperventilazione", ovvero dell'aumento della frequenza dei respiri oltre il ritmo normale, al di sopra, cioè, de 8-16 respiri al minuto. Si tratta di un fenomeno normale quando si è sotto-sforzo (ad esempio, durante una corsa) che i nostri stati d'animo possono attivare anche in condizioni di riposo. Raramente, invece, siamo consapevoli degli "effetti ansiolitici" che può avere il ricorso ad un certo tipo di respirazione. È cioè possibile scegliere intenzionalmente di ridurre i nostri livelli di Ansia, modificando volontariamente per alcuni minuti il ritmo e la profondità del nostro respiro.

La respirazione è, ordinariamente, un processo autonomo e autoregolante, che non necessita del controllo umano. Respiriamo, cioè, senza pensarci... il nostro corpo si ossigena spontaneamente.

Al contempo, diversamente da altri processi corporei autonomi (come, ad esempio, il battito cardiaco), abbiamo la possibilità di modificare volontariamente la respirazione. Possiamo, ad esempio, decidere di trattenere il fiato, di respirare più velocemente o più lentamente, più brevemente o più profondamente.

La respirazione ansiosa

Quando siamo oppressi dall'Ansia, il ritmo della nostra respirazione accelera. Paradossalmente, avvertiamo la sensazione di non avere a disposizione ossigeno sufficiente (ci si riferisce al cosiddetto "fiato corto") nonostante, in realtà, né possediamo fin troppo... motivo per il quale facciamo difficoltà ad inspirarne ancora. L'iperventilazione ansiosa, nella maggior parte dei casi, si associa agli altri sintomi dell'Ansia disattivante: agitazione, vista offuscata, peso o dolore al torace, formicolio in alcune parti del corpo, stordimento e altro ancora.

Respirazione ansiolitica

Molteplici sono le strategie da poter adottare per riequilibrare la respirazione. Ognuna di esse può contribuire a ridurre i livelli d'Ansia, donando un rinnovato senso di serenità.

Alternare inspirazione ed espirazione, con bocca e naso: un primo consiglio è quello di inspirare, con la bocca, ed espirare, con la stessa intensità e allo stesso modo, col naso. Questo ci consente di "sentire" il nostro respiro e di equilibrare il rapporto tra quantità di ossigeno in ingresso e quantità di anidride carbonica in uscita.

Utilizzare per intero i polmoni: spesso, quando siamo in Ansia, la respirazione si concerta solo sulla parte superiore del torace, a discapito delle zone inferiori dei polmoni che restano quasi inutilizzate. Questa situazione ci dà la tipica "sensazione di oppressione" del torace, come se il nostro tronco fosse ripiegato su sé stesso. È una sensazione penosa, che si associa facilmente al "senso di impotenza e sconfitta" tipico degli attacchi d'Ansia. Per ovviare a questo meccanismo, è utile inspirare volontariamente in modo profondo, spingendo aria anche nella parte bassa dei polmoni. La sensazione di leggerezza e di liberazione è pressoché immediata. È utile ripetere questi respiri lentamente e per non più di 4-5 volte (per non andare in eccesso di ossigenazione). Può essere utile ripetere questo ciclo dopo alcuni minuti, poi dopo un quarto d'ora e, ancora, dopo un'intera ora.

Respiro alternato: un'ulteriore modalità per "sentire" e regolare la respirazione è quella del "respiro alternato", ovvero il respirare prima con una narice e, successivamente, con l'altra. Per farlo, basta chiudere con la mano una delle due narici, durante l'inspirazione. Trattenere il respiro per qualche secondo ed espirare con entrambe le narici. Quindi ripetere la procedura chiudendo l'altra narice. È utile ripetere il tutto per 4-5 volte.

Respirazione e tachicardia: la respirazione può sortire effetti indiretti anche sulla frequenza dei battiti cardiaci. Come tutti sappiamo, il cuore è un muscolo involontario e nessuno è in grado di decidere di modificarne il ritmo o la forza della spinta. Tuttavia è possibile favorirne il rallentamento, modificando il nostro ritmo respiratorio. Per farlo, occorre fare respiri profondi e, poi, trattenere il fiato per circa sei/sette battiti cardiaci. Ad ogni respiro, sarà man mano possibile notare una piccola diminuzione del ritmo cardiaco, fino a raggiungere uno status normale.

Postura ansiolitica

Gli effetti ansiolitici della respirazione possono essere ancora più efficaci se associati ad una postura corretta. Quando si è in Ansia (e, in generale, quando si è oppressi da emozioni negative) il nostro corpo tende a raggomitolarsi.

È tipica l'immagine della persona rannicchiata su sé stessa, seduta a terra, con le ginocchia piegate e raccolte vicino al petto, strette tra le braccia incrociate e con il capo abbassato. In questa posizione è praticamente impossibile fare respiri lenti e profondi che riempiano per intero i polmoni. È una postura che favorisce, piuttosto, respiri brevi e frequenti, l'aumento della frequenza cardiaca (entrando meno ossigeno, il corpo tenta di rimediate mandando più sangue in circolo) e l'intensificazione del senso di oppressione sullo sterno.

Inoltre, quando i nostri arti sono piegati e intrecciati, il cervello aumenta la produzione di cortisolo (l'ormone dello stress), utile se bisogna difendersi da una minaccia o, addirittura, contro-attaccare, ma problematico se ci si trova in situazioni d'Ansia perché. dopo un picco energetico iniziale, la presenza del cortisolo aumenta rapidamente il senso di debilitazione e stanchezza, sia mentale che fisica.

La migliore postura per liberarsi dall'Ansia è quella a braccia distese e aperte, in piedi, con il petto in avanti e leggermente verso l'alto, accompagnato da respiri lenti e profondi. È una posizione che richiama l'immagine degli atleti quando tagliano il traguardo… petto in fuori e braccia allargate. In questa posizione i livelli di cortisolo si abbassano, la respirazione è agevolata, il battito cardiaco decelera… in pochi secondi la sensazione d'Ansia decresce.

Consolare il dolore

Attuando quotidianamente queste partiche respiratorie si avrà non solo una ossigenazione più efficace ed equilibrata, ma anche maggiore consapevolezza del proprio corpo e del proprio respiro. «Ho cominciato la pratica del respiro per riportare la calma, per permettere al corpo e alla coscienza di guarire. Inspirare, espirare e abbracciare. Abbracciare il corpo e abbracciare il dolore», afferma Thich Nhat Hanh[59].

Molteplici, infatti, possono essere gli eventi e le emozioni intense che alterano la respirazione: ascoltare e sintonizzare il respiro contribuirà a placare l'Ansia e le altre emozioni negative, riducendone anche i vari sintomi.

Esercizio 6 – Risveglio ansiolitico

Decidi, per una settimana, di fare, appena sveglio, un ciclo di esercizi anti-Ansia. Alzati in piedi e, con le braccia distese e leggermente aperte, respira profondamente con la bocca, trattieni il fiato per 3-4 secondi e poi espira lentamente con il naso. Ripeti il tutto per cinque volte. Ripeti lo stesso esercizio durante le giornate, non appena avverti che l'Ansia si presenta.
Al termine della settimana, annota sul tuo block-notes com'è andata (quali benefici ne hai avuto) e decidi se ripetere l'esercizio per un'altra settimana e, così via. Più prolunghi questa pratica, più ne ricevi giovamento.

---

[59] Thich Nhat Hanh (1926) monaco buddhista, poeta, attivista vietnamita.

Step VII

Si vive come si dorme
ANSIA e INSONNIA

Benessere emotivo e biologico

Nello step precedente abbiamo parlato dell'importanza della respirazione e della postura nel fronteggiamento degli stati di Ansia grave. Restando nel campo delle strategie "psico-somatiche" contro l'Ansia, cioè delle modalità che riguardano il rapporto tra Ansia e corpo, dedichiamo la nostra attenzione alla qualità del sonno e dell'alimentazione.

Per vivere emotivamente sereni occorre, infatti, anche saper "dormire e mangiare bene". Non di rado, alti tassi di Ansia corrispondono a forti difficoltà nel riposo o con il cibo. Si tratta di una situazione confermata da numerose evidenze scientifiche.

Ciascuno di noi è un "tutt'uno bio-psico-sociale". Il malessere di una componente pregiudica inevitabilmente lo stato delle altre. Si tratta di una influenza bidirezionale. Chi non dorme bene e chi mangia cibo-spazzatura, incappa non solo in varie forme di malessere fisico ma slitta, gradualmente, anche in una situazione di appesantimento emotivo. Parimenti, coloro che hanno elevati stati di Ansia e di agitazione emotiva, scivolano facilmente in una condizione di "**dis-regolazione organica**", con forti alterazioni del ritmo e delle funzionalità del corpo. Tra gli effetti più evidenti vi sono, appunto, i disturbi del sonno e dell'alimentazione.

Il mostro dell'insonnia

Nei mesi scorsi ho avuto modo di leggere un libretto, scritto da Tamara De Zotti, una brillante autrice freelance, dal titolo molto efficace: «Dormire bene per crescere felici». È un testo che affronta la questione, assai spinosa per molti genitori, del difficile addormentamento dei figli piccoli. Con una serie di consigli pratici e utili indicazioni, viene suggerita la strada per accompagnare i neonati ad addormentarsi tranquilli, permettendo così anche ai genitori di riposare bene.

Chi dorme bene, vive bene. Questo vale sia per i bambini che per gli adulti. E chi dorme male? Si consuma, slitta in una condizione di progressivo esaurimento, sia fisico che psicologico.

L'insonnia può manifestarsi in due modi: la difficoltà nell'iniziare il sonno e la difficoltà nel mantenerlo, caratterizzata da risvegli, anche multipli, nel cuore della notte o in primissima mattinata. In entrambi i casi, i livelli di Ansia e di stress accumulati possono giocare un ruolo determinante.

A tutti può capitare una nottata di sonno difficile. Si parla di insonnia quando il disturbo si protrae nel tempo (almeno sei mesi), con una frequenza assidua (almeno 3 volte a settimana) e con una certa intensità (quantità di tempo per l'addormentamento o di risveglio notturno di almeno 30 minuti).

Molte persone finisco, addirittura, con il vivere la cosiddetta "Ansia anticipatoria del sonno". Si tratta di una condizione nella quale, oltre ai livelli di Ansia già accumulati, costoro, con l'avvicinarsi dell'orario dell'addormentamento, iniziano a vivere ulteriori e più intensi stadi d'Ansia, a causa del timore di dover affrontare una notte insonne.

In queste condizioni, l'insonnia diviene un vero e proprio mostro, con forti ripercussioni sulla qualità del lavoro e della vita sociale, dovute soprattutto alla sonnolenza, alla fiacchezza e alle difficoltà di concentrazione che ne scaturiscono. Alcuni studi, inoltre, hanno evidenziato un elevato rischio – per coloro che non dormono bene per molto tempo – di sviluppare patologie psichiatriche, anche gravi, difficoltà cardiache, etc.

Sogni d'oro

Se una persona soffre di insonnia cronica, cioè da molto tempo e con gravi ripercussioni sulla vita quotidiana, bisogna subito correre ai ripari, rivolgendosi ad un medico, per una diagnosi e un'eventuale terapia.

A volte, infatti, i disturbi del sonno possono essere causati da patologie o squilibri del corpo, come, ad esempio, alcuni disturbi ormonali. In questi casi, il ricorso ad una corretta cura farmacologica può apportare grandi benefici.

Altre volte, la persona può soffrire di insonnia come "effetto" di un malessere psicologico profondo (ad esempio una grave depressione) per affrontare la quale può essere necessario un apposito percorso psicoterapeutico.

Quando l'insonnia inizia ad affacciarsi per le prime volte, il ricorso ad alcuni "rimedi naturali" può prevenire il bisogno di terapie, permettendo, per tempo, la riduzione dei livelli di Ansia e una migliore qualità del sonno. Si tratta di "soluzioni" utili anche durante, o al termine, dello svolgimento di specifiche terapie del sonno. Anche considerando che l'uso di farmaci ansiolitici (come, ad esempio, le benzodiazepine) è sconsigliato per periodi prolungati, poiché posso manifestarsi vari effetti collaterali.

Il primo "rimedio naturale" contro l'insonnia è quello di "liberarsi" da alcune cattive abitudini. Molte persone hanno uno stile di vita caratterizzato da attività serali stimolanti come, ad esempio, il fare attività fisica intensa, il frequentare locali con rumori e luci forti, il vedere film particolarmente avvincenti, l'uso prolungato di computer e smartphone (la cui luce blu è una grande nemica del sonno), l'assunzione di bevande contenenti caffeina, nicotina o alcool. Si tratta di comportamenti che generano una sovraeccitazione dell'organismo, impedendo il rilassamento che precede il sonno. Anche il riposare eccessivamente (oltre 10-20 minuti) di pomeriggio può influenzare negativamente l'addormentamento notturno.

Un elemento da considerare riguarda l'abitudine, di molte persone, di dormire con la luce accesa. I motivi che inducono questo comportamento sono vari. Non di rado, lo stare completamente al buio attiva nelle persone ulteriori stati di angoscia e d'Ansia. Purtroppo, la presenza costante di luce, inibisce la produzione, da parte della ghiandola epifisi, della melatonina, cioè dell'ormone dell'addormentamento. Una buona soluzione potrà essere quella di ricorrere all'uso delle "lampade notturne", che evitano il buio totale senza però illuminare eccessivamente. Casomai, collocandole in una posizione della camera che impedisce alla luce di raggiungere direttamente il volto della persona.

Il rituale dell'addormentamento

Una buona attenzione, efficace tanto con i bambini quanto con gli adulti, è il rispetto di un "rituale" di addormentamento. Si tratta di alcune azioni, favorenti il rilassamento, da ripetere ogni sera, man mano che si avvicina l'orario del sonno.

Innanzitutto, può essere di grande aiuto "assecondare" il calare della notte, attenuando luci e rumori durante le ore serali. In questo modo, il corpo e la mente iniziano gradualmente a predisporsi al sonno. Di fondamentale importanza è l'andare a dormire e lo svegliarsi sempre allo stesso orario, evitando grandi sbalzi. L'orologio biologico del nostro organismo imparerà a tararsi sul rispetto di questo ritmo.

Il tempo che precede il sonno può essere ben accompagnato dedicandosi al dialogo tranquillo con familiari e amici. Utilissimi sono il bere una tisana, la lettura di alcune pagine di un libro mentre è opportuno fare l'ultimo pasto almeno due ore prima dell'addormentamento, mangiando cibi leggeri e in quantità adeguata, al fine di evitare sia appesantimento, che attacchi di fame.

Se ci assillano i pensieri per le mille attività da affrontare il giorno dopo, sarò utile annotarle su un taccuino, in modo che "restino custodite", e ci permettano di "staccare la spina", rinviando le preoccupazioni al domani.

Sono importanti anche i riti di fine giornata, dallo "svuotare le tasche" alla cura dell'igiene personale, dall'indossare il pigiama al preparare gli indumenti del giorno dopo.

Giunti al momento dell'ingresso nel letto, sarà importante azzerare il suono delle notifiche dello smartphone o, ove possibile, attivare la modalità "aereo". Se si vive in una zona rumorosa (ad esempio in prossimità di strade o locali frequentati anche di notte) o in altre circostanze acusticamente avverse (ad esempio chi ha un familiare che russa), un rimedio può essere l'uso dei "tappi per le orecchie" o, in alcuni casi, l'attivazione di una musica rilassante, casomai con uno stereo che si spegne da solo, dopo un certo tempo. Analogamente, potrà essere utile ricorrere al copri-occhi, nei casi in cui non fosse possibile ridurre la luminosità dell'ambiente.

Fondamentale, ovviamente, è l'uso di materasso e cuscini ergonomici, di lenzuola confortevoli e l'assunzione di posture corrette. Si sconsiglia, ad esempio, di dormire sul lato sinistro, per non comprimere la zona cardiaca. Ancora peggio è riposare in posizione prona, sul ventre. La postura ideale è quella supina (a "pancia all'aria") perché permette il migliore riposo di tutte le membra e non comprime la respirazione né il cuore.

Su quest'ultimo punto (il dormire supini) desidero raccontarti la mia esperienza. Da ragazzo, mi addormentavo soltanto a pancia in giù. Crescendo, questa posizione è divenuta sempre più "controproducente" perché non mi svegliavo ben riposato. Inoltre, la minore elasticità del collo e delle spalle, mi aveva progressivamente reso difficile l'addormentamento in questa posizione. Man mano mi sono "accontentato" di dormire di lato. Ma anche questa postura, con il passare degli anni, è divenuta scomoda e non riposante. Mi restava solo la posizione supina ma addormentarmi a pancia all'aria mi era praticamente impossibile.

Dopo anni di difficoltà, un giorno, un amico mi ha suggerito di ricorrere ad alcune semplici tecniche di rilassamento. In particolare, mi suggerì di fare stretching, per rilassare tendini e muscoli, immediatamente prima di entrare nel letto. E anche di aggiungere, una volta sdraiatomi nel letto a pancia in su, un ulteriore breve stiramento delle gambe, delle braccia, di polsi e caviglie e del collo, associando il tutto con alcuni respiri lenti e profondi, evitando di incrociare gambe o braccia, bensì tenendole diritte, lungo il corpo. È stata una scoperta meravigliosa... Da quel giorno (risalente oramai a molti anni fa) mi addormento senza problemi in posizione supina e, soprattutto, mi sveglio riposatissimo.

Vivi come mangi

Da che mondo e mondo, esiste uno strettissimo rapporto tra cibo e umore. È tipica la scena, tanto nei film quanto nella vita di ciascuno, in cui, dopo una delusione d'amore, le persone si "rifugiano" in scorpacciate di cioccolata, gelato e altri dolciumi. Come pure, è comune l'esperienza di "non avere più appetito" dopo alcuni traumi emotivi, come quelli generati da un incidente d'auto o dalla perdita di una persona cara.

Per stare bene emotivamente, una "attenzione" importante è l'adozione di una dieta sana, con l'introduzione alcuni alimenti e l'eliminazione di altri. Dedichiamo giusto alcune brevi attenzioni a questo aspetto, rimandando, chi fosse interessato, ad ulteriori approfondimenti.

Tra le diete "amiche" dell'umore troviamo quella mediterranea, poiché – a differenza di altre – fornisce in modo bilanciato tutti i componenti nutritivi di cui ha bisogno il nostro organismo. Tra i cibi "amici dell'umore" vi sono, sicuramente, verdura e frutta fresca poiché il loro apporto di vitamine e di altre sostanze nutritive favorisce la produzione di serotonina, un ormone che contribuisce agli stati di serenità e di benessere mentale.

Alcuni studi, hanno dimostrato che anche il positivo stato di salute della flora batterica intestinale può favorire il benessere emotivo delle persone. Di conseguenza, sono da evitare gli alimenti che la danneggiano (primo tra tutti l'alcool). Importante anche moderare l'assunzione di farmaci gastro-lesivi. Parimenti, sarà utile mangiare yogurt, kefir, cetrioli, banane, mandorle, verdure a foglia verde e altri alimenti utili a custodire e rafforzare la flora batterica.

Suggerendovi di approfondire personalmente il tema della corretta alimentazione (sul web si trovano facilmente liste di alimenti amici e di cibo-spazzatura), può essere utile concludere queste nostre riflessioni con due indicazioni pratiche.

La prima riguarda la modalità di "fare la spesa". C'è una regola generale che vale sempre: «Se lo compri, lo mangi!». Se è nostra intenzione «Non bere super-alcolici», il miglior modo per riuscirci è «Non averli in casa». Idem per dolci, cibi raffinati e altri alimenti-killer. A volte, obiettivi condivisibili, quali il risparmio (che ci porta ad acquistare grandi quantità di alimenti in offerta) o l'essere "preparati" in caso di ospiti improvvisi, si traducono in veri e propri auto-goal. Se non vuoi mangiarlo, non comprarlo… non ci sono altre strade.

Analogamente, sarà importante avere scorte adeguate di cibi-amici, possibilmente scelti tra quelli che maggiormente ci piacciono, in modo da non mortificare il normale e ricorrente bisogno di "soddisfare il palato". Utile organizzarsi anche per il fronteggiamento degli "attacchi di fame", avendo in casa quantità sufficienti di cibi-riempitivi non deleteri.

Il secondo suggerimento è quello di "mettere in conto" le eccezioni. Se, dopo uno "strappo alla regola", veniamo assaliti dai sensi di colpa, non andremo lontano. Assumere con sé stessi posizioni rigide e nervose aumenta l'Ansia anziché diminuirla. È sbagliato auto-infliggersi regimi alimentari da "stato di guerra", che nessuno potrebbe rispettare a lungo.

Ciò che conta non è "non cadere" ma rialzarsi subito. Il nemico di una corretta alimentazione non sono i singoli "sgarri", poiché il nostro organismo riesce a gestirli bene, senza particolari danni. Ciò che manda in crisi e altera il benessere alimentare ed emotivo, sono i lunghi "periodi di libertà". Questi vanno assolutamente evitati, perché disorientano il nostro metabolismo e la nostra psiche, con il rischio di incappare nel circolo vizioso *ad elastico*, con un organismo che si sgonfia e rigonfia ciclicamente.

Esercizio 7 – Tisana & Stretching serali

Decidi, per una settimana, di dedicarti 15 minuti serali, prima di andare a letto, per sorseggiare una tisana e, a seguire, fare un po' di stretching, immediatamente prima di metterti a letto. Se riesci, prova anche a dormire supino facendo ancora un po' di stretching a gambe e braccia dopo esserti sdraiato.
Al termine della settimana annota sul tuo block-notes com'è andata (quali benefici ne hai avuto) e decidi se ripetere l'esercizio per un'altra settimana e, così via. Più prolunghi questa pratica, più ne ricevi giovamento.

Step VIII

Vai tranquillo
GESTIONE DELLA VELOCITÀ
E DELLE PICCOLE COSE

Il mondo corre...

L'Ansia e lo stress, che attanagliano la nostra vita, sono spesso causati dalla fretta che ci assilla continuamente. Poiché il mondo di oggi "corre", dobbiamo correre anche noi. Anzi, bisogna essere più veloci degli altri. Bisogna essere i primi o si viene scartati. Occorre cogliere le occasioni, tempestivamente, sul loro nascere. Bisogna stare sul chi va là. È una questione di sopravvivenza!

C'è un noto proverbio africano che mi ha sempre attivato una grande agitazione: «Ogni mattina in Africa, come sorge il sole, una gazzella si sveglia e sa che dovrà correre più del leone o verrà uccisa. Ogni mattina in Africa, come sorge il sole, un leone si sveglia e sa che dovrà correre più della gazzella o morirà di fame. Ogni mattina in Africa, come sorge il sole, non importa che tu sia leone o gazzella, l'importante è che cominci a correre».

Alcuni anni fa sono rimasto molto impressionato da uno slogan apparso su alcuni giornali: «Siate agili! Nell'economia di oggi, il pesce veloce mangia il pesce lento!». L'autore di questa affermazione è Klaus Schwab, fondatore e presidente del Forum Economico Mondiale.

Che si debba essere pronti al cambiamento è pienamente comprensibile, visto che il mondo intorno a noi si modifica rapidamente. La principale causa dell'estinzione dei dinosauri pare sia stata la loro incapacità di adattarsi ai repentini cambiamenti climatici. E, di certo, noi non intendiamo estinguerci.

Tuttavia, occorre anche porre in essere alcune misure di protezione dalle continue spinte ad accelerare. Bisogna attivare qualche forma di riparo dalla velocizzazione delle attività. Innanzitutto, perché non è detto che "fare tante cose velocemente" significhi "farle bene". La riflessione, l'ideazione, la cura dei dettagli, l'approfondimento... richiedono tempo. La qualità richiede tempo! Questo vale sia a lavoro che nella vita privata.

Un'alienante superficialità

Oggi c'è il forte rischio che le giornate, attanagliate da una lunga e interminabile corsa frettolosa, si trasformino in un ingranaggio alienante che maciulla le relazioni. I legami, l'intimità, l'empatia, l'ascolto reciproco hanno bisogno di tempo. Senza, il rapporto con gli altri e con noi stessi si sbiadisce e, man mano, scompare.

Una bella canzone di Eugenio Bennato, critica verso l'accelerazione del mondo d'oggi, ci ricorda che «La lentezza canta canzoni che nessuno sa». L'autore vuole ricordarci che le relazioni sono *slow,* lente. Se si va di fretta, si perde la ricchezza dell'incontro. Restano solo tante connessioni superficiali senza consistenza, rapide a svanire quando ci si trova nel momento del bisogno, nel momento della sosta.

Richard Sennet[60] denuncia questa pericolosa accelerazione, invitando tutti a diffidare della "società del breve termine". Il rischio è che alle persone restino solo dei frammenti scomposti, incontri parziali e superficiali, nei quali si perde la percezione della propria identità (l'uomo non sa più chi è) e della propria storia (l'uomo non sa più da dove viene e dove va).

Re-imparare a camminare adagio

Qual è l'antidoto a tutto questo? Re-imparare ad andare piano, decidendo di custodire e proteggere dalle continue corse almeno una parte della nostra esistenza. Se, su alcuni fronti, non possiamo sottrarci alla corsa, in altri, soprattutto quelli personali e familiari, abbiamo la possibilità di fissare dei paletti, di stabilire un limite di velocità.

Per far questo occorre anche re-imparare il valore delle piccole cose. Ho trovato di grande aiuto e conforto un episodio narrato da Antoine De Saint-Exupéry[61] nel suo celebre libro *"Il piccolo principe"*. Rileggiamolo insieme: «"Buon giorno", disse il piccolo principe. "Buon giorno", disse il mercante. Era un mercante di pillole perfezionate che calmavano la sete. Se ne inghiottiva una alla settimana e non si sentiva più il bisogno di bere. "Perché vendi questa roba?", disse il piccolo principe. "È una grossa economia di tempo", disse il mercante. "Gli esperti

---

[60] Richard Sennet (1943), professore di sociologia alla London School of Economics e alla New York University.
[61] Antonie De Saint-Exupéry (1900 – 1944), scrittore, aviatore e militare francese.

hanno fatto dei calcoli. Si risparmiano cinquantatré minuti alla settimana". "E che cosa si fa di questi cinquantatré minuti?", chiese il piccolo principe. "Se ne fa quel che si vuole", rispose il mercante. "Io – disse il piccolo principe – se avessi cinquantatré minuti da spendere, camminerei adagio verso una fontana"».

La lista delle piccole cose preziose

Ispirato da questo episodio, ho imparato a fare periodicamente un esercizio di auto-riflessione, che mi ha dato molto giovamento. Una domenica pomeriggio mi sono ritagliato un'oretta e, carta e penna alla mano, ho scritto la mia "lista della piccolezza".

Volevo elencare dieci piccole cose per me molto importanti. All'inizio non è stato facile. Sono rimasto fermo, con la penna in pugno, per quasi mezz'ora. Mi venivano in mente tante diverse cose e non sapevo decidermi su quale scrivere per prima. Poi, ho capito che dovevo buttarle tutte sul foglio e, in un secondo momento, elencarle per importanza.

È così che ho cominciato a scrivere: «Contemplare la bellezza del sole che sorge, inviare un messaggio di buongiorno ad un amico, sostare qualche minuto nella chiesetta sotto casa, sorseggiare una tazza di tè alla cannella, dare una carezza a mia moglie…». Alla fine dell'oretta, ne avevo elencate ben oltre le dieci previste… e non è finita lì… man mano, nel corso della serata e dei giorni successivi, ho appuntato ulteriori piccole cose preziose, fino a che il foglio si è completamente riempito su entrambe le facciate.

Mentre, di giorno in giorno, aggiungevo gli ulteriori punti, mi sono reso conto che quella che prendeva sempre forma non era una semplice lista… era la mia immagine, il mio ritratto, messi in parole. In quella lista c'ero io… eppure molte di quelle "cose" da tempo non le facevo, alcune le avevo quasi completamente dimenticate. È stata una sorpresa ritrovare, in quelle frasi, pezzi di me rimasti a lungo sospesi.

La domenica successiva è stata decisiva. Ho tirato fuori il foglio con la lista e ho iniziato a segnare, accanto a ciascun punto, con quale frequenza volevo dedicarmici: la carezza a mia moglie? Ogni giorno! Come pure la sosta nella chiesetta. Il te alla cannella? Il venerdì sera, sul divano di casa, al termine della settimana lavorativa. Il messaggio di buongiorno ad un amico? Almeno uno al mese, a ciascuna persona cara. Ho proseguito, punto per punto, completando l'intera lista… e poi, su un nuovo foglio, li ho distinti in quattro sotto-elenchi: i punti quotidiani, quelli settimanali, quelli mensili, quelli annuali. Completata l'opera, ho affisso i fogli in bacheca, nel mio studio. Da quel giorno mi perdo di meno! E anche quando le corse e le scadenze mi spingono fuori strada… è più facile ritornare in carreggiata e "recuperare" i punti persi. Ogni tanto aggiungo ancora qualcosa, a volte modifico la frequenza di un punto. Si tratta di una lista dinamica, sempre in evoluzione. Non è un elenco di regole da rispettare… questo mi attiverebbe ulteriori stati d'Ansia. È, piuttosto, una lista di attenzioni benefiche, per me e per gli altri!

Esercizio 8 - La lista della piccolezza

Elabora la tua "lista della piccolezza". Per farlo disegna sul tuo block-notes una tabella con due colonne e dieci righe. Nella colonna di sinistra elenca dieci "piccole cose" per te importanti. Attento, devono essere di facile realizzazione. Se ne riesci a scrivere meno di dieci, dormici su e, il giorno dopo, prova a completare la lista. Se, nell'elencarle, ti rendi conto che sono più di dieci, scrivile tutte ma, poi, scegli le dieci che ritieni più importanti. Completata la prima colonna, procedi con la compilazione della seconda, nella quale bisogna inserire la frequenza con la quale intendi fare le piccole cose elencate (giornaliera, settimanale, mensile). Una volta compilata la seconda colonna, inizia ad attuare quanto elencato. Dopo un certo tempo (non prima di una settimana, non oltre un mese) fai un bilancio del com'è andata. Intanto, se ti sovvengono altre "piccole cose", segnale nel block-notes. Durante il bilancio, decidi se allargare l'impegno alle altre piccole cose annotate.

Step IX

Fuori trappola
LA GESTIONE DEL TEMPO
E DELLE SCADENZE

La trappola del rendimento

Chiarita l'importanza di riservare spazi ed energie alle piccole cose e alle relazioni, confrontiamoci ora con uno dei più grandi "attivatori d'Ansia" dei tempi di oggi: *la valutazione del rendimento.* Gran parte delle persone è costantemente pressata dalla necessità di "dimostrare" di essere adeguatamente efficace ed efficiente. Ci si confronta con mille giudici implacabili, da tenere a bada: il datore di lavoro, i colleghi, i collaboratori... e poi – passando alla vita privata – i familiari, i parenti, il vicinato, gli amici, etc. Per non parlare del più implacabile dei giudici: "noi stessi". Tutti si aspettano che *stiamo sul pezzo,* che siamo dinamici, vincenti.

Che si debba essere diligenti e competenti a lavoro, siamo tutti d'accordo. Come pure è importante impegnarsi in modo adeguato al raggiungimento degli obiettivi aziendali. Analogamente vale per la sfera privata, dove è giusto fare del proprio meglio nei confronti del partner, dei figli, dei vicini, etc. Il problema è che il contesto sociale nel quale ci muoviamo è talmente influenzato dalla *cultura della performance,* che costringe tutti e ciascuno al costante confronto con standard di produzione, tabelle di efficacia, planning di intervento, sistemi di monitoraggio, valutazione, audit, etc. Gli effetti ansiogeni di tutto questo sono di facile comprensione.

La gestione del tempo

Lo sforzo energetico, che costantemente ci viene richiesto, si scontra di continuo con l'esiguità del tempo disponibile. Sempre più cose da fare, sempre meno tempo per farle. Nella primavera 2021 ho conosciuto l'autore di un interessante libro sulla qualità del tempo. Si chiama Emmanuele del Piano e il suo testo ha, come titolo: *«Time Hacking. L'importanza delle emozioni per trasformare il tuo tempo».*

Emmanuele è un ingegnere meccanico che, dopo anni di esperienza in azienda, ha deciso di dedicarsi, come libero professionista, allo sviluppo del potenziale delle persone e delle organizzazioni, con particolare attenzione alla felicità in azienda.

La "ricetta" di Emmanuele del Piano invita le persone a passare dal tentativo – quasi sempre inefficace – di "organizzare meglio il tempo" – alla capacità di "viverlo diversamente, riempiendolo di valore". Insomma, il tempo (e quello che facciamo durante il suo scorrere) va gustato… altrimenti viene soltanto consumato, usato, esaurito.

Le indicazioni proposte da Emmanuele nel suo libro sono illuminanti e aiutano davvero a migliorare la qualità del nostro tempo. Ti invitiamo caldamente a procurartene una copia e a trarne beneficio. Il modo in cui trascorriamo il tempo, infatti, determina la qualità della nostra vita… imparare a farlo meglio è questione di buon senso.

Di fonti e materiali da cui attingere indicazioni sulla gestione del tempo ve ne sono, ovviamente, mille altre. Basta fare un giro sul web. Si tratta di un campo molto vasto nel quale non mancano ricerche, studi, modelli teorici, strumenti, metodi, etc. L'insieme di questi approfondimenti conferma costantemente che il tempo è una "risorsa preziosa" e che bisogna saperla gestire con grande attenzione, anche perché, a differenza di altre risorse, non è abbondante, non si può acquistare, né immagazzinare, né dilatare.

Importanza e Difficoltà

Proviamo ora a mettere a fuoco alcune indicazioni pratiche. Non sono assolutamente esaurienti. Il tema è molto ampio. Ti proponiamo alcuni assaggi, con l'auspicio che tu decida di approfondire ulteriormente la tua crescita su questo fronte.

Il primo spunto è quello di valutare bene, tra le mille attività a cui ti dedichi, quali sono quelle a cui riservare le migliori energie, le ore centrali della tua giornata.

La scelta va fatta ragionando sulla loro importanza e sulla loro complessità. L'importanza non dipende dall'attività in sé ma dall'obiettivo per cui la fai. Più è importante l'obiettivo, più tempo occorrerà dedicargli. Questa scelta, prima di tradursi in azione, va però intrecciata con un'analisi sulla fattibilità.

A volte, c'è il rischio di incamminarsi verso obiettivi quasi impossibili o, comunque, eccessivamente complessi. Certo, se non si punta in alto si rischia di appiattirsi su una quotidianità insipida. Ma c'è differenza tra il puntare in alto e mirare all'inarrivabile. Non so se sei mai stato a Barcellona e se hai avuto modo di visitare la *"Sagrada Familia"*. Si tratta di una delle Cattedrali più grandi del mondo, progettata dal celebre architetto Antonio Gaudì.

La particolarità è che i lavori sono iniziati nel 1882... e non sono ancora terminati! È sicuramente un'opera maestosa ma deve farci molto riflettere il fatto che non è compiuta, nonostante Gaudì sia morto da quasi un secolo. Occorre, tornando a noi, imparare a fare una concreta analisi di realtà, per scegliere, tra le sfide importanti, quelle che hanno concreti margini di realizzabilità.

Un'utile indicazione è poi quella di scomporre gli obiettivi più grandi e a lungo termine in "sotto-obiettivi" di minore entità. Gli esperti di organizzazione del lavoro lo chiamano *"goal setting"*. Consiste nel fissare una serie di obiettivi intermedi.

È un po' come avviene quando si affronta un percorso di laurea. Non si tratta di affrontare un unico enorme programma di studio, bensì di approfondire man mano i vari esami, scomponendo in porzioni più abbordabili l'enorme quantità di informazioni e di concetti da comprendere e memorizzare.

Un buon suggerimento è anche quello di dedicare una parte del proprio tempo a quelle attività che pur non perseguendo grandi obiettivi, hanno bassi gradi di difficoltà e, quindi, ci permettono, con una dose di energie minima, di ottenere buoni risultati. Sono le cosiddette "piccole soddisfazioni", alle quali è sempre utile dedicare una parte del nostro tempo, stando attenti, però, a non erodere lo spazio dedicato agli obiettivi principali.

Cosa faccio prima?

C'è una confidenza che sento di farti. Nonostante io sia costantemente attento a pianificare il mio impegno, in modo da dare lo spazio necessario alle attività più importanti, mi ritrovo spesso, a fine giornata o a fine settimana, a riscontrare, con l'amaro in bocca, che sono riuscito a fare ben poco di quanto avevo pianificato. Mi accade spesso che mille piccoli imprevisti esauriscano tutto lo spazio. Dall'email del collega alla telefonata inattesa, dal messaggio whatsapp alla notifica sulla pagina social... il tempo che pensavo di avere si è man mano dissolto in tanti minuscoli attimi, trascorsi a fare miriadi di cose, tranne quelle più importanti.

Questo frustrante senso di inefficacia, che cresce man mano che il tempo trascorre, diventa per me fonte di una fortissima Ansia quando si avvicinano le scadenze. A volte, mi sento come se fossi a bordo di un'auto, priva di volante e di freno, che procede lentamente e inesorabilmente verso l'impatto con un muro. Quando mi trovo in queste situazioni, vengo sopraffatto da una sensazione di impotenza e di incapacità molto avvilente.

Come fare? Qui ho trovato di grande aiuto le indicazioni di Emmanuele del Piano che suggerisce di "mettere in conto gli imprevisti e le emergenze" riservando loro uno spazio *ad hoc*, successivo a quello da dedicare alle "cose importanti". Questa indicazione si traduce in tre attenzioni pratiche. Innanzitutto, nel fare "prima ciò che è più importante e fattibile". Lo spazio per la gestione delle emergenze va messo dopo, nella seconda parte della mattinata o, addirittura, nel pomeriggio. In questo modo ci assicuriamo di aver fatto ciò che è importante.

Il secondo spunto è che non è bene seguire costantemente notifiche e messaggi. Se ci giunge qualche piccola richiesta o viene in mente a noi qualcosa da comunicare o da fare, appuntiamola – senza distrarci – su un taccuino e proseguiamo nel lavoro importante. Evitiamo, cioè, che le piccole interferenze invadano tutti gli spazi.

La terza indicazione è che sarebbe un errore pianificare le attività di una giornata pensando di poter dedicare tutto il tempo alle cose importanti, non tenendo in conto che vi saranno inevitabilmente delle energie da spendere nelle evenienze. Questo si traduce nel valutare con attenzione quali e quanti sono gli obiettivi realmente perseguibili, evitando di accollarsi carichi insostenibili.

Concludiamo con un ultimo suggerimento. All'inizio della giornata, conviene dedicare un po' di spazio alle piccole cose che si fanno rapidamente… in modo da poterci poi "concentrare a mente libera" nell'attività importante che abbiamo programmato. Bisogna, ovviamente, stare attenti ad evitare che un enorme cumulo di piccole cose assorba gran parte delle energie.

Esercizio 9 - Mostri e Cavalieri

Ci sono alcuni impegni o attività che ci pesa fare e che abbiamo spesso la tentazione di rinviare. Tuttavia, rimandarle sortisce l'unico effetto di renderle ancora più onerose perché si accumulano ulteriormente. Queste attività le chiamiamo "Mostri": più si rinvia la lotta, più si ingigantiscono.
Esistono, all'opposto, impegni e attività che ci gratificano, che ci donano un senso di benessere. Sono attività che, pur richiedendo tempo ed energie, ci danno soddisfazione e rinforzano la nostra motivazione. Queste attività le chiamiamo "Cavalieri": prima arrivano, meglio è.
Fatte queste premesse, elabora sul tuo block-notes la lista dei tuoi Mostri e dei tuoi Cavalieri. Non farla troppo lunga ma, anche, assicurati di aver inserito tutti quelli principali.
A questo punto pianifica le tue attività giornaliere e settimanali avendo l'attenzione a dedicare sia ai mostri che ai cavalieri le tue migliori energie. Sono infatti i due fronti dai quali maggiormente il tuo benessere lavorativo. Se ti di dedichi con

perseveranza e lucidità, senza farti distrarre da altre cose e senza rimandare a domani quel che puoi fare oggi, il tuo percorso lavorativo avrà mostri sempre piccoli con cui lottare e cavalieri sempre più grandi al tuo fianco.

Step X

Biochimica delle emozioni
LE DUE MENTI

Dove "si trova" l'Ansia?

Nel linguaggio comune e in mille modi di dire, le diverse emozioni vengono associate a particolari parti del corpo. Ad esempio, un'eccessiva amarezza, si dice che «avvelena *il fegato*».

Quando una persona ha un carattere fortemente emotivo si è soliti dire che è «*di pancia*», mentre una reazione disinteressata ed altruistica viene associata all'essere «*di cuore*».

Potremmo continuare a lungo. Ma qual è, sul piano scientifico, la sede delle emozioni? In realtà gli studi dell'anatomia e della psicofisiologia umana segnalano il coinvolgimento di variegati organi e complessi meccanismi.

Certo è che la sede principale delle emozioni è posizionata nel cervello e che, all'interno di questo, si trova fortemente concentrata in una piccola ghiandola dal nome "amigdala".

L'abbiamo già incontrata nella seconda lezione e abbiamo visto che entra in gioco attivando in noi reazioni emotive analoghe a quelle vissute in passato, in situazioni simili a quelle attuali.

Si tratta di una ghiandola doppia (cioè ogni persona ne ha due) grande per lo più come una mandorla,[62] che si trova nella parte interna di entrambi i lati del cervello (alla base del cosiddetto lobo temporale), all'incirca in corrispondenza delle tempie.

Ricordi, paura ed emozioni intense

L'amigdala è una ghiandola deputata alla gestione delle emozioni. Innanzitutto, come abbiamo visto, è la principale responsabile dei ricordi emotivi, come ad esempio i traumi infantili e i momenti di grande sofferenza vissuti in passato.

Inoltre, è la responsabile del cosiddetto "condizionamento della paura", cioè la capacità delle persone di apprendere, attraverso le esperienze, quali sono le situazioni e le circostanze da temere.

L'amigdala contribuisce inoltre alla "elaborazione biochimica delle emozioni", rilasciando, in base alle circostanze, ormoni che attivano, nell'organismo umano, i sintomi tipici dell'Ansia, della rabbia, del piacere, della tristezza.

Sono infatti gli ormoni prodotti dall'amigdala a generare alcune reazioni fisiche associate alle emozioni intense, come l'aumento della frequenza cardiaca (la tachicardia, fino a "sentire

---

[62] La stessa parola "amigdala" deriva dal termine latino "*amygdăla*" che significa, appunto, "mandorla".

il cuore in gola"), l'aumento della sudorazione, l'innalzamento della pressione sanguigna (con effetti che vanno dal rossore del viso, fino al "sentire la testa che scoppia"), l'aumento del ritmo respiratorio (con il connesso "senso di affanno" e il sentirsi "mancare il respiro"). Secondo alcuni studi recenti, l'amigdala destra è esclusivamente deputata alla gestione delle emozioni negative, mentre quella sinistra è coinvolta sia nelle emozioni negative che positive.

Ne consegue che, in caso di disfunzioni dell'una o dell'altra, possono emergere cambiamenti anche radicali del carattere emotivo delle persone. Se, ad esempio, per qualche motivo dovesse funzionare solo l'amigdala destra, la persona non avrebbe la capacità di gestire (e quindi di sentire ed esprimere) le emozioni positive. Uno degli aspetti più interessanti nel funzionamento dell'amigdala è che, quando si attiva, produce sensazioni fisiche (i sintomi sopra elencati) che a loro volta inducono nelle persone l'assunzione di comportamenti in gran parte irriflessi.

Detta in altre parole, l'amigdala, quando è sovra-eccitata, riduce il grado di "consapevolezza volontaria" che le persone hanno delle loro azioni poiché si innescano meccanismi quasi automatici, di tipo istintivo, che hanno a che fare con lo "spirito di sopravvivenza" nelle situazioni ostili. Non è un caso che, in una situazione di "attacco d'Ansia", o di "panico", di "rabbia", le persone dicano parole e compiano azioni che, in condizioni normali, non farebbero.

… fino a dieci!

Una delle caratteristiche dell'amigdala è che, una volta eccitata, resta tale per un certo tempo (da alcuni minuti ad alcune ore), seppur in modo progressivamente decrescente. È per questo che la sapienza popolare ci invita a «contare fino a dieci» quando si viene presi dalla rabbia. Come a dire che, imponendosi di non "reagire a caldo", ci si dà il tempo di recuperare – grazie al graduale rilassamento dell'amigdala – il pieno governo delle proprie azioni, dei propri pensieri ed emozioni.

Parimenti, siamo invitati a gestire l'eccitazione dell'amigdala adottando alcune attenzioni. Ad esempio, l'importanza di evitare, in una situazione di stress emotivo, di affrontare subito ulteriori argomenti stressanti. Altrimenti, si rischiano facilmente *escalation* ed esplosioni improvvise. Come pure, l'utilità di alcune pratiche che contribuiscono al più veloce rilassamento dell'amigdala, quali il passeggiare o il fare sport non intensivo, il parlare d'altro distraendosi, il mangiare qualcosa di gradito, il sentire un po' di musica rilassante, l'assumere una postura diritta ed aperta, eccetera.

Le due menti

È sulla base di queste considerazioni che Daniel Goleman – che abbiamo più volte citato in questo corso – ha coniato il concetto delle "due menti". Goleman, in breve, ci invita a considerare che i pensieri e le azioni delle persone sono orientati e determinati da due differenti facoltà mentali. V'è la mente razionale, capace di riflessione, di distinzione tra ciò che è bene e ciò che è male, attenta al rispetto delle regole, di sé stessi e degli altri; e c'è la mente emotiva, di tipo intuitivo, irriflesso, a volte istintivo, espressione della primordiale e vitale necessità di sopravvivere in condizioni avverse e fortemente connessa al funzionamento del nostro corpo.

Se due sono le menti, altrettante sono anche le intelligenze. Non a caso il testo di Goleman è dedicato all'intelligenza emotiva. L'invito che ci viene lanciato, e che ribadiamo a noi stessi, è di impegnarci a sviluppare entrambe queste due dimensioni intellettive: quella razionale e quella emozionale.

Peace inside (pace dentro)

Siamo giunti al termine del nostro percorso. Come hai intuito, per ciascuno dei dieci step che ti abbiamo proposto ci sarebbe tanto altro da dire, comprendere, praticare. In questo corso, abbiamo fatto la scelta di offrirti le principali chiavi di accesso ad un percorso ampio e benefico, nel quale le emozioni negative e, tra queste, l'Ansia grave, siano prevenibili e superabili.

Lungo il viaggio, hai imparato l'importanza dell'ottimismo e le strategie per rafforzarlo. Ci siamo soffermati sui rischi dell'eccessivo attivismo, come pure dell'immobilità. Abbiamo messo a fuoco la necessità delle soste ed esplorato le modalità per una comunicazione autentica ed efficace con gli altri. Ci siamo esercitati sul *"think positive"* e sull'importanza di respirare, dormire e mangiare bene. Abbiamo esplorato il valore delle *piccole cose* e il modo per affrontare serenamente scadenze e carichi di lavoro. Abbiamo, infine, guardato da vicino l'importanza di coltivare interessi e attitudini personali e di comprendere come funziona la nostra amigdala e a rispettarne i tempi.

Giunti al termine, possiamo insieme affermare che, anche se le emozioni negative fanno parte della vita, il cammino che abbiamo compiuto ci offre gli strumenti per gestirle, fronteggiarle, ridimensionarle, in modo che non rappresentino la nota dominante della nostra esistenza. Anche nelle giornate di bel tempo il mare è sempre in movimento, ma questo non è un problema. Anzi, è proprio il continuo muoversi delle acque ad evitare che ristagnino. Altra cosa sono i flutti tumultuosi e mortiferi delle tempeste, che impediscono il rientro in porto e mettono in pericolo la vita. Questi sono assolutamente da prevenire e superare, connettendo positivamente energie razionali ed emotive, affinché la strada, sgombra da mostri e voragini, ci porti sempre più alla piena serenità interiore, alla *peace inside.*

Esercizio 10 – Disinnesca le bombe

Abbiamo visto che l'amigdala, una volta sovra-eccitatasi, abbisogna di un certo tempo per rilassarsi. Fin tanto che questo non avviene, i nostri pensieri ed emozioni sono condizionati negativamente dalle sostanze biochimiche che produce. Il rischio è di dire o fare cose che, in condizioni normali, non diremmo né faremmo. In queste situazioni, l'unica arma è l'attesa (contando fino a dieci, cento o, anche, fino a mille, ove necessario). Per ridurre il numero e l'intensità delle reazioni non desiderate, elabora il tuo elenco delle bombe da disinnescare. Scrivi sul tuo block-notes l'elenco delle situazioni nelle quali, più frequentemente, ti capita di finire in uno stato di grave Ansia, rabbia o paura. Una volta fatto l'elenco, riproponiti solennemente di "contare fino a dieci", cioè di non reagire di impulso qualora la situazione si venisse a creare. Ogni mattina riguarda la lista (una soluzione facilitante può essere di affiggerla in un punto in vista della casa o dell'ufficio). Il solo fatto di aver prefigurato, elencandole, le varie situazioni, ti aiuterà ad aumentare il numero delle volte in cui non esploderai. Non è escluso che vi siano degli scoppi ma, perseverando con questo esercizio di auto-controllo, man mano riuscirai a farli diminuire. Prendi nota, durante la settimana, degli scoppi e dei disinneschi... poi confronta l'andamento tra le settimane. Sarai sorpreso per la strada percorsa.

Corso n° 4

Guida per la gestione di Rabbia e Conflitti

di Marco Giordano e Cristina Esposito

322

Lezione 1

Introduzione al corso
VITTIMA O CARNEFICE?

Chi ben comincia...

Ciao. Sono Marco Giordano, direttore della collana "Benessere e Felicità", di cui fa parte questo corso sulla gestione della rabbia e dei conflitti. Insieme a Cristina Esposito, giovane e brillante laureanda in servizio sociale, con cui ho condiviso la preparazione del corso, desideriamo darti il benvenuto! Siamo felici che tu abbia deciso di dedicare parte del tuo tempo alla ricerca di una maggiore serenità personale e di relazioni autentiche e costruttive.

Conflitti subìti

Se hai scelto di approfondire il tema della gestione della rabbia e dei conflitti, probabilmente è perché sperimenti, con peso e sofferenza, situazioni negative nelle quali ti ritrovi incastrato, spesso senza volerlo e senza sapere come uscirne.

A volte, ci capita di essere "vittime" di relazioni e di contesti opprimenti. Quel tale familiare, quel collega, quel dirigente, quel vicino di casa, quel professore... mille sono le persone che incontriamo ogni giorno e, tra queste, non mancano coloro che assumono nei nostri confronti atteggiamenti prepotenti, disattenti, deludenti, offensivi, giudicanti, scontrosi, etc.

Viviamo queste dinamiche con grande frustrazione. Vorremmo voltare pagina, evitare quell'incontro sgradevole, fuggire da quella circostanza penosa, sciogliere quel nodo... ma la "cruda realtà" ci impedisce di farlo e restiamo esposti a continui assalti e dispiaceri.

L'agnello che morde

Spesso, subiamo passivamente i soprusi che gli altri ci scaricano addosso. In alcuni casi, la rabbia e il risentimento si sedimentano in noi, fino al punto di farci esplodere.

L'amarezza interiore raggiunge una tale concentrazione da renderci, nostro malgrado, aggressivi e violenti. Siamo così saturi da non riuscire a tenere a freno i nostri impulsi reattivi, che sbottano in modo incontrollato, a volte distruttivo, non solo verso gli estranei ma anche a danno di coloro che vorremmo proteggere e amare.

Non di rado, stress e malessere accumulati in alcuni contesti e con alcune persone, sfociano in un nervosismo continuo che inquina anche le altre relazioni, a partire da quelle intime, nelle quali rischiamo, senza volerlo, di diventare noi stessi dei "carnefici", casomai vittimizzando coloro che non c'entrano.

Si tratta di situazioni che possono essere rare o frequenti, in base al nostro carattere, alle circostanze contingenti e alla fase che stiamo vivendo. È così, ad esempio, che persone passive e vittimizzate al lavoro, diventano aggressive e conflittuali a casa. O che una persona, dopo anni di soprusi subiti e di sofferenza silenziosa, all'improvviso divenga – suo malgrado e senza trovare mai la serenità interiore – un carnefice, violento con le parole, negli affetti, nelle relazioni.

La via dell'assertività

Se hai scelto di seguire questo corso è perché la fase che stai attraversando, e le situazioni che stai vivendo, ti portano a desiderare di raggiungere una maggiore serenità, trovando il modo per rispettare sia te stesso che gli altri. La via che ti proponiamo, che noi stessi abbiamo percorso con grande beneficio, è quella dell'assertività. Se hai già avuto modo di seguire il corso introduttivo di questa nostra collana, ti è chiaro di cosa stiamo parlando.

Si tratta, come sai, di un "viaggio" attraverso il quale imparare ad ascoltare le tue emozioni e i tuoi pensieri, a comprendere quelli delle persone che incontri, a capire come liberarti sia dagli atteggiamenti passivi e "da vittime", che dai comportamenti aggressivi e "da carnefici".

In questo corso, avrai modo di approfondire e perfezionare la tua capacità di affrontare i conflitti in modo positivo, facendoli diventare una occasione di crescita. Al contempo, avrai modo di lavorare sulla tua emotività, imparando a maneggiare e canalizzare la rabbia, senza negarla o sfogarla, trasformandola in energia costruttiva.

Passi concreti e fecondi

Se non hai seguito il corso introduttivo di questa Collana, non preoccuparti. Troverai nelle prossime lezioni tutte le indicazioni per procedere con buoni risultati.

Alla fine, potrai decidere se ampliare le tue "competenze" anche agli altri aspetti dell'assertività: il dialogo con le persone; il linguaggio del corpo; l'assunzione condivisa di decisioni; il ritrovare sé stessi, etc. Sono passi di un cammino più grande e fecondo che intende accompagnarti verso il benessere e la felicità.

Per procedere, occorre fare un patto: noi ci impegniamo, in questo corso, ad indicarti la strada, a segnalarti le curve, le aree di sosta, gli incroci, il traguardo. Abbiamo preparato 11 lezioni contenenti le principali indicazioni per apprendere le tecniche, gli strumenti e i metodi per gestire rabbia e conflitti.

È importante, però, che tu abbia chiaro che questo non è un semplice libro da leggere. Si tratta, invece, di un percorso intensivo, che intreccia gli approfondimenti con numerosi esempi da comprendere ed esercizi concreti da fare. La strada che ti proponiamo è una via certa, già percorsa con successo da tanti. E non è una strada per soli eroi. Ognuno può affrontarla, partendo da sé. Per facilitarti, abbiamo fatto la scelta di sintetizzare i contenuti teorici in modo che fossero sufficienti 120 minuti per apprenderli tutti. Non è stato semplice perché gli argomenti sono vasti e i punti da affrontare molto numerosi.

Prima di iniziare...

Prima di iniziare, è importante che tu scelga come approcciare il corso. Per la parte teorica, ci sono essenzialmente due modi: "tutto d'un fiato" o "una lezione alla volta". Scegli la modalità che preferisci, anche in base al tempo che hai a disposizione. Se lo affronti tutto d'un fiato, ovviamente, inizierai a fare gli esercizi dopo aver completato la lettura. Se, invece, approfondirai una lezione per volta, sarà bene svolgere man mano i relativi esercizi.

Da quanto abbiamo potuto osservare, i maggiori frutti li hanno raccolti le persone che hanno abbinato le due modalità. Hanno, cioè, prima letto per intero tutta la teoria e poi, nei giorni successivi, si sono dedicati alla rilettura di una lezione per volta e allo svolgimento degli esercizi. Ad ogni modo valuta tu, in base alla tua sensibilità.

In merito agli esercizi, ti suggeriamo di non saltare avanti e indietro. Affronta prima gli esercizi di una lezione, poi quelli della lezione successiva. Così farai un vero percorso di crescita progressiva. Alcuni esercizi sono di auto-riflessione, quindi li potrai svolgere subito. Altri richiedono di accordarti con un tuo caro (un amico, un parente…). Fallo quanto prima. Sono proprio gli esercizi con altre persone a contribuire maggiormente al cambiamento che desideri.

Durante tutto il viaggio, ti suggeriamo di utilizzare sempre lo stesso block-notes. Ti sarà utile per riprendere alcuni pensieri, annotare nuove scoperte.

Le persone più motivate, a distanza di qualche mese, riapprofondiscono alcuni passi per consolidarli o riesplorarli ulteriormente. Anche in questo ti sarà utile riprendere lo stesso block-notes iniziale. Così facendo, potrai avere sempre a disposizione i tuoi appunti… e sarà sorprendente vedere quanta strada avrai fatto!

Bene, ci siamo detti tutto e siamo pronti ad iniziare. Non ci resta che augurarti buon viaggio nella gestione costruttiva della rabbia e dei conflitti, verso la serenità con te stesso e con gli altri!

Parte I

LA GESTIONE DELLA RABBIA

Lezione 2

EMOZIONI COSTRUTTIVE E DISTRUTTIVE

Energie emotive ad alto potenziale

Il primo passo che muoviamo in questo nostro corso, dopo lo step introduttivo, è quello di affrontare il grande tema della rabbia. Per capire come gestirla e, addirittura, come valorizzarla e incanalarla positivamente, occorre inquadrare bene la questione.

Quando, durante il corso della vita, incontriamo delle avversità, la nostra mente e il nostro corpo si attivano per reagire e superarle.

Si tratta di meccanismi in parte inconsapevoli, connessi all'istinto di sopravvivenza, in parte coscienti, frutto di carattere e sensibilità personali, valori, abitudini e atteggiamenti, influenze culturali, eccetera. In questi meccanismi, svolgono un ruolo centrale le emozioni, capaci, in una frazione di secondo, di mettere in moto enormi energie biopsichiche, coinvolgendo tutte le componenti della persona.

Non è un caso che la stessa parola «emozione», che nell'uso comune è comparsa nella lingua italiana intorno al Settecento, provenga da un antico verbo latino, composto dalla particella «*e*» e dal vocabolo «*movere*», che significa «smuovere, portare fuori», indicando una dinamica energetica che sgorga dall'interno della persona e, attraverso attivazioni sia fisiche che mentali, si manifesta all'esterno.

Le emozioni, in sintesi, nascono dentro di noi ma non restano lì… si proiettano fuori, mettendo in gioco tanto il nostro corpo quanto la nostra psiche. La grande sfida è "aiutarle" ad uscire in modo costruttivo perché, se restano sepolte e inespresse o – al contrario – se emergono in modo convulso e impulsivo, possono produrre grandi danni, sia dentro di noi che intorno.

Paura e tristezza

Procediamo con ordine. Ci siamo detti che, di fronte alle avversità, il nostro organismo reagisce generando emozioni. Si tratta di reazioni che si esprimono in mille diverse modalità e con miriadi di differenti connotazioni.

Allargando lo sguardo all'insieme di questo variegato mondo, possiamo distinguere tre grandi gruppi: le emozioni di paura, le emozioni di tristezza, le emozioni di rabbia.

Le emozioni di paura ruotano intorno al timore per una minaccia futura – imminente o lontana – verso la quale ci sentiamo inadeguati. Determinano un'accelerazione dell'attività biopsichica. La loro funzione positiva è quella di concentrare la nostra attenzione sull'ostilità incombente, per prepararci ad affrontarla.

Queste emozioni si esprimono con intensità e modalità assai variegate, che vanno dalla semplice preoccupazione e ansia lieve, ai vissuti di inquietudine e apprensione costante, fino all'angoscia e all'ansia disattivante[63], per arrivare a situazioni critiche come – nella forma cronica – l'esaurimento nervoso e – nella forma esplosiva – il panico e il terrore.

Le emozioni di tristezza hanno lo scopo di aiutarci a superare gravi perdite e delusioni. Determinano un rallentamento dell'attività mentale e corporea e, nelle forme più intense, giungono addirittura a frenare il metabolismo della persona.

La loro funzione positiva consiste nell'aiutarci a elaborare lutti e speranze frustrate, a prendere coscienza delle conseguenze che questi avvenimenti negativi hanno sulla nostra vita, a ricalibrare progetti e percorsi per ripartire e proseguire meglio.

Anche le emozioni di tristezza sono assai variegate e vanno dalla malinconia e dalla nostalgia, al dispiacere e all'avvilimento, fino all'afflizione e alla pena grave, per arrivare ad estremi patologici come – nella forma cronica – il mal di vivere e la

---

[63] Di Ansia Disattivante (e di come prevenirla o superarla) abbiamo lungamente parlato nella Guida per Vincere l'Ansia e vivere sereni.

depressione profonda e – nella forma esplosiva – l'autolesionismo e il suicidio. Di tristezza e paura non parliamo in questo corso, anche se non mancheranno alcuni accenni e rimandi, perché il mondo emotivo di ciascuno di noi non è suddiviso in compartimenti stagni e ciascuna emozione chiama in gioco anche le altre.

Ci basta, per ora, dire che, al pari della rabbia, anche la tristezza e la paura sono emozioni che hanno un alto potenziale positivo, che richiede la capacità di coglierle e valorizzarle (anziché negarle) e di canalizzarle in modo costruttivo (anziché sfogarle con impulsi fuori controllo).

Non ci sono, dunque, emozioni "sempre positive" ed emozioni "sempre negative". Costruttiva o distruttiva è la modalità con cui le viviamo e le esprimiamo. Anche le emozioni tipicamente positive come il piacere, la quiete, l'allegria, se vissute e gestite male possono portare effetti deleteri.

La rabbia

Le emozioni di rabbia hanno lo scopo di aiutarci a fronteggiare un attacco in corso, di reagire ad un problema già concretizzatosi. Riguardano soprattutto il presente e il passato. Come nella paura, comportano un'accelerazione del ritmo psicofisico, anche se con caratteristiche parzialmente differenti. La loro funzione positiva consiste nel darci le energie per compiere azioni vigorose, ben al di sopra delle nostre prestazioni ordinarie.

Le emozioni di rabbia vanno dal fastidio e dal disappunto, all'indignazione e allo sdegno, fino alla collera, al rancore e all'ira, arrivando a punte critiche come – nella forma esplosiva – la furia omicida e – nella forma cronica – l'odio vendicativo.

Al pari delle altre emozioni, la rabbia può essere distruttiva, se gestita male, o costruttiva, se ben orientata. Un corretto approccio alla rabbia non consiste nel "non provarla".

Cammina verso il benessere, proprio e degli altri, non chi nega la rabbia, ma chi impara ad esprimerla senza perdere il controllo. Ad alcuni può suonare strano ma la sfida, come vedremo meglio nelle prossime lezioni, è "imparare ad arrabbiarsi con calma".

Le cause della rabbia

Cos'è che ci fa arrabbiare? Le cause sono infinite, poiché sempre differenti sono le situazioni e le circostanze della vita delle persone. Possiamo però provare ad individuare alcune "cause più frequenti".

Raymond Novaco[64], ha individuato alcune tipologie fondamentali di situazioni che possono attivare in noi forti stati di rabbia. Ispirandoci alle sue ricerche, possiamo distinguere tre macro-cause.

---

[64] Raimond W. Novaco, professore di scienze psicologiche all'Indiana University

1° gruppo: le offese e i torti intenzionali. È la categoria a cui più facilmente pensiamo quando riflettiamo sulle cause della rabbia. Riguarda le situazioni nelle quali chi ci offende lo fa consapevolmente, con l'intenzione di danneggiarci o con la deliberata e colpevole scelta di "non preoccuparsi" degli effetti dei suoi comportamenti.

Pensiamo alle provocazioni verbali, rivolte a noi o a persone care da un collega o da un familiare. Pensiamo ai danni fisici subiti o al danneggiamento di oggetti di nostra proprietà, causati dall'irresponsabile imprudenza di un vicino di casa. Pensiamo ai mancati avanzamenti di carriera dovuti a scelte non meritocratiche compiute dalla dirigenza aziendale per favorire altri o ai brutti voti ricevuti da un insegnante che "ci ha presi di mira".

Pensiamo anche a situazioni fuggevoli, legate alla cattiva educazione e allo scarso senso civico, come la scortese e fastidiosa suonata di clacson di un automobilista che intende sorpassarci in un punto in cui non sarebbe possibile, il furbetto che tenta di "saltare la fila" all'Ufficio Postale, il cafone che getta sul marciapiedi un fazzoletto appena usato o che non raccoglie i "bisognini" del suo cane. Igor Vitale[65], inserisce in questo gruppo anche la rabbia provata per avversità non rivolte verso noi o un nostro caro: «Se qualcuno tratta un'altra persona in maniera ingiusta e offende i nostri principi morali, possiamo arrabbiarci anche se la cosa non ci tocca direttamente».

---

[65] Igor Vitale, psicologo del lavoro e psicoterapeuta italiano.

2° gruppo: le offese e i torti non intenzionali. Sono relativi a quelle circostanze nelle quali una persona, senza l'intenzione di danneggiarci o ostacolarci, attiva comportamenti che frustrano o impediscono la soddisfazione di un nostro bisogno o desiderio, che invadono i nostri confini, che ci caricano di oneri eccessivi.

Ad esempio, quando riceviamo una valutazione negativa – che riteniamo non adeguata – pur riconoscendo che il docente non l'ha stabilita perché intende volutamente affliggerci ma perché adotta un sistema di giudizio troppo restrittivo.

Pensiamo anche alle situazioni nelle quali una persona arriva molto tardi ad un appuntamento, senza avvisarci dell'imprevisto, pur senza avere l'intenzione di mancarci di rispetto. O ad un vicino di casa molto anziano che, senza rendersene conto, produce rumori notturni che ci impediscono di riposare.

O, ancora, ad un'azienda nella quale la modalità organizzativa adottata scarica su di noi oneri e responsabilità eccessive, anche se non v'è una voluta ostilità nei nostri confronti.

3° gruppo: le avversità causate da eventi naturali o casualità. Vi sono, infine, gli eventi non causati dalle persone ma attribuibili alle circostanze casuali, al "fato", alla "sfortuna", ad una nostra dimenticanza involontaria, etc. Ad esempio, la perdita delle chiavi di casa o dell'auto, specie se ci troviamo di notte per strada e senza possibilità di chiedere soccorso, può suscitare un forte impeto d'ira (a volte sfogata sugli oggetti circostanti). Il restare imbottigliati nel traffico, specie quando si è in ritardo per una riunione importante. Rientrano in questa categoria anche eventi molto dolorosi, come la diagnosi di una malattia grave o la perdita di una persona cara.

Lezione 3

LA RABBIA DISTRUTTIVA:
TRA ESPLOSIONI D'IRA E RANCORE

La rabbia che fa ammalare

Dal punto di vista fisico, quando ci arrabbiamo, il nostro organismo aumenta la produzione di adrenalina, ormone deputato a fronteggiare le situazioni di conflitto, infondendoci la concentrazione e le energie necessarie per la lotta. Come abbiamo detto nella lezione precedente, si tratta di una dinamica energetica positiva che si attiva con lo scopo di aiutarci a superare una situazione di difficoltà.

Ci siamo anche detti che, per ottenere questi risultati positivi, occorre che la rabbia non venga né negata né espressa in modo distruttivo. Occorre sapersi arrabbiare senza perdere il controllo, senza diventare un tutt'uno con la rabbia. Sul punto convergono sia gli studi e le ricerche scientifiche, che la riflessione sapienziale. Per intenderci bene, può essere utile fare insieme una breve ricognizione sui principali "effetti negativi" di una cattiva gestione della rabbia.

Rabbia esplosiva: «il sangue che ribolle»

Ci sono persone che hanno l'abitudine di arrabbiarsi di continuo, anche per piccole cose e banali impedimenti della vita quotidiana. A volte, si permane in una sorta di "nervosismo di base", pronti a scattare rabbiosi ad ogni minima avversità.

Ma cosa accade quando ci arrabbiamo in modo esplosivo? Il nostro cervello attiva un forte incremento della produzione di adrenalina. L'intensa presenza di questo ormone causa, dal punto di vista del sistema cardio-circolatorio, un aumento del ritmo e della spinta cardiaca e, al contempo, restringe il calibro dei vai sanguigni, orientando il sangue verso gli arti, i muscoli – cuore compreso – e il cervello.

Di qui scaturiscono alcuni sintomi tipici, come il "sentire il sangue alla testa", sensazione dovuta all'improvviso innalzamento della pressione arteriosa, il "sentire il cuore in gola", frutto della tachicardia (cioè, appunto, dell'accelerazione del ritmo del cuore), il "sentire le mani ribollire" (pronte a colpire o a impugnare un'arma).

Gli scienziati dell'*Health Research Institute* della *Mc Master University*, attraverso uno studio condotto su 12.641 persone colpite da infarto, hanno dimostrato che le profonde alterazioni biopsichiche tipiche della rabbia contribuiscono a triplicare la probabilità di avere un attacco di cuore entro l'ora successiva.

Oltre ai problemi al sistema circolatorio, gli attacchi di rabbia agiscono anche su altri organi, ad esempio intensificando il numero e la profondità dei respiri, situazione spesso percepita dalle persone come "affanno e sopraffiato".

L'aumento dell'adrenalina produce un innalzamento della glicemia, cioè della quantità di zucchero presente nel sangue, che – nell'immediato – causa secchezza della bocca e della gola, aumento della sete, visione offuscata, eccetera. A lungo andare, ripetuti e frequenti scariche di rabbia comportano una maggiore probabilità di contrarre il diabete rispetto a coloro che hanno un approccio alla vita più sereno.

Sfogarsi non serve... anzi!

Soffermiamoci ancora un po' sulle esplosioni di rabbia. Abbiamo visto che fanno male al corpo. Ebbene, occorre dirci con chiarezza che gli impeti di collera non servono proprio a nulla. È molto diffusa l'idea, scorretta e priva di fondamento scientifico, che quando si è arrabbiati e sotto pressione faccia bene "sfogarsi".

Sicuramente, nell'attimo dell'esplosione, la persona percepisce un senso di "decompressione emotiva", come se la pentola a pressione, espellendo il vapore in eccesso, riuscisse a ristabilire e ritrovare il giusto equilibrio interiore.

In realtà, si tratta di una sensazione illusoria e passeggera. Il picco di rabbia, il gridare o l'agitarsi in modo convulso e tutti gli altri atteggiamenti che si accompagnano allo sfogo collerico, producono una ipereccitazione delle aree del cervello – e, in particolare, della ghiandola amigdala – che controllano la produzione dell'adrenalina.

L'effetto è che, dopo lo sfogo, l'organismo raggiunge una situazione di maggiore tensione e agitazione. Come diceva Mark Twain[66]: «L'ira è un acido che può far più male al recipiente in cui è contenuto che a qualsiasi oggetto su cui sia riversato».

Non è poi da sottovalutare il rischio che all'esplosione emotiva possano accompagnarsi comportamenti aggressivi, sia di tipo verbale (offendere, calunniare, minacciare...) che fisico (lancio o rottura di oggetti, violenza e danni alle persone), che in condizioni normali e di calma non ci sogneremmo mai di commettere.

Rabbia covata: «il rancore che consuma»

Non tutte le emozioni di rabbia si manifestano in modo esplosivo. Non di rado, dopo aver "ingoiato un rospo" a causa del comportamento di alcune persone o di determinate circostanze avverse, iniziamo a provare rancore e risentimento.

---

[66] Mark Twain (1835 – 1910), pseudonimo di Samuel Langhorne Clemens, è stato uno scrittore, umorista, aforista e docente statunitense.

Molti sono i "falsi suggerimenti" che si affollano a questo proposito, primo tra tutti quello secondo il quale: «La vendetta è un piatto che va servito freddo», cioè a distanza di tempo e quando il "nemico" meno se l'aspetta, in modo da infliggergli la maggiore dose possibile di sofferenze.

È evidente che vivere con questi sentimenti, significa permanere in uno stato di agitazione latente, che incupisce l'umore e i pensieri della persona ferita e che ne comporta un lento logorio fisico e psichico.

La rabbia "covata" produce varie conseguenze negative sul fisico umano. È, ad esempio, alla base di diversi disturbi del fegato, a causa dell'eccessiva produzione di bile che ne consegue e che il nostro organismo non riesce facilmente a metabolizzare.

Un costante stato di nervosismo rabbioso può essere anche alla base di vari problemi dell'apparato digerente, come la sindrome del colon irritabile, il sorgere di situazioni di reflusso o l'aumento dell'acidità che può, a sua volta, infiammare la mucosa dello stomaco e portare a gastriti di varia gravità.

Non secondari pure gli effetti della rabbia cronica sulla pelle. Prurito costante, irritazioni e dermatiti varie possono comparire in modo più o meno esteso e giungere fino alla presenza di lesioni cutanee importanti. La rabbia, sedimentata nel tempo, altera nelle persone anche le emozioni, i sentimenti e i pensieri. Vi sono alcuni "pensieri negativi ricorrenti" che affollano la mente e l'animo di chi è costantemente arrabbiato.

Non è un caso se, tra le perle di saggezza della millenaria cultura buddhista, una delle più celebri sia: «Non sarai punito per la tua rabbia, sarai punito dalla tua rabbia». Il rancore, l'astio, il risentimento avvelenano l'esistenza. Ne vale davvero la pena? O non è molto più saggio, come dicono nel film *American History X*[67], decidere che: «La vita è troppo breve per passarla sempre arrabbiati»?

---

[67] American History X, film del 1998, diretto da Tony Kaye.

Lezione 4

LA RABBIA REPRESSA: VIVERE IL DOLORE PER LIBERARSENE

Negare la rabbia... fa male

Siamo partiti con il dirci che le emozioni possono essere sia distruttive che costruttive, a seconda del modo in cui le maneggiamo. Abbiamo parlato, nella lezione precedente, degli effetti negativi della rabbia esplosiva e del rancore. Nelle prossime lezioni vedremo come prevenire queste derive logoranti, imparando a gestire la rabbia in modo positivo. Prima di procedere, occorre soffermarci su un tipo particolare di rabbia, alla quale si presta meno attenzione di quanto sarebbe necessario. Si tratta della rabbia negata, repressa.

È una modalità sbagliata per reagire alla rabbia, deteriore come – e anche di più – la rabbia esplosiva e quella covata. Si tratta di una situazione nella quale si può cadere per vari motivi.

In alcuni casi, si teme di contraddire o si desidera compiacere una persona per noi molto importante… il timore è di perderne la stima, l'amore, il rispetto… addirittura si teme che quella relazione possa finire… e ci si impone di sopportare, di avere pazienza, a volte per anni e anni.

Purtroppo è una soluzione che non porta lontani perché, come diceva Publilio Siro[68]: «La pazienza messa troppe volte alla prova diventa rabbia». E la rabbia, come abbiamo visto, quando non viene elaborata ed espressa, avvelena l'esistenza.

Altre volte, può accaderci, per insicurezza personale, di reprimere le emozioni rabbiose, a prescindere da chi sia ad attivarcele. Accade quando si sviluppa un atteggiamento passivo generale, nel quale "decidiamo" di acconsentire a tutto quanto ci viene chiesto, detto o fatto, di non confliggere con nulla e nessuno. Altre volte, ancora, la rabbia repressa nasce in contesti e circostanze che ci sovraccaricano eccessivamente… pensiamo alle situazioni – non rare – di condizioni lavorative ed economiche inadeguate.

In alcuni casi la "colpa" di tali ingiustizie non è, in senso stretto, attribuibile ad una specifica persona… è, piuttosto, il sistema che, con le sue distorsioni, produce situazioni opprimenti. A queste situazioni, alcune persone reagiscono in modo esplosivo, altre covando rancore, altre ancora reprimendo i propri sentimenti.

---

[68] Publilio Siro (I secolo a.C.), drammaturgo romano, di origini turche.

Cattivo chi si arrabbia!

Non di rado, la negazione della rabbia è frutto di uno stile educativo, ricevuto da piccoli, che non dà spazio all'ascolto e alla valorizzazione delle emozioni negative. Ad alcune persone è stato insegnato a "non arrabbiarsi".

Come se fosse "cattivo" farlo. Come se fosse qualcosa di cui vergognarsi e per cui sentirsi in colpa. Come se, arrabbiarsi, equivalesse a "commettere un errore", a "sbagliare" o, peggio, ad "essere sbagliati".

Un antico proverbio polacco, molto utilizzato nell'educazione di bambine e ragazze, dice che: «Arrabbiarsi fa male alla bellezza». Come se ad arrabbiarsi fossero autorizzati soltanto i maschi, mentre risulterebbe deturpante e non adatto per il "gentil sesso".

Il bisogno di arrabbiarsi

L'analisi delle circostanze che generano atteggiamenti di rabbia repressa potrebbe continuare a lungo. È utile dirci con chiarezza che questa, seppur si traduca in una apparente tranquillità della persona, è una delle modalità più deleterie per gestire la propria rabbia. Non a caso, alcuni studi hanno evidenziato che la collera, a lungo trattenuta e repressa, stimola l'insorgenza di malattie autoimmuni come, ad esempio, il morbo di Chron, della psoriasi e di alcune patologie della tiroide.

La rabbia è problematica non solo quando è eccessiva, ma anche quando è insufficiente. Molte persone, per i motivi che abbiamo elencato sopra, sviluppano un costante iper-controllo dei propri stati emotivi, bloccando sul nascere anche il più piccolo cenno di fastidio o insofferenza. Si impongono di sorridere sempre e comunque, di ripetere agli altri e a sé stessi che «va tutto bene».

Come fare per reagire a questo mare di negazione opprimente e patogenica (cioè che fa ammalare)? Innanzitutto, tenendo presente l'invito pronunciato da Riggan Thomson, personaggio immaginario del film *Birdman*[69], interpretato da Michael Kiton: «Inspira, accogli la tua rabbia».

Vi sono, nella vita delle persone, sofferenze così importanti che, per essere elaborate e superate, necessitano di passare attraverso la rabbia. Pensiamo, ad esempio, a gravi lutti subiti a causa di comportamenti criminali di alcuni delinquenti o per grave imperizia di un medico. Pensiamo alle situazioni nelle quali una persona ha subito – per anni – abusi psicologici, manipolazioni affettive. La cronaca nera ci racconta quotidianamente mille abominevoli delitti e soprusi.

Janis Abrahms Spring[70] afferma con chiarezza che: «Il perdono non può essere automatico». L'invito, assai diffuso, con il quale si suggerisce, a chi ha subito una grave ferita, di: «Non

---

[69] Birdman, film del 2014, diretto da Alejandro Inarritu, vincitore di quattro Oscar e di due Golden Globe.
[70] Janis Abrahms Spring, psicologa clinica, autrice del bestseller internazionale *"Guarire il dolore"*.

pensarci», di «Dimenticare e perdonare», può essere gravemente sbagliato e può contribuire al peggioramento della condizione della vittima. La rabbia aiuta le persone a elaborare quanto è accaduto. A prendere coscienza di aver subito del male. La rabbia, in quanto sentimento spontaneo, ha sempre un senso e permette alle persone di accogliere, comprendere e accettare il dolore. Senza questo passaggio, potrebbero restare incagliate a lungo – anche per sempre – in un logorante limbo.

La rabbia repressa, dicevamo, va accolta. Si tratta, cioè, di prenderne consapevolezza, innanzitutto riconoscendo i *trigger,* cioè le ferite che la generano e, soprattutto, dandosi il permesso di sentirla e di esprimerla. Sarà poi necessario farla uscire… con un pianto liberatorio, con una chiacchierata con un amico caro a cui raccontarsi, con un viaggio per "stare un po' con sé stessi".

Occorrerà quindi valorizzarla per tradurla in energia positiva. Preziosi saranno i passi basati sul principio dello "sconfiggere il buio, accendendo la luce". Ad esempio, sarà importante dedicarsi alle relazioni umane autentiche, alle quali dare tutto lo spazio e l'attenzione che meritano. Sarà importante impegnarsi in percorsi di crescita personale, come l'iscriversi ad un corso di formazione. Sarà utile fare regolarmente attività arricchenti come lo sport, il cantare e ballare, il seguire una corretta alimentazione.

Se del caso, occorrerà intraprendere un percorso di psicoterapia per liberarsi delle scorie che il dolore e la delusione hanno lasciato nella profondità del nostro animo.

Lezione 5

La rabbia costruttiva
1° passo: CALMARSI

Gestire la rabbia in modo positivo

Ci siamo detti finora che la rabbia, se gestita bene, può essere costruttiva. Può infatti contribuire a risolvere nodi, difficoltà, limiti, malintesi e consentire così di proseguire con maggiore benessere per sé stessi e per gli altri.

Questo – abbiamo visto – richiede che essa sia né sfogata in modo esplosivo, né covata con rancore, né negata e repressa.

Quel che occorre imparare a fare è "esprimerla con moderazione e finalità costruttive". Vediamo insieme quali possono essere i concreti passi e le specifiche attenzioni per rendere realmente praticabile questa "modalità positiva".

Innanzitutto, cambia aria!

Se ci troviamo in una condizione di "rabbia esplosiva", il primo passo da mettere in campo è quello di imparare a calmarsi. Si tratta di un passo assolutamente necessario perché è quasi impossibile affrontare positivamente una situazione avversa se si è agitati. In questi casi, come abbiamo visto, il nostro cervello produce dosi ingenti di adrenalina, pronta a esplodere in un attimo.

La primissima contromisura che possiamo adottare, quando ci rendiamo conto che stiamo per esplodere, è "cambiare aria". Occorre innanzitutto farlo "in senso figurato", cioè cambiando ambiente, uscendo dalla stanza in cui ci troviamo o meglio dall'edificio.

È la cosiddetta "tecnica del time-out", cioè della pausa, della momentanea sospensione della situazione irritante. Se non ci è possibile uscire dall'edificio e non ci sono altre stanze a disposizione, il bagno può rappresentare una valida alternativa... anzi, la possibilità di "chiudere a chiave" la porta lo può trasformare in un ottimo rifugio in cui rintanarsi per "contare fino a dieci".

Respira via la collera

L'invito a cambiare aria va inteso anche letteralmente, cioè ad intensificare intenzionalmente la propria ossigenazione mediante la tecnica della **"respirazione di decompressione"**. Si tratta di un vero e proprio salvagente che ci dà la possibilità di sgonfiarci prima dell'imminente esplosione.

Consiste nell'iniziare a respirare profondamente e lentamente, facendo entrare l'aria per 3-4 secondi, assicurandosi di assumere una postura diritta e aperta e spingendola verso l'ombelico, in modo da farla giungere anche nella parte bassa dei polmoni. Per farlo, occorre impegnare il diaframma (il muscolo che è alla base dei polmoni), gonfiando il torace e tirando la pancia in dentro. All'inizio puoi aiutarti anche allargando le braccia.

Una volta fatto il pieno d'aria, trattienila per 3-4 secondi. Quindi inizia a farla uscire, espirando lentamente per altri 3-4 secondi, impegnandoti a svuotare completamente i polmoni. Il ciclo inspirazione-espirazione va ripetuto per almeno una decina di volte.

In tutto occorrono circa due minuti (ben di più del famoso "contare fino a dieci"), durante i quali bisogna concentrarsi mentalmente a sentire il flusso dell'aria che entra, si ferma e fuoriesce. Durante l'inspirazione ci si può aiutare anche tenendo gli occhi chiusi.

Questo esercizio – che possiamo fare anche "nel bagno" in cui ci siamo temporaneamente rifugiati – produce effetti immediati ed importanti… connessi al maggiore afflusso di ossigeno. Il primo è di abbassare la frequenza e la spinta cardiaca, che allenta la tipica sensazione di "cuore in gola" che ci fa esplodere. Si abbassa anche la produzione di adrenalina, con ulteriore effetto calmante sul battito cardiaco. Meno adrenalina, significa anche rilassamento dei vasi sanguigni, quindi abbassamento della pressione arteriosa e scomparsa della sensazione di "sangue alla testa". Anche l'afflusso di sangue agli arti ritorna nella normalità e si attenua il sintomo del "ribollio delle mani".

La respirazione di decompressione ha anche effetti di tipo psicoemotivo. Concentrare l'attenzione sul respiro, tipico di attività meditative come lo Yoga, ci risintonizza con il nostro corpo e attenua l'influsso negativo esterno. Siamo aiutati a rientrare nel "qui ed ora", smorzando rimuginazioni e pensieri negativi.

La decompressione respiratoria può essere proficuamente seguita da una breve attività di stretching alle gambe e alle braccia o da un esercizio fisico isometrico, cioè da sforzi muscolari senza movimento, come ad esempio il piegare le ginocchia – assumendo la posizione simile a quella da seduti – ma senza l'uso della sedia e appoggiando la schiena alla parete. Restare così per 30-60 secondi, e ripetere due-tre volte l'esercizio, ci aiuterà ulteriormente a trovare la calma necessaria.

Se possibile, rimanda

Il ricorso al "cambio di stanza", alla "respirazione di decompressione" e allo stretching ci offrono la preziosa possibilità di porre un argine all'imminente esplosione e di ridurre il nostro stato di agitazione. Tuttavia, occorre avere ben presente che il ripristino del pieno stato di serenità biopsichico richiede più tempo. È dunque assai saggio, salvo eccezionali condizioni di urgenza, rimandare la "questione" ad un altro momento.

Il rinvio di qualche giorno o, almeno, di alcune ore, va riempito di "contenuti positivi" che abbiano l'effetto di distrarre la nostra attenzione emotiva e i nostri pensieri dal problema che ci stava facendo esplodere.

Se si resta da soli, senza fare attività che richiedano un impegno mentale o emotivo, c'è il rischio di trascorrere il tempo "pensando e ripensando" alle avversità che ci hanno fatto arrabbiare. C'è, insomma, il rischio di lasciare la pentola a pressione sul fuoco e di trovarla pronta ad esplodere, come o più di prima, non appena ricomincia il confronto.

Occorre, dunque, "cambiare film", far entrare nella mente pensieri ed emozioni diverse, ad esempio concentrando l'attenzione su ciò che di bello e di importante c'è nella nostra vita e ricordandoci che la situazione che ci dà dolore riguarda solo una piccola parte – anche se importante – della nostra esistenza.

La presenza di altre persone può, in questo, essere di grandissimo aiuto. Meglio ancora se si può fare, insieme, qualcosa di gradevole, fossero anche soltanto una passeggiata, una cioccolata calda o un po' di shopping.

Un'altra modalità per calmarsi, in mancanza di amici con cui condividere, è scrivere una lettera (che però non consegneremo mai) rivolta alla persona che ci ha offesi o maltrattati, per gridare tutto ciò che non ci va bene e come le cose dovrebbero cambiare.

Esercizio 1. Allena le strategie di Time-Out

Per essere pronti ad attivare, quando ve ne sarà bisogno, le strategie di "Time-Out", è importante allenarsi. Per farlo, esegui questo esercizio in quattro passi:

1° passo: scegli il luogo. Abbiamo detto che la prima cosa da fare quando si sta per esplodere è "cambiare ambiente". Focalizza mentalmente i luoghi dove più probabilmente si verificherà la situazione esplosiva (l'ufficio, la tua abitazione familiare, ...) e decidi dove andare in caso di Time-Out: nella saletta interna del bar di fronte; nella stanza-riunioni; nel bagno di casa; ...

2° passo: respirazione di decompressione. Fai l'esercizio di decompressione respiratoria, come descritto nella lezione: 3-4 secondi di inspirazione, 3-4 di apnea, 3-4 di espirazione. Ripeti il tutto per dieci volte.

3° passo: seduta isometrica. Siediti "senza sedia", come spiegato nella lezione. Mantieni questa posizione per 20 secondi. Poi riposati per 40 secondi. Ripeti il tutto per tre volte.

4° passo: stretching. Come indicato nella lezione, fai l'esercizio di rilassamento e distensione di muscoli e tendini delle braccia e delle gambe. Decidi quali posizioni assumere e quali tecniche di stretching utilizzare, considerando un tempo complessivo di 3 minuti.

Se possibile, pratica realmente l'allenamento nel luogo in cui hai pensato di rifugiarti in caso di tensione esplosiva.

Lezione 6

La rabbia costruttiva
2° passo: DISINTOSSICARSI

Liberarsi dai "pensieri rabbiosi"

Nella lezione precedente abbiamo visto che il primo passo per evitare una imminente esplosione di rabbia è quello di calmarsi. Se si è agitati, non si va lontano! Per calmarci, abbiamo visto che è utile, nell'immediato, cambiare stanza, fare la respirazione di decompressione e, quando possibile, prendere tempo e distrarsi.

Recuperata una sufficiente calma, resta da capire come affrontare il problema. Quest'esigenza ci fa mettere mano al primo grande "pilastro" della gestione costruttiva della rabbia: la purificazione del pensiero o, come la chiama Daniel Goleman,[71]

---

[71] Daniel Goleman (1946), psicologo, scrittore e giornalista statunitense,

la "detossificazione del discorso interiore". Si tratta di un aspetto di decisiva utilità sia quando siamo a rischio di sfoghi distruttivi, sia nei casi in cui abbiamo a che fare con un problema di "rabbia covata" e di rancore.

Gli studi e le ricerche sulla rabbia convergono nell'indicare che essa ha una "base cognitiva", cioè si fonda sulla presenza di "pensieri rabbiosi" che si sviluppano nella nostra mente in risposta alle emozioni negative generate dalle avversità.

Più nel dettaglio, ci arrabbiamo quando le situazioni che generano in noi emozioni sgradevoli, di paura, tristezza, dolore, fastidio, stanchezza, vengono interpretate dalla nostra mente come una "ingiustizia" subita.

Facciamo un esempio per capirci: immaginiamo di trovarci su un autobus, di rientro a casa al termine di una lunga giornata di lavoro. C'è molta gente e, per recuperare un po' di tranquillità, ascoltiamo con le cuffie e gli occhi chiusi l'ultimo disco del nostro cantante preferito. All'improvviso, l'autista sterza bruscamente facendoci urtare dolorosamente la faccia contro il finestrino.

Una immediata e sgradevole sensazione di paura e dolore ci assale. A questa, possono seguire diversi "scenari cognitivi", cioè differenti pensieri, molti dei quali possono essere "rabbiosi". Potremmo, ad esempio, esclamare: «Quell'inetto dell'autista mi ha fatto sbattere contro il vetro!». Oppure: «Questi delinquenti

---

docente all'Università di Harvard e membro dell'*American Association for the Advancement of Science.*

della compagnia di viaggi non fanno la manutenzione agli autobus!». Oppure: «Quei criminali della società di gestione delle strade non hanno riparato le buche!». Ancora: «Qualche automobilista incapace avrà tagliato la strada all'autobus o un matto avrà tentato di gettarsi sotto le ruote!».

Come potete vedere, la lista è lunga e potremmo ampliarla ancora di molto. Sono tutti "pensieri rabbiosi", cioè contengono un giudizio negativo che attribuisce agli altri la "colpa" del "torto" che abbiamo subito.

Questi sono i due elementi di cui i pensieri rabbiosi si nutrono: il ritenere – o anche solo il supporre – di aver subito un torto, un'ingiustizia, un danno immeritato; la convinzione – anche non fondata – che questo sia avvenuto per colpa di qualcuno, a causa di una sua negligenza o, peggio, di una malevola decisione.

Fatti, responsabili e motivi

Quando incappiamo in un'emozione negativa, la nostra mente avvia immediatamente una sorta di "discorso interiore", che ruota intorno alla domanda istantanea: «Cos'è successo?».

Per quanto breve, questa contiene in sé tre diversi quesiti: «Cosa? Chi? Perché?» o, come direbbero gli esperti: «Sui fatti, sui responsabili e sui motivi delle proprie sofferenze».

Il **quesito sui fatti** ruota intorno alla domanda: «Cosa è accaduto?», cioè: «Cosa ha provocato l'improvviso dolore alla mia faccia?». La risposta a questa domanda è: «Si è trattato dell'urto contro il finestrino».

Il **quesito sui responsabili** è relativo alla domanda: «Chi è stato?», cioè: «Chi o cosa ha causato l'urto?». La risposta è: «l'autista, che ha compiuto un'improvvisa sterzata».

Il **quesito sui motivi** riguarda la domanda: «Perché è accaduto?», «Perché l'autista ha sterzato bruscamente?», «Quali ragioni hanno determinato questo suo comportamento?».

Mentre la risposta ai primi due quesiti è, in genere, oggettiva e di immediata soluzione, la terza, quella relativa ai motivi, è soggetta a mille possibili interpretazioni... ed è qui che si insinuano i "pensieri rabbiosi".

Torniamo all'esempio della brusca sterzata dell'autobus. Abbiamo elencato alcuni dei possibili pensieri negativi: l'autista è un inetto, la società di viaggi o la compagnia di manutenzione delle strade sono dei criminali, gli automobilisti sono degli incapaci, i pedoni sono dei matti che tentano il suicidio. È evidente che in ciascuna di queste affermazioni è presente un giudizio negativo.

Ipotizziamo, invece, che l'autista abbia sterzato per evitare l'impatto con un meteorite e che sia riuscito a salvare le nostre vite grazie alla sua grande maestria e attenzione, all'efficienza della meccanica dell'autobus, alla buona qualità dell'asfalto utilizzato dalla società di manutenzione e alla collaborazione diligente di automobilisti e pedoni. Come potete vedere, la risposta ai primi due quesiti sarebbe la medesima (il "fatto" dell'urto contro il finestrino e la "responsabilità" dell'autista che ha sterzato improvvisamente). Ben diversa sarebbe, invece, la risposta alla terza domanda, cioè "perché" c'è stata la brusca sterzata.

Se, con quel gesto istantaneo, l'autista avesse salvato la nostra vita e quella degli altri passeggeri, gli saremmo grati per il resto dei nostri giorni. La risposta al quesito sui motivi sarebbe: «Perché è un eroe che ha saputo valorizzare al meglio l'onestà e la competenza della ditta di viaggi e della società di manutenzione e il grande senso civico di automobilisti e pedoni».

Cammini di depurazione interiore

Nel 1999 lo studioso Aaron Beck[72] ha pubblicato con la *Harper Collins* un famoso saggio dal titolo «*Prisoners of hate: The cognitive basis of anger, hostility and violence*» (letteralmente «Prigionieri dell'odio. Le basi cognitive della rabbia, dell'ostilità e della violenza»), dimostrando con grande evidenza quanto la rabbia sia basata sui "pensieri rabbiosi" di cui abbiamo parlato.

Beck ci spiega che, per liberarci dalla rabbia, occorre intraprendere un percorso di purificazione, di disintossicazione

---

[72] Aaron Temkin Beck (1921 – 2021), psichiatra e psicoterapeuta statunitense, professore all'Università della Pennsylvania.

della nostra mente. L'unica strada per farlo è sostituire i pensieri rabbiosi con pensieri positivi, cioè con "giudizi positivi" sulle motivazioni che hanno portato gli altri ad assumere certi comportamenti, a dire certe parole, a maturare certe convinzioni.

Abbiamo visto sopra che, quando incappiamo in una avversità che ci causa emozioni negative, la nostra mente è spontaneamente portata ad avviare un "discorso interiore", articolato nelle tre domande sui fatti, sui responsabili e sui motivi. I pensieri positivi sono quelli che giustificano i responsabili, che "gli danno ragione". Per riuscire a "produrre" pensieri positivi, occorre analizzare la situazione da tutti possibili punti di vista, ponendosi questa domanda: «Quali potrebbero essere i "motivi giusti" dell'altro»?

Si tratta di un'abilità che spesso è poco allenata. Di solito siamo abituati ad avere il nostro punto di vista e a fare il "tifo" per lui (cioè per noi stessi). Meno frequentemente ci impegniamo nel considerare anche le ragioni e i punti di vista degli altri e nel confrontarli, in modo neutrale, con il nostro.

Attenti ai pregiudizi

In questo scenario, un elemento che gioca spesso un ruolo facilitante o ostacolante è l'opinione pregressa che abbiamo nei confronti della persona responsabile di quanto è avvenuto. Uno stesso comportamento, infatti, può essere valutato in maniera differente, in base al giudizio che diamo sulla persona che lo mette in atto.

Se l'autista che ha sterzato bruscamente è un nostro caro amico, di cui stimiamo le qualità personali e professionali, saremo spontaneamente portati a pensare – ancora prima di sapere del meteorite – che ci sarà stata qualche "buona ragione" per compiere quella manovra improvvisa.

Se, invece, riteniamo che sia un poco di buono, subito dopo la nostra "testata" nel vetro, scoppieremo – probabilmente – in un fragoroso sfogo di rabbia contro di lui, casomai accompagnato anche da minacce, ingiurie, danni e altri comportamenti violenti.

In questi, casi il cammino di depurazione del nostro discorso interiore dovrà fare i conti con la necessità di detossificare anche questi giudizi preesistenti, oltre ai "nuovi" pensieri suscitati dall'impatto con il vetro.

Tra i due litiganti… nessuno gode

Nei mesi scorsi ho visto, sul web, una simpatica vignetta che ritrae due persone che litigano perché non trovano l'accordo sulla corretta interpretazione di un numero stampato sul pavimento. Il numero che li porta a litigare è il "nove".

O, meglio, è "nove" per chi dei due lo guarda da una angolatura che gli fa vedere in alto il cerchio e in basso la tipica gambetta curva. Il contendente, posto dall'altro lato, afferma con vigore che si tratta del numero "sei", poiché, dalla sua visuale, il cerchio si trova in basso e la gambetta curva in alto. Chi dei due ha ragione? Entrambi, ovviamente… o nessuno, visto che litigano senza rendersi assolutamente conto "delle ragioni dell'altro", legittime almeno quanto le proprie, affliggendosi reciprocamente e inutilmente in una sterile e miope insistenza.

Cristina, la co-autrice di questo libro-corso, mi ha recentemente parlato di una situazione capitatale con un amico caro che, in occasione del suo compleanno, non le ha fatto gli auguri. Istintivamente, Cristina aveva sentito la "tentazione" di pensare che quell'amico «non tenesse abbastanza a lei».

Ha però fatto lo sforzo – non semplice – di sospendere il giudizio, interrogandosi su quali altre potessero essere le cause del mancato augurio. Quando l'amico, il giorno dopo, le ha inviato un messaggio scusandosi e spiegando che quel giorno aveva avuto problemi a lavoro, Cristina ha constatato di aver fatto bene a "bloccare" i pensieri automatici negativi che si stavano attivando.

Imparare a considerare, in modo neutrale, i vari punti di vista è cosa assai impegnativa, ma anche di grandissima fecondità. Epitteto[73], filosofo greco che fu schiavo nell'antica Roma, diceva che «Essere liberi non significa liberarsi dagli altri ma da sé stessi». Lo stesso Gandhi[74], ricordava a tutti che la libertà

---

[73] Epitteto (II secolo d.C.), filosofo greco antico, esponente dello stoicismo romano, corrente filosofica e spirituale, con un forte orientamento etico, tendenzialmente ottimista, che identificava la vera felicità nella virtù e la sapienza nella serena accettazione degli eventi.

[74] Gandhi (1869 – 1948), politico, filosofo e avvocato indiano, noto con il titolo di Mahatma (cioè "grande anima"), che portò l'India all'indipendenza dalla dominazione britannica, ricorrendo alla disobbedienza non violenta di massa. In India, Gandhi è venerato come "Padre della nazione". Il giorno della sua nascita (2 ottobre) è festa nazionale. L'ONU ha fissato in questa data la Giornata internazionale della

interiore è la condizione per il raggiungimento della libertà esteriore.

La detossificazione di cui stiamo parlando è un esercizio tanto più complesso quanto più il danno che abbiamo subito è grave e quanto più le "colpe" dell'altro sono evidenti.

"Capire le ragioni" non significa "assolvere" senza motivo coloro che hanno compiuto fatti gravi, né proporre una sorta di "buonismo all'ingrosso". Significa, piuttosto, comprendere quali sono le emozioni, i pensieri, le circostanze che hanno spinto la persona ad assumere quel comportamento o a dire quelle determinate parole. Nella maggior parte dei casi, scopriremo che si tratta di "ragioni ragionevoli", che annullano o – almeno – attenuano la "colpa" dell'altro.

Perché fare tutta questa fatica? Tutto questo sforzo? Per evitare di essere, a nostra volta, ingiusti nei confronti dell'altro. Perché a tutti (noi compresi) sta a cuore "essere capiti". Perché, tornando alla gestione della rabbia, detossificare il nostro discorso interiore ci permette di compiere un passo importante verso il benessere, degli altri e – anche – nostro.

Il "treno dei perché"

L'impegno a "capire le ragioni dell'altro" e l'abilità riflessiva che occorre sviluppare, sono stati approfonditi anche in alcune lezioni del nostro libro-corso sul Benessere Assertivo.

---

nonviolenza.

Riteniamo opportuno invitarti a riprendere la tecnica ispirata agli studi compiuti da Marshal Rosenberg[75] in materia di comunicazione non violenta. Se hai già seguito il Corso sull'Assertività ed hai già appreso come si utilizza questa tecnica, prosegui con questo corso. Altrimenti ti suggeriamo di riprendere la lezione n° 8 del primo libro-corso sul Benessere Assertivo.

Liberarsi dalle vecchie ferite

Prima di passare alla lezione successiva, è importante aggiungere alcune considerazioni sulla detossificazione di coloro che sono "bloccati" in un profondo sentimento di rancore. Abbiamo visto, nelle lezioni precedenti, che il rancore fa ammalare. Bruno Tognolini, autore di *"Rime di Rabbia"*, un libretto pubblicato da Salani Editore nel 2010, ci ricorda che: «Il rancore è la rabbia andata a male, marcia, puzzolente».

Per reagire a questa stagnazione, Francesca Saccà[76], autrice del libro *"Come gestire la rabbia tossica"*, invita a rimettersi in moto «Cambiando la direzione del proprio sguardo». Il rischio è di restare concentrati a ripercorrere con la mente quel che non ha funzionato, a fantasticare sul come sarebbe potuta andare, sulle colpe degli uni e degli altri, sui nostri sogni e desideri infranti…

---

[75] Marshall Rosenberg (1934 – 2015), psicologo statunitense, ideatore della comunicazione non violenta.
[76] Francesca Saccà, psicologa, psicoterapeuta e scrittrice italiana.

Come cantava Eros Ramazzotti in *Canzoni Lontane,* i sentimenti tristi su ciò che del passato ci manca sono «Una trappola. Se caderci è dolce, rimanerci no».

La Saccà lo sottolinea con grande chiarezza, bisogna «Mettere il punto, anche se ci sono vecchie ferite». Il rischio è di rimanere tristi per tutta la vita, rimuginando sulle colpe di chi ci ha deluso (genitori, partner, figli, colleghi, amici, etc). Restare incagliati in queste "vicende negative" genera una situazione tossica che non porta lontano.

Voltare pagina non significa necessariamente "perdonare". Piuttosto, si tratta di "accettare" con sano realismo che la situazione non è reversibile, che non si può tornare indietro. Si tratta anche di comprendere che, al di là di quanto possa essere brutto ciò che è avvenuto, la vita è degna di essere vissuta, nonostante le sofferenze passate.

Accolto, compreso e accettato il dolore, sarà possibile "metterci un punto" e liberarsi dal rancore logorante. Sarà possibile riprendere il proprio viaggio nella vita, imparando a ricominciare. Per aiutarsi in questo nuovo inizio, sarà importante mettere in campo alcune concrete contromisure, a partire dal rimuovere o evitare i cimeli (foto, oggetti, luoghi...) che ci riportano indietro con la mente e che riattivano ogni volta i fantasmi del passato.

Preziosi saranno, inoltre, i passi basati sul principio dello "sconfiggere il buio accendendo la luce", di cui abbiamo già parlato nella lezione sulla rabbia repressa. Dal "fosso" si esce definitivamente reinvestendo sugli aspetti positivi della propria vita: affetti, spiritualità, interessi, salute…

Anche qui, come per la rabbia repressa, potrà essere utile – in alcuni casi – il ricorso ad uno psicoterapeuta.

Esercizio 2. Il treno dei perché

Questo esercizio è stato già proposto a margine della lezione n° 8 del corso "Guida al Benessere Assertivo". Se l'hai già affrontato, riprendi il tuo block-notes e – qualora sia trascorso qualche mese – aggiornalo con la situazione ad oggi (conflitti superati o attenuati, nuove persone con cui sei in conflitto).

Lezione 7

La rabbia costruttiva
3° passo: PARLARSI

Con tutte le energie

Superato il momento dell'impeto esplosivo e ritrovata la calma necessaria (1° passo), depurato il discorso interiore mettendo a fuoco le ragioni dell'altro (2° passo), possiamo ora compiere il 3° step decisivo, quello della gestione costruttiva della rabbia. Si tratta di un passaggio che introduce il tema della gestione dei conflitti, al quale è dedicata la seconda parte di questo libro-corso. La presente lezione fa da cerniera, concludendo la parte sulla rabbia e aprendo, appunto, quella sui conflitti.

Daniel Goleman indica con chiarezza che, dopo essersi calmati e depurati, occorre «ascoltare e parlare senza stare sulla difensiva». Si tratta di un atteggiamento impegnativo, specie quando il nostro interlocutore inveisce contro di noi o quando la ferita subita fa sentire tutto il suo bruciore.

Sono situazioni che mettono in gioco tutte le nostre energie e competenze, emotive e relazionali, e che richiedono il possesso di buone capacità assertive, empatiche e comunicative.

La comunicazione efficace nei conflitti

Abbiamo affrontato ampiamente il tema della comunicazione nei conflitti nel primo libro-corso della nostra collana, quello dedicato al Benessere Assertivo. In particolare, nella lezione n° 9 abbiamo esplorato l'importanza di chiarire subito i malintesi e di discutere mantenendo la calma, evitando assolutamente di alzare la voce. Abbiamo anche illustrato le tecniche della "correzione assertiva", dei "messaggi agro-dolci" e dei "messaggi-Io".

Se già hai seguito il corso sul Benessere Assertivo ed hai già fatto tuoi questi strumenti, puoi andare alla lezione successiva. Ovviamente, su argomenti come questi, una "ripetizione" può fare sempre bene, quindi, se lo ritieni opportuno, ti suggeriamo di riprendere la lezione n° 9 del primo libro-corso e a svolgerne gli esercizi.

Dialoghi di pace

Abbiamo visto che per avvicinarci all'altro «in pace», occorre partire con il piede giusto: bisogna esprimere il proprio punto di vista in maniera chiara, ammettendo anche gli eventuali nostri errori, cercando di usare toni che non inveiscano o che giudichino l'altro, che non lo facciano sentire colpevole del nostro stato d'animo.

Rispondere in modo tranquillo non significa, ovviamente, diventare passivi o subire inermi gli attacchi dell'altro. Si tratta, piuttosto, di reagire in modo intelligente, portando l'altro sul terreno assertivo, con benefici sia per lui che per noi. Sarà necessario incentrare il discorso su cos'è che a noi non piace, cosa ci fa soffrire. Saper comunicare in maniera assertiva, rispettando sia le nostre emozioni e i nostri pensieri che quelli dell'altro, sarà una qualità davvero importante per aumentare le possibilità di capirsi e comprendersi reciprocamente.

Sulla comunicazione durante i conflitti vi sono varie ulteriori indicazioni inerenti la cosiddetta "Intelligenza Linguistica", cioè la capacità di scegliere con attenzione le parole e di costruire frasi e discorsi con una modalità che favorisca l'intesa, il contatto empatico, la concordia, senza con ciò omettere di parlare di aspetti problematici e di nodi da sciogliere.

Sull'Intelligenza Linguistica, nel primo libro-corso sul Benessere Assertivo abbiamo proposto una specifica appendice di approfondimento, che ti invitiamo a rivedere. Ulteriori spunti sono, inoltre, disponibili anche nel secondo libro-corso, dedicato al Linguaggio del Corpo.

Esercizio 3 – Allenamento sulla correzione assertiva

Allenati a sviluppare le tue abilità nel campo della correzione assertiva. Per ciascuna delle persone di cui all'esercizio 2, scrivi un messaggio "agro-dolce" (di tipo "sandwich"), capace di sintonizzarsi empaticamente con i loro bisogni, desideri e paure (per far questo utilizzerai le due parti "positive" del messaggio, e cioè la prima e la terza) e di comunicargli, con la tecnica del "messaggio io", la difficoltà che il loro comportamento ti crea (utilizzando la parte "negativa" al centro del messaggio).

Nota: questo esercizio è stato già proposto a margine della lezione n° 9 del corso "Guida al Benessere Assertivo". Se l'hai già affrontato, riprendi il tuo block-notes e aggiornalo con la situazione ad oggi (conflitti superati o attenuati, nuove persone con cui sei in conflitto) o cimentati nell'elaborare nuove frasi agro-dolci per ciascuna delle persone in elenco.

Parte II

LA GESTIONE DEI CONFLITTI

374

Lezione 8

QUALE PACE?
IL POTENZIALE COSTRUTTIVO
DEI CONFLITTI

Mille conflitti "unici"

Nella vita di tutti i giorni ognuno di noi è inserito in tanti e diversificati rapporti personali e professionali. All'interno di queste relazioni si creano dinamiche ed emozioni legate a interessi, visioni, opportunità, strategie, vincoli, desideri, paure, bisogni. È questo il "terreno" nel quale si generano i conflitti.

Ogni conflitto è unico, assolutamente diverso da tutti gli altri. Innanzitutto, perché ogni persona, noi compresi, confligge in modo differente. Io lo faccio in un modo, Tu in un altro, Lei in un altro ancora. Poi, a seconda dell'interlocutore, ciascuno si attiva in modo diverso. Io confliggo con Te in modo differente da come litigo con Lei.

Occorre inoltre considerare che sempre mutevoli sono le condizioni concrete nelle quali i contrasti si creano. In una certa situazione, Io confliggo con Te in modo differente da come farei in una circostanza diversa.

Infine, va considerato che, con il passare del tempo, ciascuno tende a modificare il proprio "stile conflittuale", cambiando il modo di litigare. Oggi, Io confliggo con gli altri in modo differente da come avveniva ieri. Domani, litigherò con modalità ulteriormente mutate.

Insomma, ogni litigio è unico e irripetibile. Se intendiamo imparare a gestirli, sarà necessario riuscire a sintonizzarci con questa "unicità" al fine di adottare attenzioni e comportamenti adeguati ed efficaci.

Il conflitto come opportunità

Abbiamo visto, nelle lezioni precedenti, che la rabbia è un'emozione che, se ben gestita, può avere effetti costruttivi, aiutandoci a mettere in campo energie altrimenti non attivabili che ci consentono di superare ostacoli e difficoltà e di migliorare la situazione intorno a noi.

Analogamente, possiamo affermare che i conflitti con le persone possono essere un'opportunità che ci può portare verso un maggiore benessere.

Ad esempio, accettare, rispettare e comprendere l'idea di chi sta dall'altro lato, può farci aprire la mente al nuovo, può darci la possibilità di crescere e di migliorare.

Anche qui, come per la rabbia, occorre chiarire che l'esito positivo dipende molto dalla modalità in cui gestiamo la situazione e da quanta consapevolezza emotiva e abilità relazionale mettiamo in campo.

Rabbia e conflitti

Ovviamente, molto di quanto abbiamo detto sulla rabbia riguarda anche i conflitti che, come accennato, sono uno dei principali fattori che stimolano e alimentano le nostre "arrabbiature".

Non tutti i conflitti generano rabbia. Pensiamo alla tipica "conflittualità genitore-figlio adolescente". Non necessariamente si traduce nello sviluppo di un sentimento di rabbia nel genitore. Analogamente, non tutte le situazioni di rabbia hanno a che fare con i conflitti con le persone.

Pensiamo ad esempio alla morte di una persona cara dovuta ad una malattia improvvisa, per la quale non vi sono "colpe", né del defunto, né di altri.

Pur non essendoci un responsabile con cui confliggere, è assai probabile che si sviluppino nel cuore della persona intensi sentimenti di rabbia. Si tratterà in questo caso di una sorta di "rabbia esistenziale", di collera contro la vita, il fato, la sfortuna, la natura… nella quale si può restare incagliati quando non si riesce – dopo il tempo del lutto – a far defluire via la sofferenza, per ritornare a vivere.

Parlare della gestione dei conflitti, ci permette di andare oltre la dimensione del potenziamento delle competenze emotive, intorno alle quali ruota gran parte del discorso sulla Gestione della Rabbia. Il tema si apre, infatti, sul fronte analogamente importante del rafforzamento delle competenze relazionali… che ci lanciano verso orizzonti esterni a noi, permettendoci di esplorare e beneficiare dei vari aspetti della vita sociale.

Quale pace?

Per introdurci efficacemente nel tema della gestione dei conflitti, è bene fermarci un attimo a ragionare su cosa sia la pace. Se ponessimo questa domanda alla gente di passaggio è probabile che molti risponderebbero che la pace: «È una condizione di assenza di conflitti».

Si tratta di un'opinione tanto diffusa quanto riduttiva, che descrive la pace per "difetto", come "assenza del suo contrario". Se andassimo in giro dicendo che «L'amore è l'assenza di odio», la gente ci percepirebbe come persone che non hanno mai amato veramente qualcuno. Se dicessimo che «La felicità è l'assenza di tristezza», chi ci ascolta penserebbe a noi come a persone grigie e prive di gioia.

Ebbene, dire che la pace è l'assenza di conflitti è davvero una svilente riduzione. Ma allora cos'è la pace? Su Wikipedia troviamo un'indicazione preziosa: «È una condizione sociale di condivisa armonia».

Non a caso, la "bandiera della pace" è composta dai colori dell'arcobaleno, indicandoci così una prospettiva nella quale il valore di ciascuno si connette positivamente a quello degli altri, dando vita ad un più grande e illuminante tesoro.

Dunque, in sintesi, la pace è una questione legata alla "buona qualità delle connessioni" tra i soggetti in gioco. Pace non è solo non combattere, non inveire l'uno contro l'altro… la vera pace è fare festa insieme, aiutarsi e sostenersi, condividere e donare, etc.

In questa prospettiva, i conflitti, se ben gestiti, possono contribuire significativamente all'accrescimento della pace e dell'armonia, poiché possono rappresentare l'occasione per rafforzare la connessione positiva tra le varie parti, agendo proprio lì dove le interazioni sono più deboli.

Del resto, la presenza di un conflitto tra due o più persone indica non solo l'esistenza di un "nodo" da sciogliere ma anche la presenza di una forte energia in gioco. Gli esperti dicono che «I conflitti sono connessioni ad alto potenziale»… se si sbloccano, se evolvono positivamente, nascono cammini formidabili.

Ciò su cui, invece, non si può costruire armonia, né pace è il disinteresse, la distanza, l'indifferenza… manifestazioni sterili di conflitti e dissidi non affrontati, covati e vissuti nell'ombra. Sono questi i mali oggettivi per la pace. Ovviamente, neanche le lotte esplosive e violente, specie se incrostate e cronicizzate, favoriscono l'armonia tra le persone.

Lezione 9

I conflitti costruttivi
1° passo: STIMARSI

La regola d'oro dell'OKness

Abbiamo visto, nella lezione precedente, che i mille diversi conflitti che sorgono tra le persone possono rappresentare, se gestiti bene, l'opportunità per accrescere i livelli di pace – intesa come armonia e benessere comuni – poiché ci permettono di consolidare le connessioni più fragili.

Affinché un conflitto sia realmente costruttivo, occorre gestirlo e condurlo in modo attento e consapevole, adottando tutte le attenzioni del caso. A questo riguardo, abbiamo affrontato vari aspetti e strategie: da quelli interiori, relativi alla gestione della rabbia, a quelli comunicativi e relazionali.

La "stella polare" di tutto questo percorso, da seguire per tenere sempre ben chiara la rotta, è una regola d'oro che permette di inquadrare correttamente l'intero ragionamento.

È la "regola dell'OKness". Rispettandola, l'energia dei conflitti potrà essere impiegata in maniera positiva, come occasione di reale evoluzione benefica, anziché di distruzione.

L'OKness è uno dei principi dell'Analisi Transazionale, teoria psicologica ideata da Eric Berne[77]. Come abbiamo visto, durante un litigio siamo abituati a rispondere con due principali atteggiamenti: aggressività e passività. Il primo ci porta a voler dominare, ad affermare le nostre idee su quelle dell'altro; il secondo a soccombere, a non esporci abbastanza per timore o debolezza. Entrambi i modi di fare non ci permettono di gestire il conflitto in modo corretto.

La regola dell'OKness ci aiuta a chiarire il quadro. Secondo questa regola: «Ognuno è OK», cioè ognuno è positivo, è in gamba, è prezioso e importante. Pertanto, i conflitti possono essere gestiti bene solo se confermano il valore di ciascuno.

Nel caso dell'aggressività, una persona (l'aggressore) tenta di affermare il proprio "essere OK" a discapito dell'altra (l'aggredito) che viene tacciata come "non OK". Nel caso della passività, la persona (il passivo) parte dall'idea di "non essere OK", connettendosi alla passività degli altri (anche loro "non OK") o alla loro aggressività (soltanto loro "sono OK").

---

[77] Eric Berne (1910 – 1970), psicologo canadese, ideatore dell'analisi transazionale.

Dire che entrambi sono OK, nonostante il conflitto, significa portare il conflitto stesso su un altro piano, che lo rende gestibile e superabile. Seguire la regola dell'OKness significa incarnare quello che nel primo Corso di questa Collana abbiamo chiamato "stile assertivo", consistente nel rispettare le emozioni, le ragioni e i pensieri sia nostri che degli altri; non significa, quindi, vincere sull'avversario, né tantomeno adattarci e sottostare, ma camminare insieme verso il benessere di entrambi.

I giochi a somma zero

Proviamo a tradurre la regola dell'OKness in alcune indicazioni operative. Quando ci troviamo a discutere con qualcuno, la prima strategia, che gran parte della gente mette in atto, è quella di screditare chi ci sta di fronte e sottovalutare la sua opinione. Questo perché siamo abituati ai "giochi" in cui uno vince e l'altro perde.

John von Neumann[78], chiamava questa dinamica "gioco a somma zero" perché se a coloro che vincono, assegnassimo il punteggio "+1" e, a coloro che perdono, il punteggio "-1", sommando i due punteggi otterremmo "zero".

Tradotto in termini emotivi e relazionali, significa che, anche se chi vince è più contento di com'era all'inizio del conflitto, poiché chi perde è meno contento di com'era inizialmente, il tasso finale di "contentezza totale" resterà immodificato (era a zero

---

[78] John von Neumann (1903 – 1957), matematico, fisico, informatico ungherese, naturalizzato statunitense, ideatore della Teoria dei Giochi.

prima e sarà ancora a zero dopo). Ci troveremmo, quindi, ad aver investito enormi quantità di energia per restare, come collettività, pressoché al medesimo punto di partenza.

I giochi a somma zero (cioè, ripetiamolo, quelli con un vincitore e un perdente) nascono dalla convinzione – presente in gran parte delle persone – che, in caso di conflitto, sia difficile giungere ad un accordo soddisfacente per entrambe le parti in causa.

È per questo che ogni "giocatore" tende a difendere la sua posizione, anche mettendo in atto comportamenti intimidatori o violenti per "sconfiggere" l'altro.

È evidente che, agendo in questo modo, non consideriamo il potenziale positivo che può avere il punto di vista della controparte e l'ipotesi che in un confronto possano anche esserci due vincitori, anziché un vincente e un perdente.

Win-win, vincere insieme

All'opposto dei "giochi a somma zero", ci sono i "giochi a somma diversa da zero". Si tratta di strategie attraverso cui si tenta di trovare una soluzione tra le parti in causa, che sia soddisfacente per tutti.

Il presupposto "principe" su cui si regge questa alternativa è la disponibilità delle persone ad abbandonare la rigida affermazione della propria posizione e a muoversi verso quella dell'altro, per trovare un punto di incontro. Come, concretamente, questo accordo sia raggiungibile, lo vedremo nella prossima lezione.

Esercizio 4. La lista dei pregi

Allena la capacità di tenere ben presenti le qualità positive delle persone con cui hai dei conflitti in corso. Per farlo, elenca su un nuovo foglio del tuo block-notes le persone che hai riportato nella prima colonna dell'esercizio 2 e, per ciascuna di queste, scrivi tutte le qualità positive, sia morali che professionali, che hanno.

Nei giorni successivi, aggiungi le eventuali integrazioni che ti verranno in mente o le ulteriori qualità che dovessi notare durante le interazioni con costoro.

Lezione 10

I conflitti costruttivi
2° passo: ACCORDARSI

Chi si accontenta gode: il compromesso

Nella lezione precedente, abbiamo visto che il primo passo per gestire in modo costruttivo un conflitto è riconoscere che siamo tutti OK, sia noi che i nostri contendenti.

Ci siamo anche detti che, per dare concreta attuazione a questa "stima reciproca", occorre individuare soluzioni che non siano "a somma zero", cioè che non prevedano la presenza di un vincitore e di un perdente. Occorre trovare strade che permettano ad entrambi di vincere.

L'unica via per raggiungere la vittoria di tutti è quella dell'accordo, dell'intesa. Si tratta di trovare soluzioni che consentano ad ambedue le parti di sentirsi sufficientemente soddisfatte.

Le principali modalità per cercare tale accordo sono due: il "compromesso" e la "soluzione creativa". Nel compromesso, per giungere all'accordo, ognuno deve rinunciare ad una parte di sé e della sua opinione.

Si tratta, letteralmente, di incontrarsi a metà strada... entrambi "un po'scontenti" per aver dovuto rinunciare alle proprie esigenze, ma sicuramente meno afflitti da quelli che sarebbero gli esiti di un conflitto totale.

La logica del compromesso è che «Chi si accontenta gode». In realtà "gode solo in parte" ma... direbbero i più concreti: «meglio gioire in parte, che non gioire affatto».

Ciò che spaventa, in questa operazione, è la paura di perdere più di quanto si riesca a guadagnare. Per questo motivo, bisogna valutare bene a cosa e a quanto si è disposti a rinunciare perché, se è vero che la ricerca di una soluzione condivisa è necessaria per risolvere le situazioni conflittuali, è vero anche che non bisogna rinunciare a parti importanti delle proprie convinzioni, altrimenti finiremmo per perdere ugualmente.

Chi si comprende, gode dipiù! Le soluzioni creative

Nei giochi a somma diversa da zero, oltre alla tecnica del "compromesso", v'è una seconda modalità d'azione: quella della ricerca di una "soluzione creativa".

Si tratta di una strategia di gestione dei conflitti che si presenta molto feconda e promettente, anche se richiede maggiori capacità empatiche e comunicative. Consiste nel sospendere il confronto/scontro tra le opposte posizioni, scendendo ciascuno dal proprio piedistallo e nel "ricominciare dal principio", raccontandosi, con attenzione e rispetto, i bisogni, le paure e i desideri che ci portano ad assumere quella data posizione.

Un percorso di questo tipo permette una più profonda comprensione reciproca (che, tra l'altro, contribuisce ad una ulteriore "detossificazione del discorso interiore" di ciascuno) e dà la possibilità di giungere ad una nuova posizione condivisa che soddisfi pienamente entrambi e che permetta loro di raggiungere gli scopi e gli obiettivi che si erano prefissati.

Pacificazione creativa israelo-egiziana

Il punto è di assoluta importanza, quindi cerchiamo di capirci bene con due esempi. Il primo lo prendiamo da una vicenda storica, accaduta circa cinquant'anni fa, relativa alla definizione dei confini tra lo Stato di Israele e l'Egitto, avvenuta con la stipula dei cosiddetti "Accordi di Camp David".

Si tratta di una questione di politica internazionale (una materia di cui molti di noi, probabilmente, non si occuperanno mai) ma che ci fa capire in modo molto chiaro cosa intendiamo per "soluzione creativa" e quanto si tratti di una modalità estremamente concreta di gestire i conflitti (tanto da aver permesso la pacificazione militare tra due Paesi prima in guerra).

Entriamo brevemente nella vicenda. Nel 1967 Israele, durante la famosa "Guerra dei sei giorni", aveva occupato i territori egiziani dell'altopiano del Sinai. Nel 1978 il presidente degli Stati Uniti, Jimmy Carter, al fine di favorire la pacificazione del Medio Oriente, avvia un lungo lavoro di trattative volto a definire un accordo sui confini tra i due Paesi.

Le posizioni di partenza si presentano inconciliabili. Israele è disposto a lasciare soltanto una parte dei territori occupati, mentre l'Egitto pretende la restituzione di tutta l'area. Si tenta la via del compromesso, proponendo varie ipotesi di definizione dei confini, intermedie tra le due posizioni. L'esito è fallimentare e tutte le proposte vengono bocciate.

Le trattative sono ad un punto cieco e si rischia un clamoroso flop, dagli effetti devastanti per tutta l'area mediorientale. Si decide allora di tentare una strada alternativa: quella di chiedere a ciascuno dei due Paesi di mettere sul tavolo i "bisogni" da cui scaturivano le posizioni in conflitto.

Emerge che il bisogno prioritario per Israele è legato alla sicurezza e che, quindi, non avrebbe mai accettato la presenza, in prossimità dei propri confini originari, di carrarmati e truppe egiziane. Diversamente, il bisogno maggiormente sentito dall'Egitto è il ripristino della sovranità territoriale, sia per una questione di prestigio internazionale che per reinserire nella propria comunità nazionale la popolazione egiziana residente nel Sinai.

Analizzati i bisogni, il quadro diviene progressivamente più chiaro e diventa possibile formulare una soluzione creativa, diversa dalle contrapposte posizioni iniziali, che mette d'accordo entrambi i Paesi: restituzione all'Egitto dell'intero territorio del Sinai che, al contempo, viene dichiarato zona smilitarizzata.

Cioè, nella zona torneranno le bandiere egiziane (soddisfacendo pienamente il bisogno di ripristino della sovranità nazionale) ma, al contempo, l'esercito egiziano resterà al di fuori del territorio, lontano dai confini israeliani (soddisfacendo pienamente il bisogno di sicurezza).

Accordi creativi in famiglia

Il secondo esempio lo prendo dalla mia esperienza personale e riguarda il conflitto creatosi alcuni anni fa con i miei primi due figli, all'epoca adolescenti. L'oggetto del contendere, tipico nella relazione tra genitori e figli, era l'orario serale di rientro a casa nel fine settimana.

La loro posizione era quella di voler rincasare non prima delle 03.00 di notte. Io e mia moglie insistevamo nel ribadire che per noi erano già esagerate le 23.00. Colmare ben quattro ore di differenza era pressoché impossibile e i deboli tentativi di compromesso (ad esempio la nostra disponibilità a spostare il rientrò fino a mezzanotte) erano stati immediatamente bocciati.

La crisi andò avanti per settimane, con discussioni, divieti, infrazioni, grida, "castighi", "fughe"… l'amorevole e serena quiete familiare, a cui avevamo tanto lavorato, sembrava irrimediabilmente compromessa.

Poi, grazie al suggerimento di un amico, decidemmo di "provare" ad adottare una modalità "creativa", analizzando i bisogni che erano alla base delle differenti posizioni. Per loro, la questione era legata all'esigenza di trascorrere il sabato sera con i coetanei i quali, in gran parte, uscivano di casa alle 23.00 (l'orario in cui avremmo voluto che i nostri si ritirassero!) e rientravano molto tardi, con oscillazioni tra le 02.00 e le 04.00.

Per noi, si trattava di un'esigenza di sicurezza e di tranquillità… cosa ci facevano dei ragazzi per strada, da soli, a notte fonda? Messi sul piatto i bisogni, la soluzione creativa non tardò ad emergere.

A proporla furono stesso i nostri figli: coinvolgere nelle loro uscite anche mio fratello minore (cioè il loro giovane zio) di non molto più grande, ma già adulto e non ancora sposato. In questo modo, loro non sarebbero stati da soli per strada (soddisfacendo pienamente il nostro bisogno di sicurezza) e, al contempo, avrebbero avuto tutto lo spazio per stare con i loro coetanei (soddisfacendo pienamente il loro bisogno di socialità).

Bisogni, paure e desideri

Sul piano operativo, il criterio che emerge da questi due esempi è il medesimo: quando emergono posizioni contrapposte e inconciliabili, bisogna raccontarsi reciprocamente i bisogni, le paure e i desideri… cercando, in modo creativo, di individuare una soluzione che permetta di dare risposte adeguate a tutte le esigenze.

Quando questo avviene, il conflitto manifesta pienamente la sua "funzione costruttiva", facendo nascere nuove soluzioni e accordi attraverso i quali le parti possono camminare insieme, verso un maggiore benessere.

I **bisogni** hanno a che fare con le esigenze primarie e attuali della persona. Sono istanze immediate, relative a risposte che occorre dare oggi. Anche solo un rinvio potrebbe creare gravi disagi. Imparare a comprenderli e a rispettarli, significa assicurare a noi stessi e agli altri il livello di base del benessere psicofisico. Scendere al di sotto della soglia dei bisogni sarebbe, invece, degradante per la persona. Non riconoscerli e non rispettarli è uno dei peggiori errori che si possono compiere nella gestione di un conflitto.

Le **paure** riguardano il rischio di un danno futuro. Può essere lontano nel tempo o prossimo. Può essere un danno probabile o soltanto eventuale. Sicuramente, si tratta di un timore che affligge la persona e le toglie la serenità di cui necessita. Comprendere le paure delle persone e tenerle presenti nell'individuazione di soluzioni creative, permette facili passi verso scenari costruttivi.

Anche i **desideri** riguardano il futuro. Non come male temuto ma come maggior bene sperato. Sono tra le più potenti leve dell'azione umana. Danno senso all'esistenza e orientano il cammino di ognuno. Trovare soluzioni che, oltre a soddisfare bisogni e placare paure, diano anche risposta ai desideri delle persone, è la più alta ed efficace forma di gestione creativa dei conflitti. Grandi prospettive attendono coloro che riescono a raggiungere questa abilità.

Esercizio 5. La lista degli accordi creativi

Elabora un elenco dei possibili "accordi creativi" da proporre alle persone che hai elencato nell'esercizio 2, al fine di soddisfare le esigenze (bisogni, desideri e paure) di entrambi.

A partire da coloro con i quali hai minore difficoltà, esplora la possibilità di dare attuazione concreta a tali ipotesi.

Lezione 11

I conflitti costruttivi
3° passo: FARSI AIUTARE

Conflitti "a porte aperte"

Siamo giunti alla fine del nostro viaggio. Prima di salutarci, occorre fare un ultimo piccolo passo. Abbiamo ampiamente affrontato il tema della rabbia e visto che gli step per gestirla in modo costruttivo sono: il calmarsi, il disintossicarsi e il parlare.

Abbiamo, quindi, affrontato la seconda parte del corso, evidenziando che una gestione positiva dei conflitti richiede l'impegno ad apprezzarsi reciprocamente e ad accordarsi. Per completare il quadro, resta il terzo e ultimo passo: farsi aiutare. I conflitti in cui possiamo imbatterci sono di vario genere e possono coinvolgere un numero indefinito di persone: la controparte può essere rappresentata da un solo individuo, come un familiare, un amico, un collega di lavoro, etc.

Un diverbio può insorgere anche tra più componenti della rete familiare, tra amici, tra colleghi di lavoro, fino ad arrivare a discussioni che coinvolgono intere categorie, come nel campo della politica.

Nella maggior parte dei casi, siamo coinvolti in situazioni che ci vedono confliggere con una sola persona. Ciononostante, anche quando si è in due a litigare, può accadere che questo avvenga in presenza di terze persone che assistono, o che vengono coinvolte in un secondo momento, dall'una o dall'altra parte. Costoro, di fronte alla situazione di conflitto, possono comportarsi in diversi modi: in base alla circostanza concreta del litigio, al loro modo di essere, di pensare e di agire, ai loro rapporti con le parti in causa e alla loro motivazione.

Gli altri sono lì… ascoltano, osservano… spesso giudicano. In alcuni casi, restano silenti. Altre volte, prendono parola. Sicuramente, la loro presenza non è "ininfluente" rispetto alla dinamica e all'esito del conflitto.

In alcuni casi, possono contribuire a contenere gli animi e a favorire la ricerca di una soluzione positiva. In altri casi, all'opposto, possono influenzare negativamente il litigio, stimolando la sua esplosione.

A volte i confliggenti, considerata la presenza dell'uditorio, possono aumentare i loro comportamenti aggressivi e di chiusura, proprio per affermare e dimostrare ai terzi la loro forza e supremazia.

Dall'altro lato, la presenza di terzi può facilitare la visione di una prospettiva più ampia e la rimozione dei limiti presenti nella mente di chi vuol far valere la sua posizione ad ogni costo. Due amici, ad esempio, cambieranno il loro modo di litigare rispetto al fatto che siano soli o che si trovino in compagnia di un altro amico.

I tre ruoli del "pubblico"

Nelle situazioni conflittuali in cui sono presenti altre persone, queste, volutamente o casualmente, assumono una delle seguenti posizioni: spettatori, alleati o nemici. I primi possono assumere atteggiamenti silenti, astenendosi dal prendere parte alla discussione e restando neutrali, magari posticipando ad un secondo momento consigli, pareri o azioni.

Diverso è il caso di quegli spettatori equilibrati che, pur non schierandosi da nessuna delle due parti, intervengono come mediatori del conflitto: essi danno una mano a fare chiarezza sulla questione, aiutano ciascuno a comprendere anche le ragioni dell'altro, mettono in evidenza i punti di scontro ma anche le eventuali possibilità di accordo e risoluzione del conflitto.

Spesso, può capitare che i litiganti si rivolgano ai terzi invitandoli (o obbligandoli) a prendere posizione. Nascono così gli alleati e i nemici.

Gli alleati sono coloro che "si schierano" con noi: appoggiano e condividono la nostra tesi, rinforzano le nostre idee e sono pronti a difenderci nel confronto con l'altro. Indubbiamente, avere qualcuno che sta dalla nostra parte ci rende più fiduciosi e consapevoli, ci dà più forza nell'affrontare l'altro e non ci fa sentire soli.

I nemici, invece, sono quelli che si schierano con la controparte, appoggiando la sua tesi e contrastando la nostra. Avere più persone "contro", può spingerci ad "aprire" la nostra mente alle idee dell'altro (se ci sono persone che condividono le sue posizioni, può significare che queste non siano del tutto sbagliate) e a trovare un punto di incontro.

All'opposto, questa dinamica può anche contribuire ad aumentare il vigore con cui difendiamo le nostre idee e a rendere sempre più rigida la posizione, cercando di persuadere gli altri e di portarli dalla nostra parte. In un conflitto, infatti, non di rado la persuasione avviene più nei confronti degli spettatori che della controparte, perché si cerca appoggio e approvazione da quante più persone possibili e perché avere persone a nostro favore può accrescere la nostra autostima e rinforzare le nostre idee.

Farsi aiutare, quando serve

In conclusione, possiamo dire che, quando si entra in una situazione conflittuale, è sempre utile riflettere con prudenza circa la scelta di avviare la discussione in presenza di altre persone o se, piuttosto, prediligere situazioni riservate. Un'indicazione utile, a questo proposito, può essere quella di preferire la soluzione "più pacifica". Se iniziare il confronto da soli permette una maggiore intimità e riservatezza del dialogo, con migliori possibilità di intesa e comprensione, sarà opportuno preferirla come prima passo.

A me è accaduto alcune volte di non riuscire a chiarire un malinteso perché, avendo prematuramente coinvolto altre persone, il mio "contendente" si è irrigidito e non ha dato spazio alla mia proposta di pacificazione. Il semplice fatto che io avessi parlato ad altri del disguido che avevamo avuto, l'ha offeso, quasi come se ci fosse stata da parte mia un'intenzione subdola, di diffamazione e denigrazione.

In altre situazioni, invece, la presenza fin dall'inizio di terze persone è stata preziosa perché mi ha permesso di affrontare con maggiore tranquillità situazioni in cui erano maggiori i rischi di esplosione o di sopraffazione. In questi casi la presenza di altre persone è stata proficua, soprattutto quando ho avuto attenzione ad individuare soggetti neutrali e con un buon ascendente sia su di me che sul mio "contendente".

Esercizio 6. La lista dei mediatori

Elabora un elenco dei possibili "mediatori" (cioè persone terze, neutrali, che potrebbero aiutarti a risolvere le difficoltà che hai con coloro che hai elencato nell'esercizio 2). A partire dalle persone con le quali hai minore difficoltà, esplora la possibilità di attivare realmente le mediazioni ipotizzate.

Appendice

RADICI INCONSCE
DI RABBIA E CONFLITTI

Gli incendi interni

Completato il viaggio nella gestione della rabbia e dei conflitti, è importante – prima di salutarci – compiere un importante tuffo in profondità.

i sono, infatti, situazioni non rare nelle quali i contrasti e i conflitti sorgono tra persone che nutrono un sincero affetto e bene reciproco e che, quasi involontariamente, si trovano come ingabbiati in conflitti distruttivi che non desiderano e che non riescono a fermare.

Per affrontare con adeguata lucidità questo particolare tipo di conflitti e comprendere quali possono essere i passi da muovere per camminare verso una soluzione positiva, occorre avere chiaro che spesso queste difficoltà sono la conseguenza di contrasti interiori e inconsci, presenti nel nostro animo, con i quali non riusciamo a fare i conti. Le fiamme che divampano nel rapporto con gli altri sono, cioè, in questi casi, la semplice propagazione di incendi personali. Comprendere quali sono le forze e le dinamiche che motivano, orientano e governano tali contrasti interni è di vitale importanza per evitare che arrivino a livelli distruttivi e per imboccare una reale via di pacificazione.

Per farlo ci vengono in contro diversi fronti della ricerca psicologica che hanno studiato questi aspetti negli ultimi cento anni. Varie sono le teorie psicologiche oggi disponibili che offrono indicazioni preziose. Ciascuna si basa su una complessa analisi della psiche umana che non abbiamo qui la possibilità di esplorare e che, per poter essere correttamente compresa, richiede anni di studio e formazione.

Senza, quindi, addentrarci in argomentazioni complicate e, al contempo, volendo evitare di scivolare in sintesi improprie e scorrette, ci limitiamo a trarre qualche spunto di riflessione, con lo scopo di stimolare una autoverifica personale. Chi si rendesse conto di avere bisogno di "mettere a posto" la propria dinamica interiore, farà bene a rivolgersi ad uno specialista.

I tre mondi interiori: bambino, adulto e genitore

Gli stimoli che sentiamo utile proporti si ispirano, in particolare, all'Analisi Transazionale, teoria psicologica, ideata da Eric Berne negli anni Cinquanta.

Uno dei principi chiave su cui questa teoria si fonda è quella degli "Stati dell'Io". Da questo principio traiamo, anche se in modo intenzionalmente semplificato, qualche indicazione.

Nella psiche di ognuno di noi esistono tre mondi interiori che incidono sulla capacità o incapacità di adattarci all'ambiente circostante: il *genitore*, il *bambino* e l'*adulto*.

Il nostro *"genitore"* interiore riguarda norme, regole, comandi, ammonizioni, modelli di comportamento, giudizi e visioni del mondo e si ispira soprattutto a quello che, da bambini, abbiamo visto fare o sentito affermare dai nostri genitori

Il nostro *bambino* interiore ruota intorno ai sentimenti di gioia, affetto, energia, spontaneità nonché, allo stesso tempo, sperimenta anche paura, vulnerabilità e bisogno di protezione e sicurezza e si ispira a quello che abbiamo vissuto interiormente da bambini, come reazione a ciò che abbiamo visto e sentito.

Il nostro *adulto* interiore ruota intorno alla capacità di pensare e analizzare correttamente la realtà, comprende idee complesse e attiva le risorse utili alla soddisfazione dei bisogni.

L'*adulto* interiore ha il compito di governare la vita interna e i comportamenti esterni della persona, trovando la giusta mediazione tra realtà concreta, bisogni del *bambino* e richieste del *genitore*. Quando ci riesce – il che avviene se tutti e tre i mondi interiori sono ben energizzati e in buona sintonia reciproca – la persona è in equilibrio.

Il bambino che illude

Quando i tre mondi sono in squilibrio, può accadere che la persona inizi a reagire dando troppo spazio al *bambino*, con convinzioni e atteggiamenti illusori e privi di razionalità, o al *genitore,* imponendo a sé stesso norme e idee asfissianti e non rispondenti ai reali bisogni in gioco.

Quando il nostro *bambino* interiore prende il sopravvento, si attivano dentro di noi, con una crescente intensità, convinzioni illusorie, di tipo intuitivo e irrazionale, che assolutizzano desideri e fantasie, riducendo la nostra capacità di sintonizzarci in modo appropriato con il "qui ed ora" della situazione che stiamo vivendo.

Un esempio tipico di una convinzione illusoria, causata dalle esperienze di sofferenza emotiva vissute nell'infanzia, che il nostro *adulto* interiore potrebbe non riuscire a gestire, è quando ci convinciamo che: «Se esprimiamo i nostri bisogni, non saremo amati». Si tratta di una credenza che, spesso, si sviluppa nell'animo di coloro che da piccoli hanno subito degli abbandoni. O che hanno avuto genitori trascuranti, più concentrati sulle loro esigenze che sulle nostre e che, casomai, vivevano con stress e rigetto le circostanze nelle quali ci ammalavamo o avevamo qualche esigenza particolare.

Altre convinzioni illusorie frequenti sono quelle che ruotano intorno alle seguenti frasi: «Se chiedo sarò giudicato noioso», «Se l'altro mi ama, dovrebbe capirmi anche se non parlo», «Ho bisogno di fare soltanto le cose che mi piacciono», «Ho bisogno che gli altri non mi carichino dei loro problemi», «Se mi rendo disponibile, gli altri mi ameranno»

Il genitore che opprime

Quando, al contrario, è il *genitore* interiore a prendere il sopravvento, si innescano dentro di noi ingiunzioni oppressive, legate al "non puoi" e al "devi"… che, anche se attraverso una dinamica di segno opposto alle convinzioni illusorie, giungono allo stesso risultato, cioè alla nostra perdita della capacità di reagire in modo appropriato alla realtà concreta che stiamo attraversando.

Un esempio classico è quello nel quale, avendo avuto da piccoli dei genitori molto esigenti nei confronti del nostro rendimento scolastico, sportivo e in altri campi e competenze, abbiamo fatto nostra l'ingiunzione oppressiva: «Devi essere perfetto».

Si tratta di un ammonimento che facciamo nostro e che, non trovando un *adulto* interiore capace di contrastarlo, diviene una sorta di "idea fissa", assoluta e indiscutibile.

Tra le altre ingiunzioni oppressive più frequenti troviamo: «Non puoi esistere», «Non puoi fidarti», «Non puoi chiedere aiuto», «Non entrare in intimità», «Non essere importante», «Non essere un bambino», «Non crescere», «Non avere successo»,

«Non essere te stesso», «Non essere sano di mente», «Non stare bene in salute», «Non far parte», «Devi essere forte», «Sforzati», «Sbrigati». «Fallo per me», etc.

Conflitti interpersonali involontari

Lo sbilanciamento interiore, che dà più spazio alle convinzioni illusorie (*bambino* interiore) o alle ingiunzioni oppressive (*genitore* interiore) maturate durante l'infanzia piuttosto che alla concreta adesione alle situazioni reali (*adulto* interiore), causa spesso l'attivazione di conflitti e contrasti tra le persone.

Sono situazioni, non rare, nelle quali possono innescarsi quelli che in analisi transazionale si chiamano i "Giochi Relazionali", cioè la presenza di schemi di comportamento conflittuale, non decisi coscientemente, che producono i loro effetti senza che ci sia una effettiva "intenzione conflittuale" da parte delle persone.

Sono conflitti che divampano nonostante il bene reciproco e sincero che le persone nutrono tra di loro e che sono alla base del fallimento di tante importanti relazioni d'amore o d'amicizia. Ad innescare questi "conflitti involontari" è la negativa interazione che si può venire a creare tra il *bambino*, il *genitore* e l'*adulto* interiore delle due persone.

Ad esempio, in una coppia, una persona che richiede spesso aiuto (sintomo di una prevalenza del *bambino* interiore) e che sottovaluta le proprie capacità e le proprie responsabilità, spingerà involontariamente il partner a sbilanciarsi sul fronte dell'offerta dell'aiuto (favorendone la prevalenza del *genitore* interiore) e svalutando i propri bisogni.

Questo meccanismo porterà la coppia a creare un legame fondato sulla dipendenza reciproca e lontano dall'autonomia. Può accadere che colui che ha utilizzato esclusivamente il suo *genitore*, a lungo andare possa provare insofferenza verso l'altro, insoddisfazione e rabbia. A lungo andare il rapporto può finire con il logorarsi e il venire meno.

Rafforzare l'*adulto* interiore

La conclusione dei "giochi relazionali" non è mai positiva in quanto chi gioca è lontano dall'autenticità dei propri vissuti e dei propri bisogni, e quindi otterrà risultati che non ne permettono la soddisfazione. Coloro che sperimentano queste situazioni di squilibrio hanno, come unica via d'uscita, quella di intraprendere un processo di potenziamento dell'*adulto,* liberandosi dalle contaminazioni (*bambine* o *genitoriali*) che non gli permettono una lettura lucida della realtà.

Per farlo, occorrerà – possibilmente con l'aiuto di uno specialista – impegnarsi ad approfondire la propria consapevolezza circa l'inadeguatezza degli approcci illusori o opprimenti maturati durante la propria infanzia. Sarà, inoltre, importante maturare una chiara coscienza dei propri bisogni reali attuali.

INFORMAZIONI SULL'AUTORE

Marco Giordano, assistente sociale, dottore di ricerca in progettazione socioeducativa, docente di Organizzazione del Servizio Sociale all'Università "Federico II" di Napoli e di Principi e Metodi del Servizio Sociale all'Università "Aldo Moro" di Bari. Esperto in sviluppo relazionale e comunitario, è direttore del Centro Studi Progetto Famiglia (progettofamigliaformazione.it) e presidente nazionale della Federazione Progetto Famiglia (progettofamiglia.org). Con la propria famiglia vive in una Casa d'Accoglienza per minori, sita in Pompei (NA), dove assicura affetto e cure a bambini deprivati e vittime di maltrattamento. Da oltre vent'anni accompagna studenti, professionisti, persone e famiglie sui temi del benessere, della condivisione e della solidarietà. Autore e coautore di testi e ricerche in ambito sociale ed educativo, tra i quali: *Vittima o Carnefice? Come affrontare conflitti e rabbia in modo non violento* (Amazon KDP 2021), *Peace Inside. Guida per vincere l'Ansia e vivere sereni* (Amazon KDP, 2021), *Occhio al Corpo! I segreti della Comunicazione Non Verbale* (Amazon KDP, 2021), *Sei Felice? Guida i cinque passi del benessere assertivo* (Amazon KDP, 2021), *L'affidamento familiare a parenti* (FrancoAngeli, 2021), *Deontologia come Habitus* (FrancoAngeli, 2021), *La tutela del diritto dei minori a crescere in famiglia* (FrancoAngeli, 2021), *Due famiglie per crescere* (Carocci, 2020), *L'Amore non maltratta* (FrancoAngeli, 2019), *Promuovere l'Affidamento Familiare* (FrancoAngeli, 2019), *Nuovi Cortili. Lo sviluppo relazionale dei contesti di prossimità* (Punto Famiglia, 2019), *Gli Assistenti sociali non rubano più i bambini?* (Punto Famiglia, 2019), *Famiglie in rete* (FrancoAngeli, 2018), *A Babele non si parla di affido* (FrancoAngeli, 2011), La tutela dei minori (Erickson, 2011), *Dove va l'accoglienza dei minori?* (FrancoAngeli, 2009).

Serena Vitale, educatrice professionale, laureata in Scienze dell'educazione e della formazione presso l'Università Suor Orsola Benincasa di Napoli. Qualificata in "Disegni e Scarabocchi, cosa comunicano?" presso l'Associazione Istituto Psico-Sociale. Educatrice dell'Oasi San Paolo, Casa d'Accoglienza per minori, sita in Sarno (SA), da quattro anni è attivamente coinvolta nelle attività del Progetto Famiglia. Dal 2020 è coordinatrice di produzione dell'area informativa del Centro Studi e Formazione Progetto Famiglia. Relatrice del Centro Studi in Corsi di Formazione e aggiornamento per operatori sociali. È da anni volontaria del CAV Progetto Famiglia Vita "Franco Vitale".

Monica Vacca, laureanda in Servizio Sociale presso l'Università Federico II di Napoli. Impegnata nel sociale e in attività di volontariato, da circa un anno è parte del "Centro Studi - Progetto Famiglia" in qualità di Membro del Comitato di Redazione ed Autrice "Young" di articoli sul blog www.assistentesociale.eu. Per la sua innata passione per la scrittura, ha partecipato all'editing dei Libri-Corso "Sei felice? Guida ai 5 passi del Benessere Assertivo" ed "Occhio al Corpo. I Segreti della Comunicazione Non Verbale", della Collana "Felicità e Benessere" del Centro Studi, entrambi pubblicati con Amazon KDP nel 2021.

Cristina Esposito, laureanda in Servizio Sociale presso l'Università Federico II di Napoli. Impegnata nel sociale e in attività di volontariato, da circa un anno è parte del "Centro Studi - Progetto Famiglia" in qualità di Autrice "Young" di articoli sul blog www.assistentesociale.eu. Interessata ai temi del lavoro sociale di comunità, ha approfondito e scritto sul ruolo e il profilo degli operatori di rete.